公共艺术介入青年价值观培育的影响研究

刘超 著

中国纺织出版社有限公司

图书在版编目（CIP）数据

公共艺术介入青年价值观培育的影响研究 / 刘超著
. -- 北京 ：中国纺织出版社有限公司，2024.4
ISBN 978-7-5229-1625-5

Ⅰ．①公…　Ⅱ．①刘…　Ⅲ．①艺术－影响－青年－社
会主义核心价值观－研究－中国　Ⅳ．①J②D616
③D432.62

中国国家版本馆 CIP 数据核字（2024）第 070389 号

责任编辑：赵晓红　　责任校对：高　涵　　责任印制：储志伟

中国纺织出版社有限公司出版发行
地址：北京市朝阳区百子湾东里 A407 号楼　邮政编码：100124
销售电话：010—67004422　传真：010—87155801
http://www.c-textilep.com
中国纺织出版社天猫旗舰店
官方微博 http://weibo.com/2119887771
天津千鹤文化传播有限公司印刷　各地新华书店经销
2024 年 4 月第 1 版第 1 次印刷
开本：710×1000　1/16　印张：14
字数：216 千字　定价：99.90 元

前言

青年是国家经济社会发展的中坚力量，青年的发展关乎国家的发展，赢得青年才能赢得未来。

青年价值观的培育是青年人才培养的重要组成部分，在青年人才培养中起着极其关键的作用。青年时期是建立自我认同的关键时期。正确的价值观可以帮助年轻人建立自己的人生观和世界观，从而找到自己的方向和目标。青年时期所形成的价值观会对其未来的行为和决策产生深远的影响。如果一个人在青年时期缺乏正确的价值观，可能会在未来作出错误的决策或走上错误的道路。正确的价值观培育不仅可以帮助年轻人树立正确的社会责任感，还可以帮助年轻人理解和尊重不同的文化、信仰和价值观。

本书旨在探讨公共艺术在青年价值观培育中的意义、方法和路径，通过研究公共艺术与青年价值观之间的关系，为公共艺术介入青年价值观培育提供理论依据和实践指导。

第一章主要对公共艺术的概念、内涵、发展历程、类型、特征和功能进行了全面梳理和研究，为后续章节的论述奠定基础。

第二章对青年的概念、特质以及青年价值观的相关概念、内涵及构成进行深入剖析，为研究青年价值观培育提供理论支持。

第三章着重研究青年价值观培育的影响因素、当前面临的机遇与挑战以及培育路径，以期为公共艺术介入青年价值观培育提供有益参考。

第四章从公共艺术介入青年价值观培育的优势、必要性、主要形式和理论基础出发，分析了公共艺术在青年价值观培育中的重要作用。

第五章深入探讨了公共艺术介入青年价值观培育的原则、方法和路径，为公共艺术在青年价值观培育过程中的实际应用提供指导。

第六章着重研究了公共艺术介入青年价值观培育的长效机制，包括激励机制、支撑机制和反馈机制，以期实现公共艺术在青年价值观培育中持续发挥作用。

本书从理论和实践的角度，全面系统地阐述了公共艺术在青年价值观培育中的重要性、实践路径和长效机制，对于进一步推动、发挥公共艺术在青年价值观培育中的作用具有重要意义。本书适用于各大高校、政府、企业、社区干部以及对公共艺术和青年价值观培育感兴趣的读者阅读。

本项目为国家社科基金艺术学一般项目：公共艺术对青年价值观的培育机制研究，项目批准号：19BH136。在本书写作过程中，得到了汉口学院艺术设计学院田亮副教授、武汉晴川学院设计工程学院李刚副教授、武汉轻工大学马克思主义学院刘平副教授、武汉纺织大学艺术与设计学院王传品教授、王铁汉教授、南京艺术学院工业设计学院杨朔老师、武汉传媒学院王芳教授以及河北青年报巩贤涛记者（排名不分先后）的支持和指导。他们为本书的写作提供了丰富的图文资料，提出了诸多实质性建议，在此表示衷心的感谢。

刘超

2023 年 4 月

目 录

第一章 公共艺术概述

第一节 公共艺术的概念与内涵

公共艺术（public art）又称公众艺术或场所艺术，它并不是一种有组织的艺术风格或艺术流派，而是一种艺术思潮和文化现象，通常用来描述 20 世纪 50 年代以来极少主义和波普艺术等流派中艺术家们创作的能与周围都市环境有机融合的雕塑、壁画等艺术作品。本节主要对公共艺术的概念和内涵进行详细分析。

一、公共艺术的概念

公共艺术是指在公共场所展示的艺术作品，如雕塑、壁画、装置艺术等为公共空间和社区创作的艺术作品，通常可以在城市广场、公园、交通枢纽等地方看到。这类艺术作品为公众提供了一个互动和观赏的机会，可以增强城市空间的吸引力，提升城市形象，并促进社区的交流与凝聚。

在当代社会环境中，公共艺术是一个具有多层次、多维度、多形式的概念体系。

公共艺术的初级阶段是指置于公共场所的由艺术家创作的艺术作品和具有艺术风格的公共设施。

真正意义上的公共艺术是由艺术家和公众共同创作和完成的艺术作品。具有高度综合性、多重价值以及多种艺术表现形式的公共设施。

公共艺术不是一种艺术形式的类别，而是一种艺术思想和艺术方法，是艺术介入社会生活、介入公民文化的一种途径，也是社会民主政治的组成部分。

二、公共艺术的内涵

公共艺术不仅是一种视觉艺术形式，还具有文化、社会、历史和心理等多重意义。

公共艺术的内涵主要表现在以下几个方面。

（一）公共艺术的文化内涵

公共艺术作品可以反映一个地区、城市或国家的文化特色和历史传统，展示文化多样性。它们可以传递某种文化价值观，成为文化传承和交流的载体，具有一定的文化内涵。

公共艺术的文化内涵体现如下。

1. 传统文化内涵

公共艺术具有传统文化内涵，公共艺术作品通过将书法、传统建筑、民间艺术等传统文化元素融入其中，表现出较强的传统文化内涵。

例如，北京奥林匹克公园园区内的雕塑、装置等公共艺术作品使用了大量中华优秀传统文化的元素，如龙、凤等中华民族传统吉祥图案，以及寓意吉祥、团圆的纹样等，赋予这些雕塑和装置等公共艺术作品以极强的文化内涵，传递着对中华优秀传统文化的尊重和传承。

又如，在山西平遥古城，一系列以木雕、石刻、壁画等传统手法制作的公共艺术作品，既展示了当地丰富的历史文化底蕴，又为山西古老的民间艺术的传承和发扬提供了平台。

2. 地域特色

地域特色是公共艺术作品展现文化内涵的重要方面，甚至一个景区、厂区都会展现出自己特有的气质。许多地方在进行公共艺术设计时，将当地的独特的文化特色或特有的气质内涵融入其中，使得该地的公共艺术作品体现出浓郁的地域风格。

例如，我国四川属于巴蜀文化区，区域文化自成体系。四川语言文化、戏曲文化、茶文化、酒文化、饮食文化、织锦文化、盐文化等都具有浓郁的地方风格。四川方言、川戏、川茶、川酒、川菜、川药及蜀绣、蜀锦、川派盆景等文化品牌都带有强烈的地方特色。此外，四川宽窄巷子内的壁画、装置等艺术作品充分体现了四川地区的历史和民俗特色，如川剧、火锅等元素

（图 1-1、图 1-2）。

再如，徽派建筑里的牌坊、祠堂等。徽派建筑是徽州文化的重要组成部分，对徽州当地的建筑风格产生了巨大影响。徽州地区的祠堂作为一个家族的公共空间，在设计上体现了家族的规格和礼数；牌坊作为某种价值观的标志建筑，也旨在褒奖古徽州人的风骨。徽派建筑融合了中国风俗文化，风格独树一帜，结构严谨，雕工精美，无论是村镇的整体规划，还是在平面及空间处理上大量运用的雕刻艺术，在主题内容上抑或雕刻手法上，都体现了鲜明的地方特色（图 1-3）。

又如，陶溪川国际陶瓷文化产业园，园区在原宇宙瓷厂的基础上，加入了众多的工业遗产，具有明显的时代特征和地方特色，各式的陶瓷窑址和不同年代的工业厂房等展现了近代中国陶瓷工业的发展历程，老厂区高耸的烟囱记录着六十多年来的记忆。这些独特的陶瓷因素、工业文明吸引了全世界的目光，成为中国陶瓷文化的新地标。

图 1-1　变脸，摄影，田亮，2023 年　　图 1-2　金沙遗址入口雕塑，摄影，田亮，
　　　　　　　　　　　　　　　　　　　　　　　　　　2023 年

图 1-3　安徽棠樾牌坊群，摄影，田亮，2010 年

3.民间信仰

民间信仰主要是指在长期的历史发展中，人们自发产生的有关神灵崇拜的观念、行为、禁忌、仪式等信仰习俗惯制，也称信仰民俗。民间信仰是民间文化的重要组成部分。

许多城市的公共艺术作品中融入了神话传说、民间故事等民间信仰的元素，体现出独特的文化内涵。

例如，泉州以传奇海神妈祖为题材的雕塑，展现了泉州的渔民文化及独特的民间信仰。

再如，广州市越秀公园内的越秀山木壳岗上树立着一座巨型五羊雕塑，整座石像连基座高 11 米。主羊头部高高昂起，口中衔穗，回眸微笑，其余四羊环绕于主羊周围，或戏耍，或吃草。五羊大小不一，姿态各异，造型优美，已经成为广州城市的标志。该雕塑源于神话故事《五羊衔谷》，寓意着广州的起源故事和独特的城市精神（图 1-4）。

又如，位于敦煌市的反弹琵琶雕像，位于市区沙洲南路、北路和阳关大道交汇环岛的中心。该雕像是根据敦煌莫高窟 112 窟壁画中的《观无量寿经变》内的"反弹琵琶"所制，雕像高 5 米，女舞神姿态婀娜，体形饱满，雕像重心在左脚，右腿提起至左腿膝盖处，双手举琵琶置于身后。落成之时便成为敦煌市的标志（图 1-5）。

图 1-4 五羊衔谷，摄影，田亮，2019 年　　图 1-5 反弹琵琶，摄影，田亮，2004 年

4. 历史文化内涵

公共艺术具有独特的历史文化内涵，可以反映当地社会变革的历程，纪念重要的历史事件。

例如，石家庄市解放广场矗立着一座名为《胜利之城》的雕塑，该雕塑是为纪念石家庄解放而建，是石家庄市区最有气魄的大型城雕，同时它也铭刻了解放石家庄战役的历史。

这座雕塑底座高约 1.5 米、长约 17 米、宽约 8 米。雕塑的正面"飘扬"的巨大党旗下，由 28 位普通战士组成的群像，构成了胜利后的欢呼场面，大幅的红旗叠加，展现了人民军队奋进激昂的革命精神。雕塑后身设计了两位没有穿军装的游击队战士，他们也是解放石家庄的生力军。解放石家庄时解放军的装备五花八门，雕塑中的战士既有正规部队又有地方武装，还有民兵。正是这三种武装力量的协同作战，才促成了石家庄的解放。这一雕塑包含着这座城市独特的历史文化内涵（图 1-6）。

再如，罗丹创作的情景雕塑《加莱义民》，英法战争期间，英军围困加莱城，六位市民为救全城百姓挺身而出，接受英军处决。加莱市政府为了纪念英雄征集创作一座纪念性雕塑。

罗丹应征创作。雕塑中的六名勇士身披麻衣，套着绞索，赤裸双脚，缓缓走向刑场。雕塑让我们感到，勇士们或走或停，或目不斜视，或回首顾盼，或低头沉思……他们在思考着平凡人的心事，虽然他们也有着对死亡的恐惧，但他们又是多么的伟大！雕塑刻画的人物都是普通人的心理反应，毫无脸谱化。这组雕塑成为罗丹的代表性作品。

又如，矗立于重庆中央商务区的解放碑，是重庆市的标志性建筑物之一。碑通体为八角形柱体，钢筋混凝土结构。高 27.5 米，边长 2.55 米，碑高加地下共八层，内有旋梯达碑顶。碑顶装有自鸣钟，四周花圃环绕。解放碑记录着重庆的历史与文化，如今的解放碑已经是重庆核心的城市名片，是重庆重要的文化符号（图 1-7）。

图 1-6　胜利之城，摄影，巩贤涛，2022 年

图 1-7　重庆解放碑，摄影，田亮，2023 年

5. 现代文明

许多公共艺术作品关注当代文化议题，如科技、环保、社会进步等。

2011 年 12 月落成在北航体育场东北角小广场的雕塑作品《合力》，是一座弘扬和传承奥运精神的景观雕塑。北航体育馆是 2008 北京奥运会举重项目的举办地。中国举重队在此获得骄人战绩，成为中国奥运举重运动史上的传奇佳话。北航体育馆能够成功举办"有特色、高水平"的重要赛事，北航体育馆运营团队、平安奥运工作团队、奥运志愿者工作团队和全校师生员工为北京奥运所做出的努力与贡献，将永载史册，北航体育馆也成为中国奥运的"福地"（图 1-8）。

图 1-8 北航体育场的雕塑《合力》，摄影，巩贤涛，2010 年

6. 人文关怀

公共艺术的核心是"人"，公共艺术中人的因素无处不在，其本质与精神是以人为本，以人为核心，表现出独特的人文关怀。

例如，许多公共艺术设计中贯以人体工程学，关注人的生理特点，并通过细节的处理满足人们的需要，使公共艺术设计作品适应人的生理特点，最大化地体现人性化的特征。

再如，位于上海虹桥商务区的街具类作品《智"链"时代》，以"链接"为核心理念，将合作的精神内核链接到城市家具整体设计中，通过城市家具链接当下与未来，链接科技与生活，从多维角度呈现对未来生活的美好期待。设计者以家具的模块化设计适应城市不同的空间场景组合，为来虹桥商务区的不同人群提供随时可坐、可看、可休闲办公的生活、工作区域，并通过太阳能节能设施与智能模块化设备充分结合，为虹桥商务区提供便捷的街道生活服务场景，充分关注了人的需求，最大化地体现人性化特征。

又如，上海闵行区地标类作品《都市机翼》，笔者认为，它不应该是一个突然出现在城市中的具象物件，而应该是融入城市的日常，成为人们生活的一部分，它应该继承虹桥这块区域的特点与精神，是这座城市精神的高度概括。设计提取虹桥交通枢纽元素，试图去设计最能代表虹桥精神的地标。作品从飞机中获取灵感，设计了一座都市观景台，人们在这里可以进行互动，能登高远望，可以聚集活动，观看灯光表演等，带给人民对生活无限的遐想，设计以"人"为关照对象，同时具有未来科技感和时代前瞻性。

此外，许多公共艺术还将人的情感纳入设计的构思之中，使其符合人的审美心理特征，带给人们视觉上的美感。

7.跨文化交流

在全球化背景下，许多公共艺术作品借鉴、融合了不同国家的文化元素，展示了文化交流与融合的趋势。例如广州沙面岛的雕塑。沙面是广州的重要商埠，历经百年，历史上曾有十多个国家在沙面设立领事馆，九家外国银行、四十多家洋行在沙面经营，粤海关会所、广州俱乐部等在沙面相继成立。沙面见证了广州近代史的变迁，已成为我国近代史与租界史的缩影，沙面岛上欧陆风情建筑形成了独特的露天建筑"博物馆"。这些雕塑也记录了中西文化交流的场景（图1-9）。

图1-9　沙面岛雕塑，摄影，田亮，2019年

8.物质材料的文化内涵

不同时代的材料记录了不同的历史沉淀，各个时期片段的对接也贯穿了历史轨迹，演绎了人类文化的进化。将不同时期的材料残片放置在现代风格的设计中，能引起对一个时期的追忆。一个民族、一种文化，都有其独特的理想环境模式。而理想环境模式的形成与特定民族和文化的生态经验密不可分。艺术家既忠于历史又融入现代风格的创作理念和民众对博物馆新旧材料

交替所形成的景观结构的接受，显示出一个民族在自然生态系统中铸成的文化特质，作为具有创造性思维的艺术家不可避免地会受到所在国家、社会、民族的特殊文化观念、思维定式的影响。与此同时，公共艺术作为多样介质构成的艺术性景观反过来直接或潜移默化地影响和改造人类的文化观念和审美模式。它们决定了民众的社会心理特征和生活方式以及公民意识。柏林新博物馆以公共艺术的身份介入城市生态文化体验中。新旧材料共同存在，与观众互动，衍生出特定的社会和文化价值观。

（二）社会内涵

公共艺术作品通过创作和展示具有社会意义的艺术作品，可以让公众更好地认识和思考诸如环境保护、社会公平、人权等重要社会问题。这种关注不仅有助于提高公众的社会意识，还可以推动社会进步。

公共艺术的社会内涵体现如下。

1. 环境保护

自 20 世纪以来，在全球气候变化和环境恶化的背景下，越来越多的公共艺术作品开始关注环境保护。

例如，英国雕塑家杰森·德凯斯·泰勒（Jason deCaires Taylor）创作的世界上首座半潜式艺术画廊，其以墨西哥当地渔民的形象进行创作，把超过五百尊的雕塑安放在加勒比海的海底，建立了一个水下雕塑公园。水下雕塑公园中的人物形象以及其他装置艺术形成一个个人造珊瑚礁，使用无毒且 pH 中性的海洋化合物，不含有害污染物，最终将成为当地生态系统不可或缺的一部分。而艺术馆结构代表了一个庇护空间，也为所有的海洋生物提供永久的庇护所。这一公共艺术将环保理念与艺术相结合，鼓励人们关注海洋生态系统的保护。这些水下雕塑不仅为潜水爱好者提供了观赏的场所，还为珊瑚礁生物提供了栖息地，提升了生态多样性。

2. 社会公平

公共艺术作为一种艺术形式，被许多艺术家赋予了独特的社会内涵。其中，波兰艺术家克尔基斯多夫·沃蒂兹科（Krzysztof Wodiczko）以其在建筑和纪念碑上投射的大规模幻灯片和视频投影而闻名。他在澳大利亚、奥地利、加拿大、英国、德国、荷兰、爱尔兰、以色列、意大利、日本、墨西哥、波兰、西班牙、瑞士和美国实现了 80 多个此类公共计划。他的作品主题主要是战争、冲突、创伤、记忆和公共领域的交流等，引发观众对这些现象的反思和讨论。

例如，丹麦哥本哈根的《海的女儿》雕塑，展示了女性在社会、家庭和职场中的力量和地位，鼓励女性勇敢追求自己的梦想和权利。这一作品成为了女性力量的象征，激励着更多的女性争取平等权益。

公共艺术作品通过各种形式和内容，将社会议题融入人们的日常生活中，从而提高公众的社会意识和参与度。这种关注不仅有助于推动社会进步，还有利于培养公民的责任感和民主精神。

综上所述，公共艺术作品在社会内涵方面发挥了不可忽视的作用。它们关注重要的社会议题，通过创作和展示具有社会意义的艺术作品，引发公众对这些问题的关注和讨论，从而推动社会进步和发展。

（三）心理内涵

公共艺术具有一定的心理内涵，主要体现在以下几个方面。

1. 公共艺术具有满足人们审美需要的心理内涵

人类天生具有对美的追求和欣赏。公共艺术作品使人们在观赏中得到心灵的满足和愉悦的心理感受。

例如，埃菲尔铁塔（法语：La Tour Eiffel；英语：the Eiffel Tower）是法国政府为举行1889年世界博览会，且用以庆祝法国大革命胜利100周年而招标建设的，始建于1887年1月26日，于1889年3月31日竣工，并成为当时世界最高建筑。艾菲尔铁塔以其优雅的造型和壮观的景色，吸引了无数游客前来欣赏，成为法国的象征。

2. 公共艺术具有激发公众情感共鸣的内涵

公共艺术作品往往能够引起观众的情感共鸣，使人们在欣赏过程中产生喜悦、悲伤、怀念等各种情感。

例如，圆明园素有"万园之园"之称，其不仅汇集了江南若干名园胜景，还移植了西方园林建筑，集当时古今中外造园艺术之大成，堪称人类文化的宝库之一，是当时世界上最大的一座博物馆。1900年，八国联军侵占北京，圆明园的建筑和古树名木遭到彻底毁灭。

近年来，圆明园地铁站以深浮雕为主，讲述了近代那段受压迫的屈辱历史，将残垣断壁的形象再现出来，给予后人以警醒，铭记吾辈当自强的历史教训，能够激发公众爱国主义情感（图 1-10）。

图 1-10 圆明园站壁画，摄影，巩贤涛，2018 年

（四）空间内涵

公共艺术的空间内涵主要体现在其如何与周围的环境和建筑相互关联、相互影响的过程中。

1. 空间整合

公共艺术作品能够将周围的建筑、自然环境和人文要素整合在一起，创造出独特的空间氛围。

例如，荷兰阿姆斯特丹的"悬浮花园"项目，将艺术装置与城市绿化相结合，形成了一个宜居、美观的城市空间。

再如，亨利·摩尔的雕塑作品，作者通过观察自然界有机形体并从中领悟空间、形态的虚实关系等，使作品尽量符合自然力的法则。他运用空洞、薄壳、套叠、穿插等手法把作品和周围的环境浑然一体。在他的创作中，追求物体的质感，保留材料本来的美感，使得整个空间更有韵律和节奏。

2. 空间活化

公共艺术作品可以活化城市空间，使原本废弃或闲置的区域焕发新的活力。

例如，德国柏林的《文化涂鸦墙》，将废弃的工业区改造成了一个充满创意和活力的艺术空间。

3. 空间互动

公共艺术作品可以促进空间内的互动和交流，提高空间的使用价值和人们的归属感。

例如，英国伦敦的"彩虹桥"项目，在桥上设置了多彩的互动装置，吸引了不同年龄层的人们参与其中，增加了桥梁的吸引力和实用性。

4.空间延伸

公共艺术作品可以延伸和拓展空间的边界，打破空间的限制。

例如，法国巴黎的《卢浮宫金字塔》，通过将现代建筑与古老的卢浮宫相融合，实现了空间和历史的有机结合。

综上所述，公共艺术是一种装置艺术，具有独特的定义和内涵，政府及有关部门了解这一点，对公共艺术的兴起与发展，类型与特征以及价值的介绍具有极其重要的作用。

第二节　公共艺术的诞生与发展

公共艺术的诞生和发展可以追溯到西方古代文明，如古埃及、古希腊和古罗马等。

"公共"一词派生于希腊词 pubes（public），是具有公共精神和公共意识的公民可以参与公共事务的标志。

18 世纪以汉娜·阿伦特、尤尔根·哈贝马斯以及理查德·桑内特为代表的学派对"公共"的研究构成了一个精神的等边三角形，而这三条边则代表了对"公共性"的不同理解。

汉娜·阿伦特指出，"公共性"最一般的含义是公开性，在公共领域中展现的任何东西都可为人所见、所闻，可能具有最广泛的公共性。

尤尔根·哈贝马斯认为，"公共性"是自由主义经济模式下的一种国家制度组织原则或批判原则。"公共"是市民社会物质生活的产物，是在公民参与国家政治和国家管理的架构中的一种规范，用以约束政治群体言行和确立公民义务；是人们在超越私人利益的社会交往中进行舆论批判和自我理性反思的标准；是一种交流的共识平台与平等依据。

理查德·桑内特则在"公共"与"私人"这两个概念发展变化的历史框架当中考察"公共性"，"公共性"是社会交往行为和人们"公共"观念认识中所体现出的某种具体内涵。

汉语体系的"公共"一词却含有"公有"性，强调多数人共同或公用之意。公共含义的变化使得公共艺术的范围也有差异。

一、公共艺术诞生

学术界关于公共艺术的诞生时间存在许多争议，基本可以概括为四种观点（见表1–1）。

表1–1　公共艺术诞生的观点一览表

时间	说明	代表学者
史前说	公共艺术最早可以追溯到史前洞穴岩画和原始部族成员所共有的任何艺术形式	美国美学家埃伦·迪萨纳亚克、美国学者巫鸿
广场说	公共艺术起源于古希腊罗马时代公共广场上设置纪念碑和雕像的传统	我国学者孙振华在其著作《公共艺术时代》中将古希腊时期的艺术定义为"前公共艺术"
欧洲说	公共艺术最早诞生于欧洲，16世纪欧洲开始出现了单纯的纪念碑与公共装饰雕塑相结合的建筑，欧洲现代公共艺术最具典范意义的公共雕塑则是在19世纪末到第一次世界大战爆发之前的这段时间建立的	德国杜宾根大学艺术史系教授塞拉裘茨·麦考尔斯基认为公共艺术的雏形诞生于16世纪的欧洲
美国说	真正意义上的公共艺术无论是其概念还是实践都源自美国，但是在具体的实践划分上则又存在着一些差异	1. 德国学者希尔德·S.海因、中国台湾学者黄健敏以及美国《公共艺术评论》（Public Art Review）杂志中的大部分作者都认为，美国的公共艺术首次出现在独立战争时期，国会为庆祝独立和象征美国国家精神而建造了华盛顿纪念碑 2. 我国学者倪再沁认为"公共艺术"等词的出现，始于1930年的美国，是美国总统罗斯福的新政项目之一 3. "公共艺术"作为一个专有名词，其概念的形成和大规模的实践开始于20世纪60年代前后的美国，地方先于联邦政府制定了公共艺术政策以支持公共艺术的发展

上述四种不同观点中，研究者在研究中所选取的参照对象以及对公共艺术的"公共性"的理解存在差异。笔者认为"公共艺术"的起源必须具备艺术的独立自由流通、艺术家的独立创作以及艺术的公众性三个因素。

从这三个因素来看，本书认为公共艺术的诞生与发展是一个极其漫长的过程。在这一过程中，诸多历史事件对公共艺术的诞生与发展起着积极的推动作用，直到20世纪六七十年代，大规模的公共艺术实践才推动公共艺术的真正诞生。

早在古希腊和古罗马时期城市公共空间已然出现了象征宗教和政治权利的艺术作品。然而，这一时期的艺术家的创作大多不属于自由创作。

14世纪文艺复兴最先在意大利各城邦兴起，以后扩展到西欧各国，于16世纪达到顶峰，带来一段科学与艺术的革命时期，揭开了近代欧洲历史的序幕，被认为是中古时代和近代的分界。

文艺复兴是欧洲历史上第一次资产阶级思想解放运动，推动世界文化的发展，促进人民的觉醒，开启现代化征程，为资本主义的发展做了必要的思想文化准备。

随着文艺复兴运动的发展，艺术家逐渐摆脱了封建权威和封建宗教的桎梏，抛弃了其之前的匿名状态，开始赋予艺术作品以思想和激情，以使艺术家的艺术作品变得富有责任感。

1572年，意大利西西里岛墨西拿镇建立了欧洲首座完全为公共空间设计的公共纪念雕像，这标志着欧洲公共性纪念雕塑开始了长达3个世纪的发展历程。

继文艺复兴运动后，17—18世纪法国的启蒙运动为人们的思想注入了许多新鲜内容。启蒙运动（The Enlightenment）是指发生在17—18世纪的一场资产阶级和人民大众的反封建、反教会的思想文化运动，是继文艺复兴后的又一次伟大的反封建的思想解放运动。以法国为中心，其核心思想是"理性崇拜"，用理性之光驱散愚昧的黑暗。这次运动有力地批判了封建专制主义、宗教愚昧及特权主义，宣传了自由、民主和平等的思想，为欧洲资产阶级革命做了思想理论准备和舆论宣传。

这个时期的启蒙运动，覆盖了各个知识领域，如自然科学、哲学、伦理学、政治学、经济学、历史学、文学、教育学等。启蒙运动进一步解放了人们的思想，为美国独立战争与法国大革命提供了框架，促进了资本主义和社会主义的兴起，同时，其启蒙思想也成为半封建半殖民地人民争取民族独立的精神武器。

在启蒙运动的发展过程中，文化与市场的结合，使得艺术成为一种可供讨论的文化，开始具备了商品的形式，并且逐渐走进市民的生活。

艺术起初是王公贵族和神职人员的特权，普通民众难以接触。随着启蒙运动的兴起，艺术逐渐成为更广泛阶层的享受。1737年，法国卢浮宫第一次举办了大型艺术展览，使得公众有机会参与艺术评判。这一变革削弱了学会的权威，使艺术市场变得更加多元化。博物馆作为教育机构，培养了公众鉴赏艺术的能力，使艺术变得更加民主化。

19世纪随着工业革命的兴起，工业化大生产成为社会经济建设的重要趋势。工业革命的到来颠覆了传统农业社会的生活和生产方式，对生活秩序和人们的价值观产生了重大影响，然而工业社会带来的嘈杂与拥挤遭到了一些艺术家的排斥。

19世纪以来，西方艺术崇尚以繁琐的矫饰为主的维多利亚风格。1851年，建筑工程师派克斯顿在伦敦设计了以玻璃、铁架为材料的水晶宫建筑，该建筑整体以巨大的阶梯形长方形开辟了建筑形式的新纪元，在当时建筑界和艺术界引发了巨大反响。这一建筑既充斥着工业元素，又十分奢华，引发了一批社会活动家和艺术家的不满，以拉斯金和莫里斯为首的社会精英发起了"工艺美术运动"。

工艺美术运动提倡简单、朴实无华而又具有良好实用功能的设计，推崇自然主义和以天然为特点的东方艺术，反对华而不实和哗众取宠的设计风格，排斥工业化、机械化生产，提供艺术化手工业产品。

工艺美术运动的影响是广泛而深远的，其改变了人们对艺术的认知，推动了艺术的发展，激发了艺术家们的创作灵感，使艺术形式更加丰富多彩。它不仅改变了艺术家们的创作方式，而且拓宽了艺术的视野，使艺术更加符合社会的需求，更加深入人心。

19世纪末，公共纪念碑雕塑演变为资产阶级政治化的承载体，用以表达各自的政治理念和诉求，从而产生出另一种特殊的"纪念碑文化"使得公共艺术的价值层次达到了又一个前所未有的高度。例如，矗立在布达佩斯英雄广场中央的《千年纪念碑》，碑高 36 米，在纪念碑前有一方用白色巨石制成的棺椁，是"二战"后匈牙利人民为纪念历代民族英雄而建的，棺盖上的浮雕大字为："为了我国人民的自由和民族利益而牺牲的英雄永垂不朽！"。

这一切均为公共艺术的诞生奠定了重要基础。

进入 20 世纪后，欧洲在工艺美术运动的基础上诞生了新艺术运动。

新艺术运动（Art Nouveau）是 19 世纪末 20 世纪初欧洲的重要艺术思潮运动和艺术实践运动。新艺术运动反对传统矫饰风格，却并不反对装饰，反而刻意强调装饰，希望借助装饰的作用改变工业产品粗糙和刻板的外貌。高蒂最重要的作品《圣家族大教堂》就是这一时期的代表作。

新艺术运动的内容涵盖了建筑、家具、首饰、平面设计等，是设计史上一次重要的运动。它继承了艺术与手工艺运动的理念，是一次承上启下的艺术运动，涉及法国、比利时、西班牙、德国、奥地利等多个国家，对这一时期的设计与艺术发展产生了重大影响。

1925 年法国巴黎举办了"国际现代工艺美术展"，这次展览对现代景观艺术设计的发展起到了极其重要的推动作用，影响十分深远。巴黎"国际现代工艺美术展"分为建筑、家具、装饰、戏剧、街道和园林艺术、教育六个部分。美术展上古埃瑞克安的作品《光与水的花园》最为著名，园林位于一块三角形基地上，由草地、花卉、水池和围篱以现代的几何构图手法组成。这些要素均以三角形划分成更小的形状。水池周围的草地和花卉的色块不在同一个平面上，以不同方向的坡角呈立体的图案，色彩以补色相间。水池的中央有一个多面型的球体，随时间变化旋转、吸引或反射照在它上面的光线。水池的后面有一喷头，从远处向池中喷水，水池内有一些小的喷头，水池的侧面和底面刷着法国国旗的颜色——红、白、蓝，折射着法国人的爱国热情。

新艺术运动虽然涵盖内容较广，然而，仍然对现代公共艺术的真正诞生与发展奠定了重要基础。

1930 年，罗斯福总统在美国经济大萧条时期推出新政，号召艺术家投入公共领域里进行创作，并组织作品巡展。这无疑对本国文化艺术的福利建设起到莫大的促进作用，同时援助了一大批艺术家的职业生活，这一举措也成为现代公共艺术兴起的良好开端，在城市中掀起了一场艺术为城市社区和市民大众服务的普遍社会活动。

20 世纪五六十年代，公共艺术作为一个独立的概念，在美国首先被提出。

20 世纪 60 年代以来，后现代主义兴起，艺术家开始逐渐从自我意识中觉醒，开始重新回归大众，使艺术为大众服务。例如，20 世纪中后期，西方的工业文明达到巅峰，在商业文化和消费文化的影响下，一大批艺术家开始借助现代机器生产而将文字、图像、音乐、符号像草丛般迅速地繁衍并服务于大众，由此诞生了波普艺术。波普艺术最早是由西方学者劳伦斯·阿罗威提出的，他认为，大众创造的都市文化都可以成为艺术创作的绝好材料。在劳伦斯·阿罗威这一思想的引导下，1952 年一群年轻艺术家在英国伦敦当代艺术学院，拉开了波普艺术的序幕。

波普艺术诞生后，迅速成为西方艺术领域的新思潮，对西方各个国家的艺术革新与探索产生了重要影响。受波普艺术的影响，西方艺术家开始探索如何借助商业文化形象和都市生活的日常事务为题材，充分借助各种废弃物拼贴而成的、具有时代符号的波普艺术品。波普艺术首先以一种特立独行的方式在绘画领域发端，并迅速引发了公众的反应，蔓延至其他艺术领域。波普艺术撕下了艺术长期以来高高在上的外衣，开始朝着大众文化靠拢，并推动大众文化逐渐上升至美学范畴，使日常生活中处处可见的形象和事物成为艺术创作的重要载体，使平凡事物焕发了美学价值，从而创造出极具趣味性和大众性的艺术理念。波普艺术成为一种为大众服务、以大众为主体的艺术，其为生活中平凡的大众服务，而非为神话中高高在上的英雄服务。

20 世纪 60 年代，美国国家艺术基金会（National Endowment for the Art，NEA）相继推出"将艺术创作投入建筑领域计划""百分比艺术法案"等政策，而这些政策很快成为美国公共艺术建设的指导思想，极大地推动了公共艺术的发展。

其中"百分比艺术法案"（Percent for Art）又称"1% 法案"，指各级政府从公共工程项目如城市基本建设或更新预算中拨出一部分，通常是 1%，用于购买、调试和装置艺术品，以便在公共空间永久展出。"1% 法案"的公共艺术项目作品是针对特定地点的艺术作品与公共空间中的基础设施或建筑相结合，可通过如雕塑、绘画、玻璃、马赛克、纺织品等各种媒介来进行艺术表达。

1959 年，"1% 法案"作为一项市政条例，首次在费城签署生效。后续美国多地纷纷效仿，上千个由"1%法案"而诞生的公共艺术项目先后落地，在美国的法院、图书馆、校园、医院、公园、码头、消防站，甚至窨井盖等地，公共艺术项目遍地开花。这项条例的普及反映出了人们的一种集体愿望：将视觉艺术视为建成环境的一项重要体验，以公共艺术为载体将个体的人连接到城市公共空间。

除了美国的"1%法案"，公共艺术相关政策已经在多个城市和地区的多个建设项目中实施探索。

在芬兰，在20世纪30年代初建设议会大楼时，"1%原则"首次被作为一项官方政策引入，1956年，政府将这一原则扩展到所有公共建筑；1960年代，芬兰各个城市也制定了各自的公共艺术推行方案；1981年，芬兰区域与地方建设当局将这一原则扩大到城市建设环境的所有方面；1991年，赫尔辛基市成为第一个对所有建筑项目施行这一政策的城市，这项举措刺激了赫尔辛基全市及郊区地区文化艺术乃至总体经济的蓬勃发展。

意大利，早在1949年设立的第717条法律，俗称"2%法规"（Law of 2%），是现行法律中对"公共艺术"或"公共建筑"的资金作出规定的唯一国家层级立法。

"1%法案"的艺术基金通常由政府的规划部门或专门成立的艺术委员会来组织运作。可能的资金来源包括以下几个方面。

（1）硬资本和软资本项目建设预算中征收的一定比例资金。

（2）市政资本预算中拨出的用于公共艺术的固定数额（通常为1%或更多）。

（3）与其他政府部门合作，如规划、公共工程、文化体育等部门，通过将公共艺术融入公共基础设施，如街景改善、公共场所座位和公共交通改善方面，最大限度地增加资金。

（4）与区域合作伙伴，如商业改善区，主要街道办，区域交通管理局，或学术机构，以确保资金匹配，并将公共艺术融入营造公共空间的具体项目。

（5）由外部非营利组织补充非政府来源的资金。

二、公共艺术的发展

公共艺术自20世纪60年代在大规模的艺术实践中诞生后，迅速在世界各国发展起来。

（一）现代英国公共艺术的发展

20世纪80年代，英国政府实施了新的城市更新政策，原来以政府计划为主的城市更新政策，开始转向以市场引导与私人投资为主的城市更新政策，以社区为主导发展公共艺术，并且强调以下三点。

（1）城市更新是一种城市建设的技术手段，不仅是以房地产开发为主导的经济行为，还具有深刻的社会和人文内涵。

（2）城市更新的成功有赖于建立一个真正有效的城市更新管治模式，即要有一个包容、开放的决策过程，一个协调与合作的实施机制。

（3）建立一个有效的城市更新机制，政府的积极作用不可替代。

现代的英国公共艺术作品在传统形式和装饰元素外，又运用了大量的新技术、新材料和新工艺，致力于追求内在的自我表现，以不拘一格、丰富有趣的构思，来表达艺术设计师对生存形式的思考和非同一般的前卫观念。

（二）现当代美国公共艺术的发展

20世纪80年代以来，美国公共艺术经历了另一个转折点，艺术家和策展人开始强调公共艺术的社区性和参与性，鼓励艺术家和社区居民合作创作艺术作品，同时注重公共艺术的可持续性和环境友好性。近年来，随着数字媒体和新技术的不断发展，数字公共艺术也在美国不断涌现，使公共艺术形式更加多元化和丰富（见表1-2）。

表1-2　部分现当代美国公共艺术项目一览表

项目名称	发起者/地点	说明
贝丝斯达市文化中心（Bethesda Cultural Center）	这个项目由马里兰州贝丝斯达市政府发起，旨在将艺术融入社区，以及强调社区和环境的可持续性	艺术家和居民共同创作了一座由可回收材料和自然材料制成的艺术装置，这座装置不仅为市民提供了一个文化和艺术的交流空间，同时凸显了环境的可持续性和环境保护的重要性
纽约公共艺术计划（New York Public Art Fund）	这个计划由纽约市政府和私人赞助商共同创立，旨在将艺术作品展示在纽约市公共空间中，使城市成为一个更加美丽、文化和历史悠久的地方	具有代表性的项目是在中央公园展示的由安迪·戈尔斯沃西创作的巨型橙色公共雕塑，这个作品不仅吸引了游客和当地居民的注意，同时为公园增添了活力和色彩

续表

项目名称	发起者/地点	说明
旧金山艺术委员会（San Francisco Arts Commission）	旧金山艺术委员会是美国最古老的艺术委员会之一，致力于将艺术融入城市的公共空间中，强调艺术与社区的联系	具有代表性的项目是由艺术家伊丽莎白·梅西亚斯（Elisabeth Mélias）创作的"一步一个脚印"（Step by Step）雕塑，这个作品由当地居民参与制作，旨在纪念当地居民的历史和文化，同时提高了城市的文化意识
得克萨斯州奥斯丁市艺术计划（Austin Art in Public Places）	由奥斯丁市政府发起，旨在将艺术作品展示在城市公共空间中，以强调艺术与社区的联系	具有代表性的项目是由艺术家贾斯汀·桑克（Justin Shull）创作的"公共凭证"（Public Credential）雕塑，由可重复使用的塑料材料制成，形象呈现出奥斯丁市地图的轮廓，同时在作品中融入了当地文化和历史元素。这个雕塑的创作过程也非常注重社区的参与，艺术家在创作过程中与当地居民进行交流和互动，使艺术作品更加符合当地的文化和价值观
数字公共艺术项目（Art on the MART）	芝加哥市于2020年推出，将数字艺术作品投影在芝加哥市中心的一栋大型建筑上，使艺术作品和城市空间相互融合，成为城市文化发展的重要组成部分	该项目每天晚上展示多个艺术家的作品，其中一些是由芝加哥本地艺术家创作的。这个项目不仅为城市带来了新的文化和艺术体验，同时成为一个新的旅游景点
数字公共艺术项目（Pulse Portal）	位于得克萨斯州休斯敦市的机场内	由艺术家迈克尔·梅诺斯（Michael Menchaca）创作，由多个数字动画组成。当旅客通过这个装置时，动画会随着他们的移动而变化，创造出一个个奇妙的虚拟世界
数字公共艺术项目（The Pool）	位于纽约市，由艺术家詹尼弗·普罗德斯基（Jen Lewin）创作	由多个交互式光和声音模块组成，形成了一个巨大的"水池"。当人们在"水池"中走动时，装置会随着他们的运动而产生变化，创造出一个光影和声音的交织世界
数字公共艺术项目（The Bay Lights）	位于旧金山湾区，由艺术家莱奥·维利亚纳（Leo Villareal）创作	这个艺术作品由多个LED灯组成，覆盖在旧金山湾区的一座大桥上，形成了一个流动的光影图案，成为旧金山湾区的标志性建筑之一

值得说明的是，数字公共艺术作品突破了传统公共艺术的形式和限制，使艺术与科技、环境和城市空间相互融合，为城市居民和游客带来了新的文化和艺术体验，促进了公共艺术的多样性发展。

（三）日本现当代公共艺术的发展

20世纪70年代，随着经济高速发展，公共艺术作品开始关注城市环境和公众生活的美学和文化价值，艺术家开始采用新的媒介和技术进行创作，如雕塑、建筑、装置、媒体和环境艺术等。

20世纪80年代以来，日本社会经历了诸多变革和多元文化的冲击，公共艺术作品开始关注社会问题和多元文化的表达和反思，艺术家的创作形式和内容更加多元化和前卫化。

进入21世纪以来，随着数字技术的普及和发展，数字公共艺术在日本逐渐兴起。公共艺术作品的创作形式和媒介开始向数字技术、互动艺术和虚拟现实等方向发展，艺术家开始关注数字技术的应用和对艺术价值的探索。

例如，大阪城公园的"DIGITAL CASTLE"项目，是一个在大阪城公园展示的数字艺术作品。利用数字技术，展示了大阪城的历史和文化遗产。观众可以在城堡内部和外部参观和互动，体验数字艺术和城堡历史的结合。

（四）中国现当代公共艺术的发展

中国现当代公共艺术是伴随中国城市化的进程发展起来的，改革开放后，随着我国社会经济的发展以及城市的快速发展，我国公共艺术开始兴起，20世纪90年代后，随着我国城市化的快速发展，我国公共艺术进入快速发展时期，涌现出一些具有代表性的公共艺术案例。

例如，1987年的《黄河母亲》雕塑，该雕塑整体造型由"母亲"和"男婴"构成，整体造型是一位神态娴雅的母亲侧卧在黄河岸边，看护着怀抱中游泳的幼儿的情景。分别象征了哺育中华民族生生不息、不屈不挠的黄河母亲和快乐幸福、茁壮成长的华夏子孙，是同类型作品中较早体现中华民族源远流长、气度大方、不断创造文明的时代精神的作品。

《黄河母亲》雕塑所体现的对于中国黄河母亲文化根源的追溯，以及公共空间中对于中国传统艺术语言的提炼，是同类型作品中最早以女性形象出现在公共空间体现中华民族文明源远流长、不断创造文明与时代精神的经典之作（图1-11）。

图 1-11   《黄河母亲》雕塑，摄影，巩贤涛，2017 年

又如，2019 年上海城市空间艺术季案例展作品——500 米长的故事墙绘作品《上海畅想曲》。该墙绘位于上海市静安区彭浦镇灵石路—汶水路，《上海畅想曲》以一个带翅膀的小女孩形象为主角切入，画面随着她在不同角度的飞行轨迹为线索。内容创作分为四个板块：上海畅想、海上生活、天马行空、流域浮生，四块内容以"水"为画面元素（浪、游鱼）贯穿全篇，勾勒出生活在海边的居民的生活百态，既与彭浦亲水步道景观充分融合，又表达了居民与自然和谐共处的美好寓意。该墙绘色彩以蓝、黑、白三色为主调，契合围墙内创意产业园区的主题，又以超现实、浪漫主义的手法营造了一个水乡大都市的市井生活故事（图 1-12）。

图 1-12   《上海畅想曲》壁画，摄影，田亮，2019 年

近年来，社区一直在主导公共艺术的蓬勃发展。例如，在红领巾公园中，由孙贤陵创作的《河马》、宫长军创作的《芽形座椅》，将公众参与作为作品

的一个重要部分。在成都步行街的《九墙化耳朵》，艺术家杨奇瑞将旧自行车改造成了实体的后座，公众可坐在自行车车座后面，将参与艺术并成为艺术作品的一部分。社区公共艺术具有娱乐化的特征。位于西安国际空港高新开发区的雕塑《咖啡屋》是由雕塑家戴耘创作的。作者将日常生活中使用的咖啡杯、勺子、盘子比例放大，在咖啡杯一处剪开一个口将其翻卷上去，形成如门洞一般的形制，观者可进入其中在内壁上的砖椅子处或坐或卧，喝咖啡、聊天，呈现出实用与无用、现实与非现实、经验与超验之间的体验方式。

除此之外，我国近年来还出现了大量数字公共艺术。

例如，2018 年年末，上海艺术家刘毅设计并在上海铜仁路安装了一组 7 个 22 米高的数字灯光公共艺术装置，名为《邂逅"光语者"》。"光语者"是一个生命形象，它的外形和人类相似，但头部设计使用了袜子、植物、手提包等别致可爱的生活物品，带有浓郁的生活气息。这些由数字灯光技术勾勒而成的"光语者"，与生活在上海这座城市的人们不断相遇，七位"光"之使者仿佛在上演一出戏剧，由近及远逐渐呈现出来。这与"光"作为主题相呼应，为城市增添了一抹暖意。

综上所述，公共艺术自诞生以来经历了快速发展，而随着数字技术时代的来临，数字公共艺术为公共艺术注入了全新活力，尤其是近年来，数字公共艺术作品正在不断发展和创新，通过数字技术的应用，为城市文化建设和社会交流提供了新的平台和载体。

第三节　公共艺术的类型与特征

公共艺术可以在公共空间中创造、展示、呈现，为人们提供一种丰富多彩、有意义的文化体验，增强公共空间的美感和文化氛围。本节主要对公共艺术的类型与特征进行详细分析。

一、公共艺术的类型

公共艺术作为公共空间中供大众共享的艺术综合体，具有极其丰富的多样化表现形式。以不同标准进行分类，可以划分为多种类型。

（一）根据公共艺术的地点进行分类

根据公共艺术的功能进行分类，公共艺术可以划分为生态公共艺术、交通公共艺术、社区公共艺术、设施公共艺术、校园公共艺术等多种类型。

1. 生态公共艺术

自 1980 年起，生态公共艺术开始兴起。它不同于传统艺术，没有特定的风格或媒介限制，而是作为自然生态的一部分出现。生态艺术以自然力量（如风、火、水、季节等）的介入为标志，涵盖人与自然关系、实践和空间等方面。生态公共艺术分为自然环境中的人工作品（如纪念性艺术）和人工环境中的各类作品（如道路景观、公园、绿地、广场等）。

2. 交通公共艺术

交通公共艺术包括公交车广告、地铁站壁画、车站广场广告等。这类艺术丰富了交通空间的文化内涵，但在现实生活中容易被忽视。

3. 社区公共艺术

社区公共艺术主要体现在社区花园、广场等场所。它是体现公共艺术关注人文精神和共同情感使命的重要载体，也是个体融入社群的重要途径。

4. 设施公共艺术

设施公共艺术是指具有一定服务和用途的设备和空间，如电话亭、公交车站、自行车停放架、公厕、垃圾桶、报刊亭、下水井盖等。这类艺术依附于城市建筑或其他环境，虽然实用性强，但往往被忽视其审美价值。若能将功能性和审美性结合，城市环境将更美好。

5. 校园公共艺术

校园公共艺术美化校园环境，营造独特氛围，包括校园雕塑、景观、建筑、大门、墙面装饰、壁画等。随着现代教育的发展和公共艺术创作的多样化，校园公共艺术呈现多种形式，学生参与其中，有助于激发创造力和想象力。

（二）根据公共艺术的功能进行分类

根据公共艺术的功能进行分类，公共艺术可以划分为点缀性、纪念性、休闲性、实用性、游乐性、庆典活动类等类型。

1. 点缀性公共艺术

点缀性公共艺术主要用于美化城市环境和提升城市形象。这类艺术作品通常具有较强的视觉冲击力和审美价值。例如，在城市公园、广场或街道上摆放的雕塑作品，或者在建筑物外墙上的壁画和嵌饰，都是为了点缀城市空间，给人们带来愉悦的视觉体验。

2. 纪念性公共艺术

纪念性公共艺术是为了纪念某个历史事件、人物或者传统文化而创作的艺术作品。这类艺术通常具有特定的历史、文化和教育意义。例如，为纪念一位伟人而建造的雕像，或者为纪念一个重大历史事件而设计的纪念碑和纪念馆等。

3. 休闲性公共艺术

休闲性公共艺术主要是为了提供休闲娱乐空间和环境，促进人们的身心健康。例如，在公园或广场上设计的艺术座椅、喷泉和花坛等，为市民提供一个舒适的休闲环境。此外，户外表演艺术和音乐会等也属于休闲性公共艺术。

4. 实用性公共艺术

实用性公共艺术是指在实用功能的基础上，融入艺术元素的设计。例如，公交车站、电话亭、自行车停放架等公共设施，通过艺术家的设计，既具备实用功能，又具有审美价值。

5. 游乐性公共艺术

游乐性公共艺术旨在提供娱乐和游乐功能，让人们在欣赏艺术的同时，还能体验到游乐的乐趣。例如，一些互动装置艺术、儿童游乐设施以及临时性的艺术活动，如街头表演等。

6. 庆典活动类公共艺术

庆典活动类公共艺术是指为特定的节日或庆典活动而创作的艺术作品，通常具有临时性和季节性特点。例如，春节期间的灯会、圣诞节期间的装饰和灯光秀等。这类公共艺术在庆典活动中展现了特定时期的文化特色，为公共空间带来活力和变化。

（三）根据公共艺术的表现形式进行分类

根据公共艺术的表现形式进行分类，公共艺术可以划分为雕塑与装置艺术、绘画、摄影、广告、影像、表演、音乐、园艺等类型。

1. 雕塑与装置艺术

雕塑与装置艺术是三维的艺术表现形式，常用于公共空间如广场、公园、街道等。这些艺术作品可以是纪念性的，如为纪念历史人物而建立的雕像；也可以是抽象的，如一些现代艺术装置。

2. 绘画

绘画是平面的艺术表现形式，可以用于城市墙面、地面等空间，如城市墙绘、壁画、地面画等。这些作品可以美化城市环境，提高城市形象。

3. 摄影

摄影是通过相机记录光线形成的影像，可以用于展示城市风光、历史建筑、人物等。例如，摄影展览、户外摄影作品展示等，都可以为公共空间增色添彩。

4. 广告

广告是通过视觉、听觉等方式传递信息的艺术表现形式。例如，公交车广告、地铁站广告、户外 LED 屏幕等，它们可以为城市提供信息，同时展现城市的繁荣与活力。

5. 影像

影像艺术是通过视频、电影等形式展现的艺术。例如，在公共空间举办的电影放映活动、户外视频艺术装置等，为市民提供娱乐和思考空间。

6. 表演

表演艺术包括戏剧、舞蹈、杂技等表演形式。例如，在广场或公园举办的户外表演、街头艺人表演等，为人们提供丰富的文化活动。

7. 音乐

音乐是一种声音艺术，可以在公共空间通过音乐会、演唱会等形式进行表现。例如，户外音乐节、街头音乐表演等，为市民带来愉悦的听觉体验。

8. 园艺

园艺艺术是通过植物、花卉等进行景观设计的艺术形式。例如，公园、花坛、绿化带等，都是园艺艺术在公共空间的表现形式。

（四）根据公共艺术的展示方式进行分类

根据公共艺术的展示方式进行分类，公共艺术可以划分为由平面到立体、由壁面到空间、由室内到室外直至地景等艺术形式。

1. 由平面到立体

公共艺术的表现形式既包括平面艺术，如绘画、摄影等，也包括立体艺术，如雕塑和装置艺术。平面艺术通常以二维形式展示在公共空间的墙面、地面或其他平面上，如公共空间的壁画、地面画以及广告等。立体艺术则是在三维空间中创作和展示的艺术形式，如各种雕塑、装置艺术等，它们可以为公共空间增添层次感和立体感。

例如，巴黎蓬皮杜中心的前广场上，有许多立体的雕塑和装置艺术作品，如亚历山大·卡尔德的《霍洛斯》雕塑，以及让·提亚尔的《斯特拉文斯基喷泉》。

2. 由壁面到空间

公共艺术可以从单一的壁面拓展到整个空间。壁面艺术通常以绘画、壁画、摄影等形式出现，如城市墙绘、壁画等。而空间艺术则涉及更广泛的范围，包括雕塑、装置艺术以及园艺等，它们可以共同塑造一个丰富多元的艺术空间。

例如，纽约的高线公园（High Line）是一个将废弃的高架铁路改造成的公共绿地，其空间内融合了植物园艺、雕塑、装置艺术等多种艺术形式，为游客提供了一个极富创意的艺术空间。

3. 由室内到室外直至地景

公共艺术不仅可以出现在室内空间，如博物馆、画廊等，还可以延伸到室外空间，如街头、广场、公园等。室内公共艺术通常包括绘画、摄影、雕塑等，它们为室内空间提供了文化氛围和审美体验。室外公共艺术则以雕塑、装置艺术、园艺、表演等多种形式出现，为室外空间带来活力和美感。地景艺术则是将艺术融入自然环境和地貌之中，与周围环境形成互动，使艺术成为自然景观的一部分。

例如，荷兰的克拉伦达村（Kröller-Müller Museum）的雕塑公园，展示了多种室外雕塑和装置艺术与周围自然环境的相互融合。此外，美国的风力艺术公园（Storm King Art Center）是一个占地500英亩的户外艺术公园，展示了大量的雕塑和地景艺术作品，为游客提供了一个与自然和艺术亲密接触的场所。

4. 跨界融合

公共艺术还可以跨界融合多种表现形式和展示方式，如结合建筑、设计、科技等领域，创造出独特的艺术形式。这种跨界融合可以为公共艺术带来更丰富的创意，提高艺术与公众的互动性。

例如，悉尼歌剧院的外观就是建筑与艺术的完美结合，成为城市的标志性景观。另外，柏林的索尼中心（Sony Center）是一个包含商业、娱乐和文化设施的综合性建筑群，其独特的建筑设计和灯光效果为公共空间营造了独特的艺术氛围。

5. 公共参与

公共艺术强调公共参与，通过公众参与的方式，让更多人参与到艺术创作和体验中来。这种参与式公共艺术通常具有互动性和社区性，强调艺术与公众之间的沟通与互动。

例如，美国洛杉矶的"人生愿望"（Before I Die）项目，是一个由艺术家Candy Chang 发起的公共艺术项目。项目邀请公众在一个大型黑板上填写青年群体在世界上最想完成的事情，让艺术成为公众表达自己的一个平台。

（五）根据公共艺术的材料进行分类

根据公共艺术的材料进行分类，公共艺术可以划分为金属材料公共艺术、石材公共艺术、木材公共艺术、玻璃公共艺术、纤维公共艺术、塑料公共艺术、陶瓷公共艺术、混凝土公共艺术等类型。

1. 金属材料公共艺术

金属材料在公共艺术中具有广泛的应用，包括铜、铁、铝、青铜和不锈钢等。金属材料具有较高的强度、耐候性和可塑性，使其成为户外雕塑和装置艺术的理想选择。金属艺术作品可以采用铸造、焊接、锻造等技术制作，呈现出多种风格和形式。例如，芝加哥的《云门》（Cloud Gate）雕塑，由印度裔英国艺术家阿尼什·卡普尔创作，采用不锈钢制作，光滑的镜面表面和有机的曲线形状为城市空间增添了现代气息。

2. 石材公共艺术

石材在公共艺术中有着悠久的历史，包括大理石、花岗岩、砂岩和石灰岩等。石材具有良好的耐候性和坚固性，适用于户外环境。石材艺术作品多采用雕刻、拼接等技艺制作，呈现出丰富的纹理和质感。例如，意大利米兰的达·芬奇广场上的莱昂纳多·达·芬奇雕像，由雕塑家皮耶特罗·马涅扎创作，采用白色大理石制作，展现了人物的生动形象。

3. 木材公共艺术

木材在公共艺术中具有广泛的应用，如雕塑、装置艺术、园林景观等。木材具有天然的纹理、温暖的触感和可塑性，能够为艺术作品增添自然的气息。木材艺术作品可以采用雕刻、拼接、绘画等多种技艺制作。

4. 玻璃公共艺术

玻璃在公共艺术中的应用逐渐增多，如装置艺术、建筑表皮等。玻璃具有独特的透明度、光线折射性和多样性，可以为公共艺术创作带来梦幻般的视觉效果。玻璃艺术作品可以通过吹制、熔融、镶嵌等技艺制作，形式多样。例如，捷克艺术家达利博尔·特鲁普（Dalibor Trapl）创作的玻璃雕塑和装置作品，通过对玻璃的处理，展现了光影的魅力和空间的立体感。

再如，美籍华裔雕塑家盛姗姗创作的《梦幻森林》，就运用了意大利千年传统玻璃工艺，雕塑的68个"叶片"组件均在威尼斯手工制作而成。叶片平均高度为3～4米，其中每个"叶片"由两根钢管支撑，中间架设威尼斯玻璃。最终完成的雕塑将摆放在世园会的椰风水岸，并与这里的村落式建筑群融为一体。作品线条流畅、色彩鲜艳，光线透过玻璃板块，形成炫目的倒影与反射。玻璃艺术品在白天和夜晚将展现不同的色彩。当人们走近观赏时，能看见玻璃里面鲜明的色彩层次，体验玻璃雕塑色彩的千变万化，同时能感到植物的生机盎然和蓬勃生长。

5. 纤维公共艺术

纤维材料在公共艺术中具有特殊的应用，包括纺织品、绳索、编织物等。纤维艺术作品具有柔软的质地、丰富的纹理和独特的触感。纤维艺术作品可以通过编织、缝制、染色等技艺制作，展现出多样的风格和形式。例如，巴西艺术家埃内斯塔·内托（Ernesto Neto）的纤维装置作品，通过弹性纤维材料制作而成的巨大悬挂式装置，营造出沉浸式的空间体验。

6. 塑料公共艺术

塑料材料在公共艺术中的应用逐渐增多，如装置艺术、环保艺术等。塑料艺术作品通常具有较强的现代感和创意性，可以呈现出独特的视觉效果。塑料艺术作品可以通过注塑、吹塑、熔融等技艺制作。例如，捷克艺术家维若妮·霍希妲诺娃（Veronika Richterová）利用回收塑料制作的环保艺术作品，旨在唤起人们对环境保护的关注。

7. 陶瓷公共艺术

陶瓷在公共艺术中具有悠久的历史，包括陶器、瓷器等。陶瓷艺术作品具有丰富的色彩、质感和纹理，可以通过陶瓷泥塑、烧制、釉彩等技艺制作。陶瓷在公共艺术中的应用包括雕塑、装置、壁画等。例如，西班牙巴塞罗那的公园广场（Park Güell）内，建筑师安东尼·高迪设计的陶瓷长凳，采用了丰富的色彩和独特的形态，体现了现代艺术和建筑的融合。

8. 混凝土公共艺术

混凝土作为一种常用的建筑材料，也在公共艺术领域得到了广泛应用。混凝土艺术作品具有坚固的结构、简洁的质感和现代的风格。混凝土可以通过浇筑、预制等技艺制作雕塑、装置、建筑元素等。例如，巴西的奥斯卡·尼迈耶（Oscar Niemeyer）设计的巴西利亚大教堂，采用了混凝土材料，展现了现代主义建筑的美学特点。

综上所述，公共艺术可以从不同视角划分为多种类型，这些分类体现了公共艺术的多样性和丰富性。

二、公共艺术的特征

公共艺术具有公共性与公众性、开放性和文脉性、艺术性和实用性、综合性和统一性特征。

（一）公共性与公众性

公共性是公共艺术最基本的特征之一，公共艺术作品通常位于城市和社区的公共空间，如广场、公园、街道等。这些作品面向所有人，无论年龄、性别、文化背景等，都能在这些公共空间中欣赏和体验艺术。公共艺术不仅反映了公共空间的美学价值，还在一定程度上满足了不同观众群体的审美需求。与传统的美术馆、画廊等艺术场所相比，公共艺术作品更加开放、包容，能够直接服务于社会大众，提高公众对艺术的参与度。

公共艺术的公共性与公众性体现在以下几个方面。

1. 场地的开放性

公共艺术作品通常位于开放的公共空间，使得艺术作品能够更容易地触及社会大众，也使公共艺术更易于融入城市和公众的生活。

公共艺术作品往往与其所处的场地和环境紧密相关，艺术家需要充分考虑作品与场地的关系，以及作品如何融入和改善所处的公共空间。这种场地特定性要求公共艺术作品具有独特的创意和表现形式，以适应不同的场地条件和环境背景。

2. 公众的互动性

公共艺术的开放性场地鼓励观众参与和互动。许多公共艺术作品特意设计了可供观众参与的互动元素，如触摸、爬行、坐在上面等。这些互动元素使公共艺术具有更强的吸引力和生命力，也能让观众更好地理解和欣赏作品。

3. 社区公民的参与性

开放性场地使得公共艺术作品能够直接与社区居民和游客互动。在很多情况下，公共艺术项目的创作过程中会邀请社区居民参与创作过程，以表达社区的文化特色和价值观。这种社区参与有助于增强公共艺术的归属感和认同感，也能提高社区居民对公共艺术的关注和支持。

4. 功能的多样化

公共艺术位于开放的场地环境中，反映了艺术家、社区和城市的文化特点，通过公共场地的展示和传播，可以促进不同文化背景的人们了解、欣赏和交流各自的文化价值。

此外，公共艺术作品往往具有一定的教育性和启示性，可以向公众传递某种观念或者价值观。这种教育性和启示性使得公共艺术作品具有更广泛的社会意义，能够对公众产生积极的影响和启迪。公共艺术还为艺术教育提供了一个重要平台。学校和社区组织可以通过组织参观、讲座、工作坊等活动，帮助公众了解艺术历史、技巧和理论，培养艺术鉴赏能力和创造力。

（二）开放性和文脉性

公共艺术的公共性和公众性决定了公共艺术还具有开放性和文脉性的特征。

1. 公共艺术的开放性

公共艺术的开放性涵盖了三个方面的含义，即活动场所的开放性、对观赏者不同审美趣味的包容性、设计创作语言的开放性。

（1）公共艺术的活动场所具有开放性。在活动场所方面，公共艺术往往位于广场、公园、街区、车站等视野开阔、人流密集的开放空间。这些具有公共性的场所为公共艺术作品提供了充足的展示空间，使得更多的人能够观赏和互动。因此，公共艺术作品需要具备形体和视觉上的开放性，以便与周围环境相协调，增强其吸引力和感染力。

（2）公共艺术对观赏者的不同审美趣味具有包容性。公共艺术需要考虑到不同审美层次的社会群体，体现审美层次上的多元性。这要求公共艺术作品具有多元的特质，以接纳不同审美层面的社会成员，满足青年群体的不同认知需求。通过这种多样性，公共艺术作品能够实现与公众之间的沟通和联系，真正成为"公共艺术"。

（3）公共艺术的设计创作语言具有开放性。公共艺术的设计语言必须面向公众，以满足不同观众的审美需求和兴趣。此外，作为一种面向公众的艺术形式，公共艺术需要用通俗易懂的方式来表现其主题和内涵。艺术设计语言的通俗性意味着作品应具有较高的可读性和普及性，能够被不同年龄、文化背景和教育水平的观众所理解和欣赏。通过通俗的艺术表现，公共艺术作品能够更好地与观众进行情感和思想的交流，实现艺术与社会的互动。

2. 公共艺术的文脉性

公共艺术既强调开放性，也具有文脉性的特点，体现了地方文化的传承和传播。公共艺术作为一种精神情感和思想文化交流的重要方式，为个人、社区、城市和国家间的互动提供了丰富的载体。

公共艺术以地方文脉为基础，不仅尊重当地的历史、传统和民俗，还为其发展提供了持续的动力。这样的艺术作品能够更好地融入当地环境，展示出地域特色，成为城市和社区的文化象征。

例如，景德镇作为我国的千年瓷都，拥有光辉灿烂的陶瓷文化传统，景德镇以陶瓷作为主要材料搭建公共艺术装置，能够对当地的文脉进行传承与传播（图 1-13）。

公共艺术可以将历史与现实相结合，通过对过去的反思和对未来的展望，为人们提供了一个理解和思考社会、历史、文化等多方面问题的平台。

例如，位于开封的清明上河园就取材于北宋画家张择端所绘的长卷画作《清明上河图》，《清明上河图》描绘了当时汴京（今河南省开封市）城市的繁荣景象。这幅画作展示了北宋时期城市的商业繁荣、官员巡视、市民生活等诸多方面，被誉为"中国画史上的一部百科全书"。清明上河园就是从中获得灵感，创作具有历史、文化和地域特色的景区，把画中的建筑、船只、人物等元素运用到园区内，展示古代汴京城市的繁荣与活力，将现代城市文化与古代历史结合起来。

图1-13　景德镇电线杆，摄影，田亮，2019年

（三）艺术性和实用性

公共艺术作品不仅具有艺术性，还具有一定的实用性特征，达到了艺术性和实用性的统一。公共艺术作品通过多样的艺术表现手法，展现了艺术家的创意和技艺，为城市和社区增添美感和活力。同时，公共艺术作品还可以起到实际功能，如提供座椅、遮阳设施等。这种艺术性和实用性的结合使得公共艺术具有更广泛的社会意义和价值。

公共艺术的创作需满足人们的审美情趣和形式规律。作品通过形象、质地、肌理、色彩等构成要素传达美的理念和情感，感染公众。在公共场所中的壁画、雕塑、光构成、装置艺术、纤维艺术以及公共设施的设计等，都要强调用美的形式法则来塑造形体空间和配置色彩基调。同时，要考虑作品与环境的整体空间的对比、协调关系。此外，还要考虑作品将主要面对的公众群体的心理。

实用性方面，公共艺术的实用性与艺术性并不矛盾。公共艺术的实用性体现在供社会公众使用的各种公共设施上，如步行街、凉亭、林荫道的休息座椅，交通管理设施，护栏、护柱、路墩等安全设施，夜间照明设施，卫生设施，电话亭、环境绿化等。这些设施既是公共艺术的重要载体，也是实用性场所。公共艺术还可以保护生态，如植物群落和水域系统，改善气候、净化空气、保持水土等。公共艺术的一些保护性设施还可以避免人在活动中产生的人为或自然伤害的危险，实现拦阻、半拦阻、警示等作用。此外，作为长期放置在户外空间的公共艺术作品，还需考虑维护和保养的方便，便于视觉识别，而不能单纯追求视觉上的美观。

例如，艺术家安尼什·卡普尔（Anish Kapoor）创作的《云门》（The Cloud Gate）位于美国芝加哥的米莱尼亚公园（Millennium Park），这座镜面不锈钢雕塑通过其独特的造型和反射效果吸引了大量游客。作为一件公共艺术作品，《云门》的艺术性表现在其独特的设计、视觉效果以及与周围环境的互动性上。实用性方面，《云门》为游客提供了自拍和拍照的好背景，同时成为了一个城市的地标，方便人们在城市中找到方向。

（四）综合性和统一性

公共艺术是一种综合性的艺术，它不仅需要艺术家充分考虑作品与周围环境的关系，还需要多个学科和领域的专家共同合作。公共艺术创作是一个社会化的过程，需要许多不同的专业人士共同参与，如美术学家、艺术设计师、建筑师、社会学家等。它需要政府或企业的资助，通过共同策划、论证、立项和设计才能实现。因此，公共艺术具有高度的综合性和协作性特征。

从城市建设的视角来看，公共艺术是城市环境的一部分，如同一个大系统中的子系统。

子系统是由各种组成要素以确定的关系结合在一起形成的，以实现系统的优化。现代城市公共艺术是城市整体环境的组成部分，因此建立这个概念对于现代城市公共艺术十分重要。公共艺术的存在可以依附于建筑，也可以依附于街道、广场、绿地、公园等特质形态，并与之组成整体的城市环境。现代城市公共艺术应该坚持整体性原则，妥善处理局部和整体、艺术与环境的关系，使现代城市和城市整体环境协调统一。

这种统一性使公共艺术作品能够与城市和社区的建筑、自然、文化等要素形成统一的视觉和意义体系，为观众提供一种完整的艺术体验。

综上所述，公共艺术是一项综合性的、以公共性和公众性为基础的文化形式，具有开放性和文脉性、艺术性和实用性、综合性与统一性的特征。正确理解公共艺术的特征，有利于人们对公共艺术功能的理解。

第四节　公共艺术的功能研究

公共艺术是面向大众的审美形态，也是环境艺术的重要组成部分，其产生、发展均与人类的发展息息相关。本节主要对公共艺术的功能进行研究。

一、公共艺术的审美功能

公共艺术的审美功能是指其在公共空间中所具有的美学价值和影响力。公共艺术作品可以通过其形式、材料、色彩、造型等美学元素的运用，创造出艺术性和美学价值，给人们带来美的感受和享受。

公共艺术作为一种特殊的艺术，其审美功能主要体现在以下几个方面。

（一）公共艺术可以激发公众的视觉审美

视觉审美是公共艺术审美功能的重要体现。艺术家可以通过对形式、材料、颜色等美学元素的运用，创造具有独特视觉效果的公共艺术形式，使人们感受到艺术的魅力和美感。

例如，在一个商业区的广场上，一座融合了水景、绿化、雕塑的公共艺术作品可以在视觉上提升整个广场的美感，使人们在繁忙的商业街区中感受到一丝宁静与和谐。

又如，在一个公园中，一件以绿色为主调的雕塑可以更好地与周围的绿树、草地相融合，让人们在欣赏作品的同时感受到大自然的美。

再如，一个公共空间中，一件由现代材料打造的雕塑可以让观众感受到现代科技与艺术的结合，激发青年群体对未来的艺术表现形式的思考和探索。

（二）公共艺术可以激发公众的听觉审美

公共艺术的听觉审美是指其在听觉上所具有的美学价值和影响力。公共艺术作品可以通过声音、音乐等元素的运用，带给人们美妙的听觉审美体验。

例如，在公共空间中设置音乐喷泉、音乐墙等音乐装置作品，可以通过其音乐元素的运用，让人们感受到美妙的音乐和声音，提升公众的艺术品位和鉴赏能力。

公共艺术作品的声音效果一般会考虑其周围环境的噪声，以及作品本身的主题和表达的情感，可以通过音乐、自然声音等多种形式来表现。例如，在一个公园中，播放自然声音可以让人们感受到大自然的美好和平静。

（三）公共艺术可以激发公众的触觉审美

触觉审美是公共艺术中的另一个审美维度，它与作品的材质、质感等因素密切相关。公共艺术作品通过材料的质感和触感，给公众带来艺术品的实际感受，从而带给公众独特的触觉审美。

例如，在公共空间中设置以石头、金属、玻璃等材料为主的雕塑作品，可以通过其材料的质感和触感，让人们感受到材料的实际质感和质地的变化，增强艺术品的触觉感受和艺术性（图1-14）。

又如，在一个公共空间中，一件采用铁艺打造的雕塑通过其坚硬的触觉可以让观众感受到艺术家的力量和坚定。

图1-14　玻璃雕塑，摄影，巩贤涛，2017年

（四）公共艺术可以激发公众的嗅觉审美

公共艺术的嗅觉审美是指其在嗅觉上所具有的美学价值和影响力。公共艺术作品通过植物、花卉等自然元素的运用，给人们带来自然的气息和芬芳的气味。

例如，在公共空间中设置以花卉、草地、芳香树木等为主的景观设计作品，可以通过其自然元素的运用，让人们感受到自然气息和清新的芬芳，增强艺术品的嗅觉感受和艺术性，激发公众的想象，为公众带来独特的嗅觉审美体验。

二、公共艺术的美化功能

公共艺术是城市文化的重要组成部分，具有丰富的美化功能，主要体现在美化环境、提升城市形象、塑造城市文化等方面。

（一）公共艺术美化环境的功能

公共艺术的美化环境功能是其最主要的功能之一，公共艺术可以通过对材质、造型以及色彩的处理，将平凡的环境变得美丽而有趣味性，对环境进行美化。公共艺术美化环境的功能可以体现在以下几个方面。

1. 公共艺术对公共空间的美化功能

公共艺术作品可以在公共空间中起到点缀和衬托的作用，使公共空间更具美感和艺术感。

例如，在城市广场上，一座具有色彩、形状、材质、光影特色的公共艺术作品可以成为人们休憩和交流的重要地标，增加广场的美感和亮点。

2. 提升公共设施品质

公共艺术作品可以使公共设施变得更加美观和高档，提升公共设施的品质。

例如，在一个公园中，一座造型优美、工艺精湛的雕塑可以让公共设施更富有质感和艺术品位，使公园变得更加精致和富有艺术气息。

3. 美化城市道路

公共艺术作品可以在城市道路上起到引导和点缀的作用，让道路变得更加美丽和有趣。

例如，在一条繁忙的商业街上，一座符合当地文化和艺术气息的设计的艺术品可以赋予城市道路以个性和文化内涵，使之成为人们驻足拍照的亮点，提升街道的美感和商业价值。

（二）公共艺术提升城市形象的功能

公共艺术作品还可以通过提升城市形象来发挥美化功能，表现城市的特色和文化，公共艺术的提升城市形象功能主要表现在以下方面。

1. 引导城市文化

公共艺术作品可以通过表现城市的文化特色和历史传统，引导人们了解和认识城市的文化。

例如，在一个历史悠久的城市中，一座艺术品可以表现当地的传统文化和历史，让人们对城市有更深刻的了解和认识。通过公共艺术的呈现，可以让城市的文化内涵更加深入人心，也可以让外来游客更加了解城市的历史和文化特色。

2. 提升城市品位

公共艺术作品可以通过艺术的手法，提升城市的品位和形象。公共艺术作品的高档材质、精湛工艺、独特造型等元素可以让城市变得更加高雅和有品位，提升城市形象和价值，引发城市居民的认同感。

3. 强化城市特色

公共艺术作品可以通过艺术的手法，表现城市的独特特色和个性，强化城市的品牌形象和特色。

例如，格鲁吉亚西部海岸的被称为 Ali and Nino 的艺术作品，是由格鲁吉亚艺术家塔玛拉（Tamara Kvesitadze）设计而成的。两座雕像身高 7 米，虽乍眼看上去没什么特别之处，但却深藏玄机。没有启动的时候，两座雕像从各处不同的方向看，犹如一对被分离开的恋人。但当傍晚时分，雕像会一点点向对方移动，直到跟对方融合，最后拥抱在了一起，令人叹为观止。该艺术作品成为格鲁吉亚西部海岸的地标性建筑，强化了当地的城市特色。

（三）公共艺术塑造城市文化的功能

公共艺术作品可以通过艺术的手法，表现城市的文化内涵和艺术精神，为城市注入文化和艺术的活力和灵魂。公共艺术的塑造城市文化功能主要表现在以下方面。

1. 传承城市文化

公共艺术作品可以通过艺术的手法，传承和弘扬城市的文化传统和历史文化。

例如，青岛五四广场名为《五月的风》的公共艺术作品是一件钢雕塑，采用螺旋向上的钢体结构组合，直径达 27 米，高约 30 米，重达 700 吨，由艺术家黄震设计；雕塑以单纯简练的造型元素排列组合成旋转腾空的"风"，顶部装置有火炬头，通体火红，寓意青岛与"五四运动"的渊源，"五四运动"是点燃新民主主义革命的"火种"。

《五月的风》雕塑昭示着永不低头、捍卫主权的坚定信念以及反帝反封建的爱国主义基调和张扬腾升的民族力量，同时，《五月的风》雕塑还揭示了青岛与五四运动的渊源，彰显青岛不断向上的力量（图 1-15）。

图 1-15　青岛《五月的风》雕塑，摄影，田亮，2022 年

2. 丰富城市文化

公共艺术作品可以通过艺术的手法，为城市注入更多的文化元素和艺术品位，丰富城市的文化内涵和精神世界。

例如，武汉光谷广场的《星河》主题雕塑，是目前国内最大单体钢结构大型公共艺术品，最高处达 13 层楼高，直径 90 米，单拱最大跨度 36 米，总重量近 1410 吨，雕塑最高处正对着古典建筑黄鹤楼方向，与传统地标遥相呼应。

《星河》雕塑共安装 LED 灯 1.8 万盏，其中 1.4 万盏为定制，安装于钢结构夹角处。通过定制的密集光源，营造出"璀璨星河"的效果。该雕塑的灯光并不是静态的，呈现海浪般动态特效。此外，还预设 7 种颜色进行色彩变幻，具有丰富的视觉效果，展现浩瀚宇宙的神秘与魅力。

该雕塑在不同的时间可以进行不同的色彩变幻。

工作日模式：周一至周五，每天只会有一种颜色倾向，并与白色进行缓慢切换。

节假日模式：颜色变换加快，有三四种颜色与白色切换，营造轻松活泼的视觉体验。

新年模式：7 种色彩变换快慢结合、有机切换，营造节日气氛。

重大事件纪念模式：根据重大事件的需要进行预设程序，制定灯管变换的色彩与形式等。

此外,《星河》雕塑根据季节变化会调整亮灯、熄灯时间。夏季,灯光会从晚上7点亮到深夜11点。公众通过灯光效果,就能够知道所处时间节点。

该雕塑建成后,为武汉注入了现代化的文化元素和艺术品位,使其更加充满活力和文化氛围。

3. 塑造城市形象

公共艺术作品可以通过艺术的手法,塑造城市的文化形象和艺术形象,使城市呈现出更加具有前瞻性和时尚感的形象。

当公共艺术以传统文脉为依托,以城市环境为背景,就连续了文化的历史传承,建立起城市的文化认同,成为国家或城市的视觉形象。当公共艺术介入城市公共空间,以区域的景观营造方式塑造舒适的人居环境,就为城市经济的发展提供了人脉资源和投资环境条件。当公共艺术以城市家具的形式介入城市空间,将城市功能设施以艺术的方式呈现出来,就创作出富有个性的城市功能设施,为城市赢得了荣誉,给市民提升了自我归属感。

三、公共艺术的标识功能

公共艺术是城市最为显性的一种标识,能对城市起到很好的推广和宣传作用,可以为城市注入文化和艺术元素,也可以让公众更好地了解和认识城市。

以中国深圳为例。

深圳作为一座年轻的城市,在公共艺术方面也展现出了其城市精神和文化特征。

例如,潘鹤的《拓荒牛》作为深圳市委大院门前的标志性雕塑,是深圳市第一件公共艺术作品,代表着深圳市的开拓精神和创新精神。作品选用牛作为主题,寓意着深圳人不畏艰难险阻,顽强拼搏,始终保持着向前发展的精神状态。这座雕塑已成为深圳的标志性景点之一,代表着深圳开放、进取、创新的城市形象。

又如,《深圳人的一天》群雕位于园岭社区公园内,是一座由十八个深圳人物形象组成的雕塑,代表着深圳市人民的生活状态和精神面貌。这些雕塑形象包括科技工作者、大学生、企业家、保安、出租车司机等不同职业和身份的人物,展现了深圳市不同层次人群的日常生活和工作状态。作品的创作体现了深圳市对城市居民群体的关注和关怀，展现了深圳市民的生活状态和城市文化特征。

再如，深圳地铁公共艺术。近年来，深圳地铁已开展了多个公共艺术项目，包括雕塑、绘画、装置艺术等形式。这些作品通过在地铁站和列车内展示，为乘客带来艺术的享受和文化的熏陶，同时为城市注入了更多的艺术元素和文化内涵。

这些公共艺术作品具有很好的公共性和互动性，让城市与公众之间建立了更加紧密的联系，成为深圳这座城市的标识建筑，让人们看到这些公共艺术作品的同时就会联想到深圳这座城市。

四、公共艺术带动地区发展的功能

公共艺术作为城市的显性标识，能够促进地区的发展。

（一）优化人居环境

公共艺术作品可以改善城市景观，提升市民对居住环境的满意度。通过创作具有当代审美价值的公共艺术作品，可以提升市民生活的舒适度和幸福感，增强对社区的归属感。这一点已在上文中有所提及，这里不再赘述。

（二）构建社区文化

公共艺术作品可以成为社区历史和文化的有机组成部分，为社区居民提供共同的记忆和情感纽带。通过与社区公共生活密切相关的创作，公共艺术可以让人们更好地了解和传承地方文化，增强社区凝聚力。

例如，上海大学博物馆 2021 年将"三星堆：人与神的世界"特展作为公共教育活动带进了上海浦东新区陆家嘴街道东昌新村的"星梦停车棚"，将一个脏乱差的地方建设成了一场小型的展览，为社区居民带来了一场别开生面的艺术盛宴，获得了社区居民的一致好评，构建了独特的社区文化。

又如，2015 年，波士顿发起了"驻城艺术家"（Artist-in-Residence）项目。该项目从 2015 年 10 月启动，每年都会资助艺术家来波士顿，每人给 2 万美元的津贴，并且提供 6 个月在波士顿的住宿，支持艺术家们在当地完成自己的艺术项目。该项目共收到波士顿地区来自音乐、舞蹈、电影、街头艺术等各领域艺术家的 111 份申请，最终 11 名艺术家的申请获得通过，这些艺术项目的实施，有效地改善了原有的社区环境，构建了新的社区文化。

（三）带动区域经济

公共艺术可以吸引游客、创意产业和其他相关企业，从而带动当地经济的发展。通过策划举办艺术活动、展览等，公共艺术有助于提高城市的知名度和吸引力，进而促进地方旅游业、文化产业等的繁荣发展。

例如，位于美国费城的马萨诸塞州的当代艺术馆（MASS MoCA）正式投入使用之前就已成为一件巨型装置艺术，吸引了一些创意产业企业入驻，如网站设计公司等。同时，艺术馆每年能吸引近 10 万名游客，并为当地创造约 1 500 万美元的直接经济收益。

五、公共艺术的教育功能

公共艺术是一种在公共空间中存在的、面向公众的艺术作品，公众在公共空间中的生活活动时间远超过在企业、校园等其他环境中的时间，其在公共空间中接触到的环境氛围和文化熏陶也比在这些工作场所更加丰富和多样。而雕塑、壁画、主题展览、演艺活动等丰富多彩的公共艺术作为一种介质载体承载着一定的思想，能够通过艺术形式将其中的思想传达给公众，从而达到教育功能。

公共艺术的教育功能主要体现在公共艺术的心理培育功能、爱国主义培育功能、理想培育功能、道德培育功能四个方面。

（一）公共艺术的心理培育功能

艺术是以美的对象和美的存在形式而存在的事物，其中蕴含着丰富的知识内容以及创作者的思想。公共艺术作为艺术的一种，也蕴含着知识与思想，能够对公众的心理进行培育。具体表现在以下四个方面。

1. 公共艺术对公众认知心理的开发功能

公共艺术对公众认知心理的开发功能表现在提高艺术感受性、审美能力、创造力等方面，有助于大脑潜能的开发和个人全面发展等方面。

公共艺术通过造型、色彩、材料、声音等展现出来，并借助公众的（眼、耳、鼻、舌、身等）感觉器官让公众感知公共艺术的美，触发公众的认知反应，让公众感知到艺术形象，并引发公众的心理产生一系列的运动变化，有利于提高公众对艺术的感受力。公众通过对艺术作品的感知和体验，能够对艺术的不同感受、体验作出表达或评价，从而在潜移默化中提高公众的审美能力。

公共艺术具有公众参与性的特点，而公众在参与公共艺术活动的过程中，其注意力、记忆力、想象力等心理能力将获得充分调动，有利于提升公众的思维活跃度以及创新和创造能力。此外，公共艺术中的雕塑、壁画、音乐等艺术形式具有促进大脑认知的功能，公众在欣赏和参与公共艺术活动时，有助于其大脑潜能的开发和个人素养的全面发展。

2. 公共艺术对公众情感心理的催发功能

公共艺术中蕴含着设计师和创作者独特的思想和情感，这些情感蕴藏在公共艺术的造型、色彩、材质，以及其与周围环境的对比之中，能够催发公众的情感。

例如，捷克艺术家大卫·塞尔尼（David Černý）永不停歇的作品《卡夫卡头像》（*Head of Franz Kafka*），位于捷克布拉格市中心，由 42 个独立的、可移动的不锈钢板面构成，总高 11 米。这座颇具现代化的金属雕塑在布拉格传统建筑的衬托下显得有点违和，但艺术家强调扭曲的表现手法正好印证了文学巨匠弗兰兹·卡夫卡（Franz Kafka）的代表作《变形记》（*Metamorphosis*），在与观者互动的同时，用变形荒诞的形象致敬了布拉格历史上动荡的时代。

又如，荷兰当代艺术家弗洛伦泰因·霍夫曼（Florentijn Hofman）在瑞典厄勒布鲁设计了一只兔子造型的公共艺术作品。该作品以巨型卡通动物形象为主，放置在令人意想不到的位置，带领观者仿佛进入神奇的童话世界。巨大的兔子在赋予观者奇妙视觉体验的同时，也唤醒了人们内心深处的童心。

再如，由 Leu Webb Projects 设计并携手 Mulvey & Banani Lighting 打造的大型互动装置《热学说》（*Thermally Speaking*），通过运用热成像和红外测量仪器来监测人们身体产生的能量场，并将访客的体热转化为光和颜色变化的灯光展，吸引了不少路过的行人参与互动。

这个被放置在多伦多要塞游客中心的公共艺术项目除了用一片色彩鲜活的玻璃幕墙美化环境，还为观者在喧闹市区中提供了一处自我娱乐、享受生活的创意空间。这一刻，在幕墙前的驻足与互动恰好是欣赏与接收公共艺术的最好方式。

这些公共艺术作品中蕴含的思想可以伴随公众对作品的欣赏传达给公众，带给公众一定的思想启迪，同时对公众的心理情感进行催发，或引发公众的情感共鸣；或对公众进行情感启发；或对公众进行情感调控；或对公众进行情感教育等。

3. 公共艺术对公众人格心理的塑造功能

公共艺术对公众的人格心理具有塑造功能，主要表现在公共艺术有助于公众心理的和谐发展、培养公众的创新个性、塑造公众的独特人格、提升公众的人格品质等方面。

公共艺术作为一种置于公共空间的、面向公众的艺术作品，其中通常蕴含着积极、健康、向上的思想与情感，有助于向公众传达乐观、积极、健康的人生观，有利于促进公众心理的健康、和谐发展。

公共艺术是一种综合性较强的艺术形式，能够调动公众的知、情、意多种心理过程，激发公众对公共艺术所传达信息的兴趣、动机、信念等，促进公众的创造性表达，从而培养公众的创新个性。

优秀的公共艺术具有"引人向真""引人向善"等特殊的导向功能，能够诱导公众反思、净化心灵、重塑自我，在这一过程中塑造公众的独特人格。而杰出的公共艺术作品，还能够从政治态度、伦理道德、思想品格等方面对公众产生潜移默化的影响，从而使公众的人格品质得到提升。

4. 公共艺术对公众身心健康的促进功能

公共艺术还能够促进公众的身心健康，公共艺术作品通常位于城市的公共空间，为人们提供了一个舒缓压力、调节心理的环境。人们在观赏公共艺术作品时，可以暂时忘记生活中的压力与烦恼，从而有利于心理健康。

公共艺术形式丰富，音乐、绘画等公共艺术形式可以帮助人们调整情绪，减轻抑郁、焦虑等心理疾病的症状。此外，参与公共艺术活动，如社区壁画、雕塑创作等，也能提供一个良好的心理疗愈环境。

公共艺术在社区中进行创作和展示时，通常需要社区居民的共同参与和创作，在这一过程中，不仅能够提高社区公众的文化素养，还能增强社会公众对本社区文化的自豪感和认同感，提升社区公众的凝聚力。这种文化认同感和归属感对于个体的心理健康具有积极作用，有助于塑造一个和谐、团结的社会氛围，从而有利于公众的身心健康。

（二）公共艺术的爱国主义精神培育功能

爱国主义，顾名思义，指一个国家的人民对自己国家产生的热爱、忠诚和献身的浓厚情感、崇高思想和质朴行动。爱国主义是中华民族在发展中形成，并贯穿于数千年中华民族历史中的重要精神。爱国主义是中华民族的民族心、民族魂，是中华民族最重要的精神财富。

公共艺术在培育公众的爱国主义精神方面能够发挥重要作用。公众在欣赏蕴含着爱国主义精神的绘画、雕塑、音乐、电影等公共艺术形式时，可以深切地感受到其中所蕴含着的爱国主义精神，从而激发公众的爱国主义精神。

公共艺术通常以直观的艺术形式呈现爱国主义精神。例如，民族英雄或伟人题材的雕塑、壁画或相关的音乐、舞蹈作品等，通过塑造这些历史人物的形象，传承青年群体的英勇事迹和崇高品质，可以在潜移默化中培养公众的爱国主义精神。

除此之外，公共艺术作品可以展现国家的文化传统和民族特色，激发公众的民族自信，使公众更加了解并热爱自己的民族文化。公众通过了解和欣赏这些作品，能够深入认识祖国的历史和文化底蕴，从而增强公众的民族自豪感和认同感，培养公众的爱国主义精神。

公共艺术作品通常位于开放的公共空间，方便人们观赏和互动。这种互动性鼓励公众参与到艺术创作和传播过程中，共同传承和弘扬爱国主义精神，达到培育公众爱国主义精神的目的。

（三）公共艺术的理想培育功能

公共艺术在培育公众的理想追求方面发挥着极其重要的作用。公共艺术作品往往承载着某种社会价值观念，如和平、自由、平等、公正等。公众通过欣赏这些作品，能够感受到这些价值观的力量，从而培养公众对社会理想的追求。

公共艺术作品让人们在日常生活中接触到美的事物，从而培养起对美的独特感悟和追求。公众通过公共艺术作品带来的独特审美体验，能够丰富自己的精神世界，形成崇尚美的理想追求。

公共艺术作品通常具有鲜明的民族特色，展示了民族的历史文化和传统精神。公众通过了解和欣赏这些作品，能够加深对自己民族的认同感，从而增强公众对民族理想的追求。

公共艺术作品还能够引发社会的讨论，这些讨论和对话有助于公众形成自己的价值观和理想追求，并推动社会价值观的进步。

（四）公共艺术的道德培育功能

公共艺术在社会道德培育方面也起着极其重要的作用，公共艺术通过在公共空间展示各类艺术作品，可以向社会公众传递积极的道德价值观，为社会公众提供道德启示和教育。

例如，历史英雄、文化名人等，往往具有崇高的道德品质和精神风范。以此为题材的公共艺术作品通过展示这些典范人物的事迹和精神，可以激发人们对道德的追求，引导社会公众向这些道德典范学习，从而提升整个社会的风气，提升社会公众的道德素养。

公共艺术作品通常具有很强的视觉冲击力和较强的情感感染力，以直观的艺术形式呈现出诸如诚实、勇敢、仁爱、忠诚等道德品质。社会公众在欣赏或讨论这些公共艺术作品时，往往会对公共艺术作品蕴含的思想或情感进行讨论，从而能够引发社会公众对自身行为的反思。社会公众通过观赏公共艺术作品，可以在情感共鸣中提升道德素养，培养自己的道德意识和行为规范。

综上所述，公共艺术具有独特的教育功能，通过传递积极的思想和情感引发公众的驻足欣赏和讨论，在潜移默化中对公众进行多方面的教育。

第二章　青年价值观概述

重视培育青年的价值观，是中国共产党的优良传统。培育当代青年的社会主义核心价值观，是培育和践行社会主义核心价值观的重要任务。加强当代青年社会主义核心价值观培育研究，确立科学的培育目标，创新思路与方法，建立长效机制，是培育和践行社会主义核心价值观的重要课题。做好这项研究工作，不仅对于在当代青年中培育社会主义核心价值观具有重要的意义，而且对于在全社会培育积极向上的价值观念、形成建设中国特色社会主义的精神动力具有重要的作用。

研究青年价值观培育的问题，首先要厘清青年的概念和特质，价值与价值观的成因、内容、特征，青年价值观的内涵及构成等一系列基本问题，这是开展青年价值观培育研究的基本逻辑前提。

第一节　青年的概念及特质

青年是人一生中的重要阶段，既具有人的一般本质属性，又具有自身的时代特性。因此，研究青年价值观，必须立足于青年作为人的一般本性，同时必须立足每一代青年的独特时代背景及其自身的独特特征。这样才能去正确分析当代青年的种种表现及青年价值观方面存在的差异性问题，也才能根据时代需要、社会需要及人类社会未来发展之需要，去对青年价值观作出科学的探索、构建与培育。

一、青年的概念

（一）青年和青年群体

青年，是指人生的某一特定阶段。根据不同的视角可以对青年的概念进行不同阐释。

纵观国内外对青年概念的界定主要涵盖了八个视角，即生理发育视角、心理发展视角、人口视角、个性形成视角、教育视角、社会学视角、文化视角、法学视角（见表 2-1）。

表 2-1　青年概念界定一览表

序号	视角	概念界定	说明
1	生理发育视角	以人体的发育（身高体重的变化、大脑和神经系统的发达、心血管系统的完善以及由内分泌系统的发育所导致的性成熟等）为依据，指人体的生物成熟阶段	突出表现为身高和体重的迅速增长
2	心理发展视角	以人的智力发展水平或人格特征、情感特征或自我特征等心理机制的质变为依据，心理发展视角的青年界定较为模糊	德国心理学家 E. 斯普兰格把青年期称为"第二次诞生"，认为青年的根本特征有三个：①"自我"的发现；②有意识地确定个人生活目标；③社会生活范围扩大。据此，他把青年期分为两个阶段：第一阶段（14～17岁）是危险期，第二阶段（17～21岁）是归属期，这被认为是容易产生孤独感和要求与人亲近的时期
3	人口视角	青年被视为一个年龄过渡阶段	青年在经济上可能处于创业、就业、寻求职业发展或依赖家庭支持的不同阶段
4	个性形成视角	青年被视为个性形成的一个阶段	青年时期个体的人生观、价值观和世界观正处于逐渐形成时期，个性也逐渐形成

续表

序号	视角	概念界定	说明
5	教育视角	以一个人接受教育和掌握知识的程度为依据，通常指接受中等、高等教育阶段的人	青年大多为接受中学、大学教育的阶段
6	社会学视角	人体全面发育和学校教育全部结束后至获得职业、经济自立、建立家庭为标志，甚至将 35 岁以内的人都归为青年群体	青年可能被赋予不同的社会角色，如学生、徒弟、工人、军人或参与政治运动。这些角色的定义可能因时代和文化而有所不同
7	文化视角	将青年视为一种文化现象	青年往往是一个被特定文化和价值观塑造的群体，如重视自由、创新、探索和冒险等
8	法学视角	18 岁以前是未成年人，18 岁以后则被视为成人，必须承担成人的法律责任和义务	青年的年龄范围通常在 18～35 岁。但是，这个范围可能因地区、文化和法律标准而有所不同

从上述青年的概念界定来看，笔者认为：青年概念的界定应当反映这一年龄阶段特点，即青年是指个体由童年向成年过渡的时期，是个体完成生理成熟和心理成熟以及社会成熟，达到成年阶段，成为合格社会成员的重要阶段。

需要指出的是：首先要分清"青年"与"年轻"、"青年"与"青少年"这两对彼此既联系又区别的概念。其中，"青年"应属于具有特殊外延和内涵的概念，是狭义的概念，其规范的基础是年龄特征"年轻"；"青少年"应属于具有模糊边界的抽象概念，是广义的概念，带有经验性和随意性的认知特点。但在现实政策及其运用中，我们往往会用"年轻人"和"青少年"的广义概念去规定"青年"的狭义概念，从而带来认识上的一些混乱。因此，应该在研究和政策的制定上，有效地规范"青年"、"年轻"和"青少年"三个不同的概念。从外延来看，"年轻"主要涵盖青年和中年的所有人群，"青少年"主要涵盖青年以下的所有人群，"青年"处于"年轻"和"青少年"概念的交叉部分。从内涵来看，"年轻"强调的是心理状态，"青少年"强调的是生理状态，"青年"强调的是处于生理成熟和心理成熟的交叉状态。显然，这些概念的界定，首要标准是年龄，年龄问题体现了各种各样的超越性特点。例如，超地域，不管是城市还是农村，也不管是山南还是海北，只要在这一年龄段内，统统被视为一个群体，这里的青年是指青年群体。

又如，超职业，不管是工人还是学生，也不管是士兵还是教师，只要年龄上具有某些共通点，就成为群体中的一员。这种超越特点便决定了青年群体的规模是极其庞大的，这一点类似于性别群体、种族群体，它本身是一个包容了千差万别的各种社会特征的群体。之所以要将青年和其他社会群体区别开来，很重要的原因是，青年与其他社会群体相比，具有特殊性和独立性。青年群体内部具有相对的一致性和排他性。准确地说，青年应该是一个可以被描述、解释和明确分类的概念❶。

（二）青年年龄规限

2004 年 3 月，中共中央、国务院发布了《关于进一步加强和改进未成年人思想道德建设的若干意见》，其中未成年人一般指 18 岁以下的中小学生。根据发展心理学理论，十一二岁至十四五岁的初中阶段相当于少年期，十四五岁至十七八岁的高中阶段相当于青年初期。目前，关于青年群体的年龄，世界各国、国际组织和我国都尚无明确统一的界定。其主要的可参考指标包括：

1. 国际组织的有关界定

一是联合国教科文组织的界定：13 ～ 34 岁为青年人口（1982 年）；二是世界卫生组织的界定：14 ～ 44 岁为青年人口（1992 年）；三是联合国人口基金的界定：14 ～ 24 岁为青年人口（1998 年）。

2. 我国的有关界定

一是国家统计局的界定：15 ～ 34 岁为青年人口（人口普查）；二是共青团的相关界定：14 ～ 28 岁为青年人口；三是青联的相关界定：18 ～ 40 岁为青年人口；四是我国港、澳、台地区的界定：10 ～ 24 岁为青年人口（香港青年事务委员会、澳门人口暨普查司、台湾青年辅导委员会）。

目前，中国内地的青年研究基本采用国家统计局的有关人口普查的统计口径。但 15 ～ 34 岁为青年年龄的界定在现实的青年研究中显然带有不小的缺陷。

---

❶ 吴新颖 . 当代青年价值观构建与培育 [D]. 长沙：湖南师范大学，2009.

人生生命历程中的青年时期，是一个多侧面的发展过程，因此规范青年的年龄界限，不能只拘于某一个侧面，必须着眼于青年的整体发展。应该肯定，生理学、心理学和社会学等学科关于青年年龄界定，各有其本学科的理论依据，对于科学地认识青年都是各有贡献的。然而，我们又不能不看到，单学科的研究毕竟难于从整体上对青年的年龄做出科学的界定。青年学是运用多学科知识对青年作整体研究的科学，因此青年学对青年的年龄界限，是综合其各个侧面从整体性上界定为 14～30 周岁（30 周岁为青年和中年的临界点，30 周岁以前还是青年，到达 30 周岁即进入中年）。这个年龄段还有青年前期、中期和后期之分：前期为 14～18 周岁，大致相当于青春发育期的高峰期和接受中等教育期；中期为 19～25 周岁，大致相应于青春发育期的结束期，开始就业或接受高等教育期，并从 18 周岁获得公民的选举权；后期为 26～30 周岁，此时身心及社会经验均趋于成熟，并逐渐接近中年期。

那么，如此界定青年年龄的下限和上限的理论依据是什么呢？目前，从整体上界定青年年龄的上下限，一般是综合分析其自然属性和社会属性，通观其身心发展和社会成熟的各个方面。对青年下限年龄的界定主要依据生理学理论，对青年上限年龄的界定主要依据社会学理论。

二、青年的特质

青年作为人生重要的过渡阶段，正处于生理、心理和个性社会化的全面发展时期，因此具有一些独有的特质。

（一）青年的生理特质

青年阶段的生理发展极其显著，处在人生的第二次生长发育高峰期的青年，不仅身体外形变化大，而且心理机制变化剧烈，达到性的成熟、运动能力的飞跃发展。随着社会经济的进一步发展、人们生活水平的提高，青年的各项生理指标表现出前倾趋势。

1. 身体形态的巨变

青年处在身体生长的第二个高峰期，突出表现为身高和体重的迅速增长；内脏机能进一步完善，为青年迎接社会生活做好了充分的准备；性发育成熟为青年期的主要特征。一般女性 13～14 岁、男性 15～16 岁为青春期，经历这一被政府及有关部门称作心理"断乳"的时期后，青年有了"第二次诞生"的经历，并由此开始了更为复杂和多变的生命历程。

2. 体内机能的健全

青年时期是人类个体智能高度发展的年龄阶段，而智能的发展又以大脑神经系统的发展为基础。

智力发展迅速，女性在 20 岁、男性在 24 岁大脑重量几乎达到一生的顶点，作为心理活动重要基础的神经系统和脑的充分发育，使青年呈现出较强的观察理解和想象思维的能力，头脑异常敏锐活跃。

3. 运动能力的发展

青年时期个体的运动能力表现出以下特质。

（1）青年期运动能力达到顶峰。青年期是身体发育的关键阶段，身体内部和外部特征发生显著变化。在这个时期，力量、速度、灵敏、耐力和协调等运动能力发展迅速，达到顶峰。

（2）性别差异。由于生理差异，青年期男女在运动能力上存在明显的差别。男性通常在运动速度、体力和耐力方面表现优异，更适合参加运动量较大的大肌肉群运动。相比之下，女性在运动灵敏性、协调性和精确性方面表现更好，更倾向于参加运动量较小的小肌肉群运动。此外，随着年龄增长，女性的体力型运动能力逐渐下降，而男性则可以保持较长时间的运动能力。

（3）与身体形态的关系。运动能力的发展与身体形态的发展密切相关。当身体外部形态和内部机能发展较快时，各项运动能力也会随之快速提升；而当身体外部形态和内部机能处于基本停滞和稳定阶段时，运动能力发展将进入高峰后的稳定阶段。

（4）体育锻炼的重要性。青年参加体育锻炼对促进身体发育具有特殊作用。体育锻炼可以刺激身高增加、促进肌肉生长、增大肺活量、增强心脏机能以及调节神经功能。这使得参加体育锻炼的青年身体更健壮，形体更优美，精神更饱满，举止更协调，并保持朝气蓬勃的青春活力。

综上所述，人类进入青春期后，其个体的生理发生了较大变化，达到人类个体的较高水平，表现出独有的特质。

（二）青年的心理特质

人既具有生物性，又具有社会性。青年阶段的变化既包括生理变化，也包括心理发展。

人的心理发展是一个连贯的过程，从个体出生到死亡，人的心理一直处于不断变化之中。而这一发展历程中的发展速度具有不均衡的特点，不同时期的心理特点也有很大的区别，因此，不同的心理学家往往依据不同的标准对心理发展进行明确的划分。例如，皮亚杰以智力或思维水平作为划分儿童心理的标准，将儿童心理发展分为四个时期。而我国的心理学家则按照个体在一段时期内所具有的共同的、典型的心理特点和主导活动，将个体的心理发展划分为八个阶段。

第一阶段，婴儿期（0～1岁），这一时期是个体心理的起始阶段。这一阶段包括婴儿从出生到满28天后的新生儿时期。

第二阶段，幼儿期（1～3岁），这一时期是个体心理发展速度最快的时期，无论是在个体生理上还是心理的各个方面，都有明显的发展。尤其是在动作和言语方面，发展十分迅速。3岁时，婴儿已经学会基本的跑、跳动作，并能够使用语言进行简单的交流，表达自己的需求。

第三阶段，学龄前期（3～6岁），这一时期是个体心理发展的关键期，这一时期，儿童的活动形式主要为游戏，即通过游戏对成人世界进行模仿或想象。在游戏中，儿童边玩、边说、边思考，因此，在游戏过程中，儿童的语言、动作、思维能力得到了全面的锻炼与发展，逐渐从直观行动思维向具体形象思维转变。

第四阶段，学龄期（6～11岁、12岁），这一时期是个体心理发展的关键期，这一时期，儿童进入学校学习，在学习过程中，儿童不仅要思考，还要学习如何思考和记忆，因此，促进了儿童抽象逻辑思维能力的发展。与此同时，班级的学习形式，也促进儿童的群体意识的形成，以及与同学之间的交际均会对儿童的心理产生重要影响。

第五阶段，少年期（11岁、12～14岁、15岁），这一时期是个体生理与心理发展的矛盾期。这一时期，个体的身高、体形以及性发育成熟导致个体的生理发展趋向成熟，从外观上来看，这一时期的个体与童年期有明显差异。然而，与生理发展相比，这一时期的个体心理发展却相对落后，呈现出明显的不协调性。具体体现在两个方面：一方面，个体外观上更接近于成年，并且出现了"成人意识"，并且掌握了一定量的系统知识；另一方面，个体在行动上还流露出些许稚气，看问题也较为片面，辨别是非的能力以及自我控制能力较弱。

第六阶段，青年期（14岁、15～25岁），这一时期是个体心理发展趋于成熟的时期，也是个体世界观、人生观、价值观形成时期。个体的生理上发展成熟，与此同时，随着知识水平的提升，认知能力的发展以及自我意识趋向成熟，个体充满了对于未来的憧憬，以及对于生活的热爱，成为一生中最富有活力和朝气的时期。然而，这一时期的个体心理发展还未完全成熟，因此容易因高估自己，而在遭遇挫折后又易陷入低估自己的错误判断。

第七阶段，成年期（25～65岁），这一时期是个体心理发展的成熟以及相对稳定时期。这一时期是个体一生中最长的一个时期，也是最具有责任感的一个时期。具体来说，这一时期还可细分为中年前期、中年后期。中年前期，个体特点中还保留着许多青年时期的特点，例如，充满朝气与活力，擅长学习，富于进取精神等，从心理发展上来看，较青年时期更加成熟。中年后期，随着个体的事业和生活方式逐渐稳定，社交圈子也相对固定，个体的心理也呈现出安于现状的特点，对于生活方式的变化和社会变革产生抗拒心理。然而，这一时期，也是个体心理压力最大的时期。一方面个体倾向于保持现状，另一方面家庭和社会压力使个体难以安于现状。在这种压力面前，个体也呈现出明显的差异性，有的人愿意承担艰辛工作来直面压力，以图变革；而有的人则以降低生活标准来达到心理平衡。

第八阶段，老年期（65岁以后），这一时期，个体从家庭中的"强者"变成"弱者"，对于家庭与社会不再起支配作用，而欢度晚年成为这一时期的主要内容。这一时期是个体生理和心理的衰退期。在生理上，面临着器官衰弱、各种疾病的困扰，人体机能下降明显。在心理上则面临着意志衰退、注意力减退、知觉退化、记忆力和想象力衰退等问题，由此导致个体的性格发生变化。

青年时期是个体心理发展的重要阶段，这一时期，青年的心理主要表现出以下特质。

1. 发展内容丰富

青年时期心理发展丰富多样，涉及新的需求、认识、体验和感情。在适应社会生活的过程中，青年心理的各个方面都会经历广泛而深刻的变化，使青年心理成为人生中矛盾最丰富、最复杂的时期。

2. 内部矛盾激烈

青年心理发展过程中，新旧反映之间存在尖锐的冲突和对抗。青年心理演化具有深刻的"革命"性质，往往在自我否定的基础上展开内部的矛盾斗争，实现心理的大步跃进。这种矛盾对抗导致青年心理发展速度快、幅度大，同时容易产生心理疾病和精神症状。

3. 心理过程自律

与儿童心理发展具有"他律性"的特点相比，青年心理发展具有"自律性"。青年在教育和环境的影响下，能够主动、积极地克服旧的习惯，形成新的认识和行为。同时，在没有外部压力的情况下，青年还能自觉地激发新的需求，形成新的反映。

（三）青年的本质

青年是人类成长的一个重要阶段，具有人的一般本质，同时在这个阶段，青年的生理和心理发展经历急剧变化，逐渐适应并融入社会，在人的本质之外，具有了青年独特的本质。即急剧变化的自然性、日趋成熟的社会性和逐步完善的实践性。

1. 急剧变化的自然性

青年时期的生理发展迅速，体格、神经系统、内分泌系统等都处于旺盛状态。在这个阶段，青年的智力发展达到顶峰，具有较强的观察力、理解力和思维能力。情感丰富多彩，极易受到外界刺激，对事物充满好奇心和求知欲。此外，青年的运动能力也在这一阶段达到最高水平，具备较好的反应速度和协调性。

在心理发展方面，青年具有较强的自我意识，试图在同伴中脱颖而出，追求个性的表达和独立的思考。在情感发展上，青年易受外界环境和人际关系的影响，对爱情、友谊等价值观有着强烈的关注。这一阶段，青年的心理稳定性相对较低，容易出现焦虑、抑郁等心理问题。

2. 日趋成熟的社会性

随着青年逐渐融入社会，青年群体的社会性不断发展。在社会交往中，青年学会处理各种人际关系，吸收和更新知识，培养独立生活和谋生能力。在这个过程中，青年的社会性由不成熟逐渐发展成熟，其开始关注人生价值和意义，积极探索自己的生活目标。与此同时，青年也逐渐掌握各种角色和行为模式，为成为社会的主体打下基础。

在价值观和道德观方面，青年时期是形成和确立个人信仰的关键时期。在此阶段，青年对社会规范和道德观念有了更深刻的认识，逐渐形成自己的价值观和道德观。青年时期，个体从中学进入大学，开始接触更加广阔的社会环境，开始关注社会问题，关心国家和民族的命运，积极参与社会活动，为社会发展做出贡献。这一阶段，青年的社会责任感逐渐增强，愿意为集体和他人付出努力。

3.逐步完善的实践性

青年时期是一个实践和锻炼的阶段。在这个阶段，青年通过学习、工作和生活，积累经验，培养实践能力。随着实践经验的不断丰富，青年的实践性逐步完善，为将来的职业生涯和社会生活奠定基础。

在学习方面，青年需要将所学知识应用于实际，提高分析问题和解决问题的能力。在工作方面，青年需要掌握各种技能，适应不断变化的职业环境，勇于承担责任和挑战。在生活方面，青年需要培养独立生活的能力，学会处理各种生活琐事，形成良好的生活习惯。

综上所述，青年时期是人生的特殊阶段，也是一个充满挑战和机遇的阶段。在这个阶段，青年需要不断调整自己以适应社会的发展。了解青年的本质有利于为青年价值观的培育奠定良好的基础。

第二节　青年价值观的相关概念研究

一、价值的概念及类型

（一）价值的概念

明晰"价值"的基本内涵是理解价值观、核心价值以及社会主义核心价值观的前提。价值（value）是一个复杂而多层面的概念，它涵盖了从经济、哲学、社会学、心理学到伦理学等多个领域。

18世纪英国哲学家休谟关于事实和价值的讨论开启了西方价值哲学研究的大门，到了19世纪末20世纪初，价值哲学首先在美国，继而在英国等国逐渐兴起。从总体上看，西方的价值哲学经历了直觉主义价值论、现象学价

值论、实用主义价值论、情感主义价值论、存在主义价值论等学派。争论主
要围绕"价值是主观的还是客观的"这一问题展开。主观主义价值哲学以主
体需要来规定价值，突出和强调价值的"主观性"。新康德主义弗莱堡学派
的主要代表人文德尔班认为："每种价值首先意味着满足某种需要或因其某种
快感的东西。"❶美国新实在论的代表人物培里认为："是兴趣对象的任何东西
事实上都是有价值的。"❷20 世纪初德国著名的社会与伦理哲学家马克斯·舍
勒认为："我们能够在诸事物中直接地确认价值的性质，如'可爱的''诱人
的''美的'等。这些性质完全不依赖于我们的意见，而属于具有自己的依存
法则和等级次序法则的价值世界"❸，也就是说，价值是超验的又是客观的，是
独立于价值对象和评价主体之外的。除此之外，奥地利哲学家厄棱费尔、阿
根廷哲学家弗龙迪齐认为价值是一种完形性质，是综合主观与客观的优点，
并且只有在具体的人类情境中才存在并具有意义。总之，从 18 世纪至今，西
方价值哲学在价值的界定、价值的类型、价值的基础、价值认识和价值真理
等基本问题的认识上取得了诸多进展，奠定了价值哲学在整个哲学体系中的
核心地位，为我国学者开展价值研究奠定了坚实的基础。

　　我国当代的"价值"研究都是在马克思主义价值哲学的指导下进行的。
真正系统地将价值问题作为哲学命题进行研究始于 20 世纪 70 年代末 80 年代
初的"实践标准大讨论"和"思想解放"运动。20 世纪 80 年代末到 90 年代
中期，是我国价值哲学发展最迅速的时期，西方哲学流派资料的迅速引入使
国内掀起现代西方价值哲学研究的热潮，也取得了一系列的丰富成果，如袁
贵仁的《价值学引论》、李德顺的《价值论》、王玉樑的《价值哲学》和《价
值哲学新探》等。中国关于"价值"概念的探讨以"关系说"占主导地位。
李德顺认为，价值是"对主客体相互关系的一种主体性描述，它代表着客体
主体化过程的性质和程度，即客体的存在、属性和合乎规律的变化与主体尺
度相一致、相符合或相接近的性质和程度"❹。袁贵仁认为："价值，作为哲学
范畴，表示客体对于主体所具有的积极或消极的意义，价值关系就是意义关

❶　王玉樑 .21 世纪价值哲学：从自发到自觉 [M]. 北京：人民出版社，2006：65.

❷　培里，等 . 价值和评价：现代英美价值论集粹 [M]. 北京：中国人民大学出版社，1989：14

❸　施太格缪勒 . 当代哲学主流（上册）[M]. 王炳文，等译 . 北京：商务印书馆，1986：144.

❹　李德顺 . 价值论 [M]. 2 版 . 北京：中国人民大学出版社，2007：79.

系。为了区别，人们一般把客体对主体的积极意义叫正价值，而把消极的意义叫负价值。"**❶**李秀林认为价值是："主体和客体之间的一特定的关系，即客体以自身属性满足主体需要和主体需要被客体满足的一种效益关系。"**❷**李连科认为："主体物化和客体人化，其实是统一过程""它统一于价值实现的过程，也即价值统一于实践的过程。"**❸**

上述观点都是从主客体角度分析的"价值"的实质，即价值不是实体范畴，也不是属性范畴，而是关系范畴。对于这种观点，吴向东认为，上述解释属于"主客体统一的认识论的框架""不能说明作为目的的价值本身"，也就是说，我们可以从关系的角度去解释价值，但不能说关系本身就是价值。"在对价值的理解上，我们需要突破价值的认识论框架，进入价值的存在论的层面，或者说价值与存在的关系中把握价值""换言之，价值就不是一种固定存在着的某种抽象实体，甚至也不仅仅是关系，而是人的存在以及对人的存在所具有的意义。"**❹**胡海波也赞同吴向东的观点，价值概念是人"用以表达自己关于人的观点""随着人及其历史的发展，人们又赋予'价值'观念诸如'生成''目的''追求''理想'等新的理念和品质，从而使'价值'概念与人的自我实现成为同义词。"**❺**在这个意义上来说，这种认识方式就为我们进一步突出了人之于价值主体地位和优先性。

综上，价值固然因人与自然、人与社会、人与人之间的关系而产生，揭示和反映了人的需要与满足关系。但是，价值不仅具有需要与满足关系，还具有更为高级的追求，是人基于对自我本质的自觉。没有价值或者缺乏应有的价值认知和自觉，人就缺少了成为灵魂的东西。

❶ 袁贵仁.价值观的理论与实践：价值观若干问题的思考[M].北京：北京师范大学出版社，2006：124.

❷ 李秀林，王于，李淮春.辩证唯物主义和历史唯物主义原理[M].北京：中国人民大学出版社，1990：293.

❸ 李连科.价值哲学引论[M].北京：商务印书馆，1999：97.

❹ 吴向东.重构现代性——当代社会主义价值观研究[M].北京：北京师范大学出版社，2009：16.

❺ 胡海波.哲学就是哲学——"价值哲学"的哲学观批判[J].吉林大学社会科学学报，2003（5）：36-41.

（二）价值的形态

价值的形态可以从多个维度进行分类。其中，按照价值的来源进行划分，价值可以划分为内在价值和外在价值；按照价值的客体进行分类，价值可以划分为人的价值和非人的价值；按照主体的需要进行分类，价值可以划分为物质价值、精神价值和交往价值三种基本形态。本书主要对物质价值、精神价值和交往价值进行详细分析。

1. 物质价值

物质价值是指客体在满足人的物质需求方面所具有的价值。人类作为自然存在物，需要与自然界进行物质和能量的交换，以满足生存和发展的需求。物质价值包括各种能满足人们生产和生活需求的物质资源和生态环境。

2. 精神价值

精神价值是指客体在满足人的精神需求方面所具有的价值。人类具有独特的心理结构，包括知识、情感和意志等方面的需求。人们通过创造和欣赏文化艺术、哲学和科学等精神成果，满足自己对真、善、美的追求，丰富精神世界，提升精神品质。

3. 交往价值

交往价值是指客体在满足人的交往需求方面所具有的价值。人类是社会存在物，社会关系是构成人的本质的重要组成部分。人们的物质和精神需求的满足都需要通过各种交往活动来实现。交往价值包括有利于人类发展的交往活动以及满足人们交往需求的事物。制度是交往价值的重要体现，它包括正式的社会经济、政治、法律、伦理制度，以及非正式的社会风俗、习惯等，这些制度能够规范人的行为，调节人际关系，为人们的交往提供秩序和模式。

物质价值、精神价值和交往价值三者之间存在相互联系又相互区别的关系。其中，物质价值是精神价值和交往价值的基础，而精神价值和交往价值则是在物质价值的基础上发展起来的，三者相互影响，共同存在于人的实践活动之中，构成社会生活的价值系统。

（三）价值的形成

根据马克思的劳动价值理论，价值的形成过程涉及主体及其需要、客体及其属性以及实践三个关键要素。

1. 主体及其需要

价值是相对于主体而言的，人作为价值主体，是价值的创造者、实现者和享有者。人的需要是价值关系形成的基础，世界万事万物的价值和等级顺序都是由人根据自己的需求来划分的。

2. 客体及其属性

价值关系形成的另一个依据是客体及其属性。客体及其属性是价值关系形成的重要因素。如果没有客体，就不存在主客体关系，也就没有价值关系。客体的属性和功能决定了客体是否对主体有意义以及意义的大小。客体之所以具有价值，是因为它具有满足人的某种需要的属性和功能。

3. 实践

实践是价值关系形成的基础。主体的需要和客体的属性都是在实践中形成、发展和被发现、规定、改造的。人的需要源于社会生产和交换，随着实践水平的提高，人的需要不断发展和丰富。同时，客体能否成为现实客体，不仅依赖于客体本身的属性，还取决于主体的实践能力和实践水平。

综上所述，价值的形成过程包括主体的需要、客体的属性以及实践这三个要素，在实践过程中，主客体关系不断发展变化，从而实现价值关系的形成和发展。

（四）价值的本质

价值的本质可以概括为价值的主体性、价值的相对性、价值的客观性。

1. 主体性

价值的产生和存在，即价值关系的形成取决于主体的存在，如果没有主体，则价值关系就不会存在。不同的主体对同一客体会赋予不同的价值。价值的性质、特点及其变化，都与价值关系中的主体有直接联系。现实社会中，主体通过实践和创造性活动发现客体的潜在价值，并改造客体以实现价值目标。

2. 相对性

价值的主体性决定了价值的相对性。价值是随主体、客体和主客体关系的变化而变化的。价值的相对性表现为主体和客体的多样性导致的价值的多样性。同一客体相对于不同的主体需要产生不同的价值。价值的相对性还表现在主体和客体的不断变化导致的价值的历史性。

3. 客观性

价值的客观性是指在一定条件下客体对主体的价值是一种客观存在，它不依赖于主体的主观意识，独立于人们对它的认识和评价。认识和评价可以反映价值，但不能创造和取消价值。价值之所以是客观的，就在于价值形成的基础和结果都是客观的。

综上所述，价值具有主体性，因为它取决于主体与客体之间的关系。价值具有相对性，其随主体、客体和主客体关系的变化而变化。价值具有客观性，因为它在一定条件下是客观存在的，不依赖于主体的意识和评价。

二、价值观

（一）价值观的概念

价值观是指人们对价值的性质、构成、标准和评价的根本看法和态度，是人们从主体的需要和客体能否满足主体的需要以及如何满足主体需要的角度，考察和评价各种物质的、精神的现象及主体的行为对个人、阶级、社会的意义[1]。

价值观是人们在社会实践过程中，受社会环境和个体的活动影响而形成的，是主体在实践活动中，通过自我意识对社会存在、社会生活的创造性把握。

学界关于价值观的概念也是众说纷纭。国外学者对价值观研究影响最大的是德国心理学家斯普兰格和美国心理学家奥尔波特。斯普兰格把人们倾向于社会生活六个领域的某一方面感兴趣，看作拥有不同价值观的表现。他把价值观分为六种类型：功利的价值观，圣洁的价值观，审美的价值观，权力的价值观，交往的价值观，真理的价值观。奥尔波特认为上述六种价值观是存在的，它们作为可变的价值取向，以不同的程度建构于一个人的观念体系中，贯穿在生活的所有方面。

在国内，关于价值观的研究从 20 世纪 80 年代开始，包括三个方面：一是更加关注价值观所反映的主体和客体之间的关系的哲学层面的研究；二是重点关注社会文化变迁对民众影响的社会层面的研究；三是重点关注个体价

---

[1]　刘玉红，王莉，王凤环. 社会主义核心价值观教程 [M]. 沈阳：辽宁大学出版社，2019：30.

值观的心理结构和发展变化的个体层面的研究。袁贵仁认为："价值观念是关于客观对象的作用、意义，亦即关于客观对象的价值的总看法、总观点。具体地讲，价值观念不回答客观对象的本来面目是什么，也不具体揭示客观对象的本质和规律，或预测客观对象的未来趋势，而是反映某类客观事物对于人和人类的意义或价值。"❶ 吴向东认为价值观是："社会中的人们一直接受的象征文化系统中的一个因素，它是社会里各种选择或行为目标的标准""从人的存在即人的感性活动中加以分析……包括：关于人的存在的终极价值的观念和处于同一层面的人与自然关系的价值观、人与社会关系的价值观、人与自身关系的价值观"❷。黄希庭认为："价值观是人们区分好坏、美丑、损益、正确与错误、符合或违背自己意愿的观念系统，它通常是充满情感的，并为人的正当行为提供充分理由；他将价值观分为政治的、道德的、审美的、宗教的、职业的、人际的、婚恋的、自我的、人生的和幸福的 10 种类型。"❸ 金盛华认为："价值观是人们按照自己所理解的重要性，对事物进行评价与抉择的标准，它是比态度更广泛、更抽象的内在倾向。"❹

综合上述概念可以看出，价值观是人们对价值的自觉和评价。正确地理解价值观要从价值观和价值的关系入手，价值观与价值既有联系又有区别，如果说价值是一个主客体关系的产物，价值观则是更加主观的、观念的东西，作为人头脑中形成的观念，以观念的形式反映或再现客体，它应该属于人们的意识和精神系统。

（二）价值观的形成

价值观的形成并不是一蹴而就的，而是主体在社会实践过程中逐渐形成的。

1. 价值观的形成依赖于个体的需求和自我意识

价值观的形成依赖于主客体的分化、自我意识的形成以及对需求的把握。不同主体有不同的需求和自我意识，从而产生不同的价值观。人们的需求和

❶ 袁贵仁. 价值观的理论与实践 [M]. 北京：北京师范大学出版社，2006：130.
❷ 吴向东. 重构现代性——当代社会主义价值观研究 [M]. 北京：北京师范大学出版社，2009：32.
❸ 黄希庭. 当代中国青年价值观与教育 [M]. 四川：四川教育出版社，1994：56.
❹ 金盛华，辛志勇. 中国人价值观研究的现状及发展趋势 [J]. 北京师范大学学报（社会科学版），2003（3）：56.

自我意识具有多层次性和社会历史性，也会对价值观的形成产生影响。

2. 物质生活和文化传统是价值观形成的重要社会条件

价值观作为人的一种意识，是人们在社会实践过程中的一种反映。而人们的社会生活实践活动必须建立在一定的物质生活条件的基础上，同时受社会文化的影响。

在特定的时代背景下，人们的价值观受到社会生活方式、政治法律制度和观念文化传统的影响。社会通过各种途径，如法律、教育和文化传统，传递和塑造个人的价值观。

3. 个体的实践活动是价值观形成的现实基础

人们在实践活动中认识、评价和体验价值。在实践过程中，人们逐渐形成对社会生活方式、政治法律制度和文化传统的理解和认同，从而形成和发展个人的价值观。实践活动使得社会所提供的价值观内化为个体自觉的价值意识。

（三）价值观的内容

价值观的内容包括价值原则（value principles）、价值规范（value norms）、价值理想（value ideal）。

1. 价值原则

价值原则是指在生活、工作和决策过程中所遵循的一系列核心信仰和道德标准。这些原则是个人或组织所认同的价值观，可以引导行为、决策和目标设定。个人的价值原则包括诚信、尊重、责任、公平、合作、创新、持续发展。这些价值原则可以帮助个人和组织在道德和伦理层面做出正确的决策。

2. 价值规范

价值规范是一种对正确行为和道德行为的期望和要求，通常在社会、文化、宗教和组织等不同层面上形成。价值规范体现了一个群体对于行为和道德的共识，具有一定的约束力，能够引导个人和群体遵循正确的道路。具体可以划分为社会价值规范、文化价值规范、宗教价值规范和组织价值规范。

例如，社会价值规范是社会成员普遍认同的行为准则，它们可以通过法律、道德、习俗等方式体现出来。

通过了解和遵循不同层面的价值规范，人们可以更好地适应社会、文化和组织环境，实现和谐共处和共同发展。

3. 价值理想

价值理想是指个人、团体或社会所追求的最高道德、精神和生活目标，体现了人们认同的道德观念和信念，是人们在日常生活中进行决策和判断的基础。

（四）价值观的特性

价值观具有时代性、民族性和阶级性的特性。

1. 价值观的时代性

价值观会随着社会历史的发展而发生变化。每个时代都有其特定的社会、政治、经济背景，这些背景会影响当时的主流价值观。而社会主流价值观则会对个体的价值观产生影响。

2. 价值观的民族性

同民族有不同的历史、文化、宗教和传统，这些差异在很大程度上决定了各民族的价值观。例如，中华民族强调"仁爱""忠诚""孝道"等传统美德，形成了具有民族特色的价值观。

3. 价值观的阶级性

不同社会阶层的人，由于社会地位、教育程度、经济条件等方面有所差异，从而导致青年群体对于世界观、人生观和价值观的理解和认同也有所不同。

综上所述，价值观是个体在社会实践过程中逐渐形成的，受时代、民族和阶级的影响。不同个体的社会实践、所处环境不同，其价值观也存在一定的差异。在现实生活中，人们需要了解并尊重这些差异，以便更好地与他人沟通和交流。同时，人们也应该努力追求共同的价值观，促进各种文化、民族和阶层之间的融合和发展。

三、核心价值观

一般来说，"核心"与"非核心"是相对而言的。世界的无限多样性和主体多样化的利益差别决定了价值观念本身就是多元多样的总和。但是，一个国家不可能、也不允许同时选择"多元"的道路，要保障社会或者个体的和谐发展，客观上就必须要求价值观念体系是"一元"的，要有居于核心地位的价值观念，能够将多样的一般价值观念统摄控制在秩序范围内，使其成为核心价值观念的有益补充。

正如习近平总书记强调："价值观是人类在认识、改造自然和社会的过程中产生与发挥作用的。不同民族、不同国家由于其自然条件和发展历程不同，产生和形成的核心价值观也各有特点。一个民族、一个国家的核心价值观必须同这个民族、这个国家的历史文化相契合，同这个民族、这个国家的人民正在进行的奋斗相结合，同这个民族、这个国家需要解决的时代问题相适应。世界上没有两片完全相同的树叶。一个民族、一个国家，必须知道自己是谁，是从哪里来的，要到哪里去，想明白了、想对了，就要坚定不移朝着目标前进。"❶

随着"社会主义核心价值体系"的提出，"核心价值观"这一命题逐渐被广泛重视起来。从现有的理解来看，有学者认为，"是一个社会中居统领地位、起支配作用的价值理念，是一种社会制度、社会形态长期普遍遵循、相对稳定的根本价值准则，是一个社会的价值观、价值体系和核心价值体系的灵魂"❷；"是一个人、一个集团乃至国家和民族长期秉承的一整套根本原则"❸"是一种国家制度、一个国家运作模式赖以立足、借以扩展、得以持续的灵魂，因而是国家意识形态的内核"❹"核心价值观是指在一定历史时期，统治者所倡导的对社会文化体系和个体行为起决定和支配作用的价值观，对生活在社会中所有的人产生巨大的影响"❺等。现有的对于核心价值观的理解多从意识形态的角度将"核心"理解为在社会上占主导地位的观念体系。这一理解确保了意识形态对核心价值观教育引导过程中的决定性地位，但是缺少了"核心"与"价值观"两个相对独立概念间关系的系统分析。

"核"在词源学上的解释有三种，一是指果实内保护种子的硬壳，二是指桃、李、杏、梅等有核的果品，三是指原子核的简称。对于核心价值观的理解要从价值观体系的核心角度分析，即是价值观体系中居于中心部位并起主导作用的部分。"价值观是一种体系性的存在，其中有深层结构和表层结构的

❶ 习近平. 青年要自觉践行社会主义核心价值观 [N]. 人民日报，2014-05-05（002）.

❷ 戴木才. 论社会主义核心价值观与核心价值体系的辩证关系 [J]. 南昌航空大学学报，2011（6）：38.

❸ 公方彬. 构建中华民族的核心价值观 [N]. 文汇报，2006-12-04.

❹ 侯惠勤. "普世价值"与核心价值观的反渗透 [J]. 马克思主义研究，2010（11）：5-12.

❺ 陈章龙，周莉. 价值观研究 [M]. 南京：南京师范大学出版社，2004：28.

区别，深层结构表现为一定主体的文化心态和思维定式，具有相对的稳定性和顽固性，表层结构比较灵活，可以通过增减和变动一些规范以应对实际生活的变化，并维护着深层结构的稳定性、一贯性，只有社会的深刻变革和革命，才能造成深层结构的相应嬗变。"❶核心价值观就是主体价值观念体系中的深层结构的集中反映，与一般价值观的本质区别在于它具有主导性，是最核心的价值观念，最稳固、最持久、最有统摄性。总之，核心价值观是价值观念体系中处于中心地位，起着主导作用的价值观，是价值观的中心和内核，代表着价值观念体系的总方向和总特征。国家、群体和个人都是核心价值观的主体。核心价值观主体必定是"人"，可以是单独的自然人，可以是特定群体或阶层，也可以是国家和社会。对于社会而言，核心价值观是在社会价值体系中处于支配、主导地位，为维护统治阶级的统治服务。社会之所以能够成为核心价值观的主体，是因为作为核心价值观的主体的人既有个性特征，也具有"类"的整体特征，即作为类的整体的核心价值观❷。

综上所述，"核心"这一概念主要有两层含义，一是中心，二是主导。从结构的角度看"核心"即"中心"；从功能的角度看"核心"即"主导"。核心价值观就是处于中心地位、占据主导作用的价值理念。

四、社会主义核心价值观

当前，学术界对社会主义核心价值观的研究一般是从其概念的界定开始的，学术界主要有以下几种观点。

有学者则认为："社会主义核心价值观是社会主义价值体系的核心与基础，是我们民族长期遵循的反映社会主义建设规律与本质的基本价值理念。它主导和支撑着我们在社会主义现代化建设长期实践中的行为准则与基本方向，从更深层次影响着我们在中国特色社会主义建设伟大事业中的行为方式和思想方法。"❸

有学者提出："社会主义核心价值观是在社会主义背景下社会所形成的主导价值观或者价值观体系。大家通常说的'社会主义主旋律''社会主义主导

❶ 石海兵. 青年价值观教育研究 [M]. 合肥：安徽人民出版社，2007：18.
❷ 张文卿. 当代青年社会主义核心价值观培育研究 [D]. 北京：北京交通大学，2017.
❸ 王泽应. 社会主义核心价值观的基本特征 [N]. 光明日报，2007-04-03.

价值观'‘社会主义核心价值'等，实际上就是指我国社会主义核心价值观或价值观体系。这里的价值观体系就是以理论化、规范化、系统化、科学化的形态出现的社会主义核心价值观的思想理论与系统。"❶

有学者主张："社会主义核心价值观是一个社会中处于统领地位、起主导作用的价值观念，是一种社会制度长期秉承的、相对稳定的根本价值准则，是一个社会的核心价值体系的精髓。一般而言，社会主义核心价值观既蕴含着理想性的价值目标，又体现着现实性的价值诉求；既有影响、感召人们提升的先进性价值理念，又有大多数人认同、接受并实践的广泛性价值观念。"❷

也有学者从比较研究中界定社会主义核心价值观。"社会主义核心价值观是人们对社会主义最根本的看法与观点，而社会主义社会核心价值观则是人们在生产活动过程中所追求的社会主义具体阶段目标的最根本的看法与观点。因此，社会主义社会核心价值观是社会主义核心价值观的近期追求目标，而社会主义核心价值观则是社会主义社会核心价值观的最终价值驱使。"❸所以，社会主义核心价值观就是在社会主义价值观中处于最主导地位的那些价值观；社会主义核心价值观是建立于社会主义经济基础上的价值认同系统。党的十八大报告从三个基本层次阐述了社会主义核心价值观的主要内容，对进一步促进社会主义核心价值体系教育，具有十分重要的现实意义和长远的历史意义，从国家制度层面、社会集体层面、公民个人层面为社会主义核心价值体系建设指明了方向。

首先，倡导"富强、民主、文明、和谐"是立足于社会主义核心价值观的国家制度层面。当前，我们的主要任务就是要通过经济建设、政治建设、文化建设、社会建设和生态文明建设，实现全面建成小康社会和社会主义现代化的宏伟目标，这个宏伟目标从价值追求角度来说就是要达到"富强、民主、文明、和谐"，也就是说经济上要富强，政治上要民主，文化上要文明，社会和生态上要和谐。"富强、民主、文明、和谐"集中体现了中国特色社会

❶ 吴倬．关于社会主义核心价值观问题的理论思考[J]．教学与研究，2008（6）：92，96.
❷ 戴木才．论社会主义核心价值观与核心价值体系的辩证关系[J]．南昌航空大学学报，2011（6）：39.
❸ 徐国民．社会主义核心价值观与社会主义社会核心价值观辨微[J]．兰州学刊，2008（1）：30-32，48.

主义现代化的价值目标和价值追求，符合当代中国共产党人和全体中国人民寻求民族复兴的共同愿景，是一个凝聚人心、鼓舞士气的价值目标。

其次，倡导"自由、平等、公正、法治"是立足于社会主义核心价值观的社会集体层面。当前，我们党自觉地把自由、平等、公正、法治等理念深入扎实地体现到党的各项理论和实践之中。党的十七大报告强调要"树立社会主义民主法治、自由平等、公平正义理念"，党的十八大报告则把"倡导自由、平等、公正、法治"作为"积极培育和践行社会主义核心价值观"、推进社会主义核心价值体系建设的一项重要内容。由此可见，自由、平等、公正、法治是中国共产党坚持科学发展、以人为本、执政为民、依法治国伟大实践的集中价值体现，也是我们坚持和发展中国特色社会主义的核心价值追求。

最后，倡导"爱国、敬业、诚信、友善"是立足于社会主义核心价值观的公民个人层面。当前，我们党在继承和发展关于社会主义核心价值体系思想的基础上，紧密结合全面建成小康社会和发展中国特色社会主义的新需要，从公民层面提出了"爱国、敬业、诚信、友善"的社会主义核心价值观。"爱国、敬业、诚信、友善"集中体现了中华民族传统美德，是中国共产党人对马克思主义公民道德和价值理念的新发展。

社会主义核心价值观的三个层面是有机联系的。"富强、民主、文明、和谐"是中国特色社会主义的基本价值追求，它体现的是我国经济建设、政治建设、文化建设、社会建设和生态文明建设的内在发展要求；"自由、平等、公正、法治"是中国特色社会主义的基本社会属性，它体现的是我国作为中国特色社会主义社会的总体价值趋向和整体目标要求；"爱国、敬业、诚信、友善"体现的是社会主义国家全体公民的基本价值追求和道德准则要求。上述三个层次的社会主义核心价值观相互联系、相互贯通，集中体现了国家、集体和个人在价值目标上的统一，体现了国家目标、社会导向和个人行为准则的统一❶。

---

❶ 张文卿. 当代青年社会主义核心价值观培育研究 [D]. 北京：北京交通大学，2017.

第三节　青年价值观的内涵及构成

青年价值观是青年在社会化的过程中逐渐形成的，本节主要对青年价值观的内涵和构成进行详细分析。

一、青年价值观的内涵

青年价值观是青年在自身发展过程中，处理其行为与社会、他人或自身需要关系时产生的思想观念，是社会意识的一部分，是社会存在的一种反映。

青年价值观的内涵包括政治价值观、社会价值观和人生价值观三个方面。

（一）政治价值观

政治价值观是青年对政治权力、制度、公共事务等方面的观念和态度，以及对于自由、民主、法治、平等社会主义核心价值观的认识和追求。正确的政治价值观应该注重个人的自由、尊重、平等、责任和参与精神，以及对于民主法治的认同和信仰。

青年的政治价值观的形成受到家庭、学校、社会等多种因素的影响。家庭是青年的政治价值观的重要来源，家庭中的政治教育和言传身教对于青年的政治思想有着深远的影响。学校是培养青年的政治意识和政治素养的重要阵地，应该加强相关教育和培训。同时，社会也应该提供更多的政治参与机会和政治信息，让青年了解社会政治现状和相关问题。

（二）社会价值观

社会价值观是青年对社会关系、道德标准、文化认同等方面的观念和态度，以及对于公正、尊重、人道、和谐等社会价值观的认识和追求。正确的社会价值观应该注重个人的尊重、互助、公平、诚信和包容，以及对于多元文化的接纳和尊重。

青年的社会价值观的形成受到文化传承、社会环境和个人经历等多种因素的影响。文化传承是青年的社会价值观形成的重要源头，青年应该尊重传统文化，了解民族文化和多元文化的价值，以此丰富自己的社会价值观。社会环境和个人经历对于青年的社会价值观的形成同样具有重要影响，应该营造积极向上的社会环境，加强道德教育和引导，以此促进青年的全面发展。

（三）人生价值观

人生价值观是指青年对人生意义、人生目标、人生价值等方面的观念和态度，以及对于自我实现、人际交往、家庭、事业、健康等方面的价值追求。正确的人生价值观应该注重个人的自我认知、自我发展、自我实现和社会责任。

青年的人生价值观形成受到个人经历、家庭教育、社会环境和文化背景等多种因素的影响。个人经历是青年的人生价值观形成的重要来源，青年应该通过多元化的体验和实践，逐步明确自己的人生目标和方向。家庭教育和社会环境同样对于青年的人生价值观的形成有着重要影响，应该加强相关教育和引导，培养青年正确的人生价值观和人生态度。

总而言之，青年价值观的形成和发展对于青年的全面成长和社会发展具有重要意义。正确的价值观有助于青年在面对挑战和机遇时保持坚定的信念和正确的行为方式，同时可以促进青年的健康成长和全面发展。家庭、学校、社会应该注重青年的价值观教育和引导，为青年价值观的形成提供相关的学习和实践机会，以此帮助青年形成积极向上的价值观和世界观。

二、青年价值观的构成

青年价值观由价值目标、价值评价和价值取向三大要素构成，这三大要素相互联系、相互作用，共同构成一个不可或缺的有机整体。

（一）青年价值目标

青年价值观目标是青年在行为中追求的终极目的，关联着青年群体的全部活动，存在于整个社会实践过程中。青年价值观的价值目标主导着青年解决生命意义的基本问题，是价值观的基本组成部分。青年价值观的价值目标具有系统性、层次性等特点，由社会、人生、道德、职业、成就、生活等各种目标组成，其中社会目标为主导，人生目标为核心，道德目标为准绳，其他目标受它们制约。

（二）青年价值评价

青年价值评价是根据标准对事物或现象的价值进行判断，包括评价对象、评价标准和评价内容。青年价值观的评价对象是与需求相关的事物和现象，评价标准是评价时所持的尺度，取决于历史条件、社会环境、社会地位和认识水平，同时受世界观和人生观影响。评价内容是关于事物和现象价值的判断和结论。

（三）青年价值取向

青年价值取向是青年对价值追求、评价、选择的倾向性态度，表现为如何看待和选择社会和个人价值。随着价值评价标准的变化和发展，价值取向也会变化。价值取向有多样与单一、稳定与易变等区别，在很多领域还有科学与非科学、正确与错误、高尚与庸俗之别。它直接构成行为动机，支配和决定人们的态度和行为。当代青年价值取向表现为双重性、功利化、多元化特征。

三、青年价值观的基本特征

青年处于特殊的年龄阶段，在年龄结构、知识储备、生活经验等方面具有特殊性，其价值观也具有独特的性质和特征。主要体现在以下几个方面。

（一）个体性与从众性相统一的特点

青年时期是个体自我意识的形成、发展和成熟的关键时期，也是青年走向社会化的重要阶段。随着青年年龄的不断增长，其知识水平、人生阅历、认知能力在其成长过程中不断提升，青年的个体意识逐渐增强，开始关注自身的社会地位和自我体验。

此外，青年时期，个体开始从对他人和家庭的依赖中走出，独自面对社会现实，易产生各种各样的人生困惑和迷茫。在寻找疑惑的过程中，青年的自我意识逐渐增强，在关注自我的同时，更加注重自我在社会中的体验和社会对自我的评价，渴望在社会中获得应有的尊重和地位。

从青年这一阶段的特征心理来看，青年价值观具有鲜明的个体化特征，同时，由于此阶段青年价值观尚处于逐渐形成时期，还未完全成型，因此，青年价值观具有个体性与从众性相统一的特点。这一特点主要表现在以下几个方面。

1. 独立思考与社会认同

青年群体追求个体性，表现出独立思考的能力。青年群体敢于质疑传统观念，勇于表达自己的看法。然而，青年群体也需要在社会中找到归属感和认同，这意味着青年群体会在一定程度上遵循社会规范和价值观。这种独立思考与社会认同的统一，有助于青年群体在保持个性的同时，融入社会和与他人建立联系。

2. 自我追求与团队协作

青年群体在追求个体性的过程中，强调个人兴趣和目标的实现。然而，在现代社会，团队协作成为了实现目标的重要途径。因此，青年群体需要在追求自我目标的同时，学会与他人合作，发挥团队精神。个体性与从众性的统一，有助于青年群体在实现自我价值的同时，为团队和社会创造价值。

3. 创新能力与适应能力

青年群体追求个体性，表现为强烈的创新能力和探索精神。然而，在一个快速变化的世界里，适应能力同样重要。青年群体需要学会在创新的同时，适应现有环境和规则。这种创新与适应的统一，使青年群体在不断挑战自我和拓展边界的过程中，保持对现实环境的敏感度和应变能力。

4. 个人价值观与社会价值观的融合

青年群体在追求个体性时，会形成自己独特的价值观。然而，为了与社会和谐相处，青年群体需要在一定程度上接受社会价值观。这种个人价值观与社会价值观的融合，有助于青年群体在保持个性的同时，形成一种包容性和兼容性，以便更好地适应社会的多元化需求。

综上所述，青年价值观具有个体性与从众性相统一的特点，青年价值观的个体性与从众性的辩证统一，能够帮助青年在追求自我个性的同时，顺应社会的变化，在社会关系中保持自己的独立性。

（二）自觉性与可塑性相统一的特点

个体价值观的形成受价值主体在发展过程中自我意识的影响。青年多处于高中、大学以及大学刚毕业这一阶段，青年在这一阶段通常会高扬主体意识，从自我需求的角度出发，对周围事物做出价值判断，自觉建构起自己的价值观。

而随着青年的知识学习以及社会阅历的逐渐丰富，青年追求独立和个性发展，表达自己想法的意愿越来越强烈，青年群体渴望对人生和社会进行独立的思考和理性的判断，从而形成符合自我需求的价值观念。而这种自觉性会融入青年的价值目标、价值取向和价值选择之中，对青年的社会实践起着指导作用。

除此之外，青年的价值观还具有可塑性的特点。

青年群体正处于人生成长的关键时期，青年群体的价值观在这一阶段具有很强的可塑性。在家庭、学校、社会等多重因素的影响下，青年群体的价值观不断地调整和完善。这种可塑性使青年更易接受新的价值观和观念，为未来的成长打下坚实的基础。

青年的价值观在自觉性与可塑性之间，实现了自主选择与外部影响的有机结合。青年群体在面对外部环境的压力和诱惑时，能够根据自己的价值观做出自主的选择。同时，青年群体也能够借鉴和吸收外部的有益经验，不断地丰富和发展自己的价值观。

（三）现实性与超现实性相统一的特点

任何价值观均产生于具体的实践活动，青年富于朝气，可接受能力强，其价值观的形成受到现实社会政治、经济、文化等多种因素的影响，具有现实性和反映时代性的特点。

与此同时，青年具有较强的学习能力，青年群体不断地学习新知识，拓宽自己的视野，努力提高自己的能力。在这个过程中，青年的价值观也在不断地调整和完善，使青年群体能够更好地适应社会的发展和变化的同时，也帮助青年树立远大的理念、信念和信仰，赋予青年价值观以超现实的特点。从这一视角来看，青年价值观是现实性与超现实性的结合体，具有现实性与超现实性相统一的特点。这一特点主要表现在以下几个方面。

1. 对现实的关注

青年的价值观具有现实性，青年群体关注当前社会的现实问题，如经济发展、社会公平、环境保护等。青年群体关心现实生活，希望通过自己的努力解决问题，创造美好的生活。

2. 追求理想

青年的价值观同样具有超现实性，青年群体有远大的理想和激情。青年群体渴望追求自由、平等、公正等价值观，希望建立一个更加完美的社会。这种超现实性使得青年能够突破现实局限，为社会带来更多的活力和创新。

3. 持续进步

青年群体在现实性与超现实性的统一中，不断地追求个人成长与发展。青年群体既关注自身的现实需求，如学业、事业、家庭等，也追求更高层次的精神追求，如人生意义、精神满足等。

4. 价值观的多元性

青年群体的价值观在现实性与超现实性之间，呈现出多元性。青年群体能够根据不同的现实情境，调整和整合自己的价值观。在现实中，青年群体可以追求物质生活的满足；在追求理想时，青年群体可以超越物质追求，关注精神层面的发展。

5. 社会责任感

青年群体在现实性与超现实性的统一中，具有强烈的社会责任感。青年群体关注社会问题，积极参与社会活动，努力为社会的进步做出贡献。这种责任感使得青年能够将个人发展与社会发展相结合，共同推动社会的进步。

综上所述，青年价值观具有个体性与从众性相统一、自觉性与可塑性相统一、现实性与超现实性相统一的特征，这些特征显示了青年价值观与一般价值观的不同之处，也为青年价值观的培育提供了方向。

第三章　青年价值观的培育研究

第一节　青年价值观培育的影响因素

青年是国家的希望与未来，是实现中华民族伟大复兴的中坚力量，青年价值观的培育至关重要。本节主要对青年价值观培育的影响因素进行详细分析。

一、家庭影响

家庭在青年价值观的形成中起着至关重要的作用。

家庭环境和家庭文化是青年群体价值观形成的基础。良好的家庭环境和家庭文化能为青年群体提供一个健康、和谐的成长空间。在这种环境中，青年群体能够自然而然地吸收家庭所传承的优良品质，如诚信、勤奋、自律等，这些品质会成为青年群体价值观的基础。

相反，恶劣的家庭环境和家庭文化会对青年群体的价值观产生负面影响。例如，家庭暴力、过于严格的管教方式等可能导致青年群体对家庭和社会产生不信任感，进而影响青年群体的价值观。

父母是孩子的第一任老师，也是青年群体成长过程中的重要教育者，父母群体的教育方式和观念对青年群体的价值观具有深远影响。开明的父母会尊重和支持青年群体的兴趣和选择，鼓励青年群体独立思考和培养批判性思维，帮助青年群体培养良好的价值观。例如，父母鼓励孩子关心弱势群体、参与社会公益活动，有利于培养青年群体的同情心和责任感。

而父母对青年过于严格的保护或其因为价值观的偏差，也会限制青年群体的思想和行为，使青年难以形成独立的价值观。例如，强调"学历至上"的父母可能会让青年群体忽视其他方面的发展，导致青年群体的价值观片面化。

家庭教育资源对青年群体价值观的培育也有很大影响。家庭教育资源丰富的青年群体更容易接触到多元化的价值观，培养出更为广阔的视野和包容性。例如，家庭条件允许的情况下，父母可以通过组织国内外旅行、鼓励参加各类课外活动、提供多元化的学习资源等方式，为青年群体提供更多的成长机会，从而拓宽青年的价值观。

家庭成员之间的关系对青年群体的价值观也有重要影响。和谐的家庭关系可以为青年群体树立良好的榜样，帮助青年群体建立正确的人际关系观。在这样的家庭中，青年群体更容易学会尊重、理解和包容，形成合作、关爱的价值观。

总之，家庭对青年价值观的培育起着重要影响，家庭环境、家庭文化、父母的教育方式、家庭教育资源、家庭成员的人际关系等均会对青年价值观的培育产生重要影响。

二、学校影响

学校是个体在现代社会获得知识的重要场所，也是青年价值观培育的重要影响因素（见表3-1）。

表3-1 青年价值观培育的学校影响因素一览表

序号	影响因素	说明
1	教育方针	学校的教育方针应该突出社会主义核心价值观，引导青年树立正确的人生观、世界观和价值观，促进其健康成长
2	师资力量	学校的师资力量是影响学生价值观形成和塑造的重要因素。教师是学生的榜样和引路人，在他们的言传身教中，不仅可以传授知识和技能，还可以影响学生的价值观念和行为方式
3	教育环境	学校的教育环境对于青年价值观培育具有重要的影响。良好的学习环境、校园文化和校园活动，都能够潜移默化地影响学生的价值观念和行为方式

续表

序号	影响因素	说明
4	课程设置	学校的课程设置也是影响学生价值观形成的重要因素。学校应该重视道德教育、思想政治教育、心理健康教育等课程的设置和教学，从多个角度全方位地促进学生的健康成长和全面发展
5	校外活动	学校的校外活动也是影响学生价值观形成和培育的重要途径。学校可以组织各种形式的文体活动、志愿者活动、实践活动等，引导学生积极参与社会活动，感受社会风貌，增强社会责任感和培育正确的价值观
6	学校制度和管理	学校的制度和管理也对学生价值观的形成和塑造起到了重要的影响作用。学校的制度和管理应该符合学生的成长需求，也应该强调纪律、规矩和责任
7	同伴关系和交往圈	同伴关系和交往圈也是影响学生价值观形成的重要因素。学校应该重视同伴关系的培养和交往圈的拓展，引导学生建立良好的人际关系和人脉网络
8	校园文化环境	学校的校园文化环境也对学生价值观培育有举足轻重的作用，良好的校园文化环境是塑造学生真、善、美理想人格和全面实现素质教育目标的重要一环。营造良好的校园文化环境对提升学生的人文修养、树立正确的价值观起到了重要的作用

教师作为与青年关系最密切的人员，在青年价值观的培育中起着极其重要的作用。

教师与青年的师生关系是影响青年价值观培育的重要因素。优秀的教师具有专业素养、爱心和责任感，关心青年群体学生的成长，能够激发学生的潜能，引导学生形成正确的价值观。例如，教师通过课堂教学、辅导和课外活动，培养学生的创新精神、团队合作意识和社会责任感。

除教师的因素之外，学校的课程设置和教育理念对青年价值观的培育也具有深远影响。一般而言，开放、多元的课程设置有助于青年群体全面发展，形成多元化的价值观。例如，学校开设人文素养、社会实践、心理健康等课程，培养学生的人文关怀、社会责任和自我调适能力。此外，对青年实行素质教育，关注青年的身心健康和个性发展，有利于青年群体形成独立、全面的价值观。

校园文化和氛围是青年群体接触的另一个重要价值观载体。积极向上的校园文化和氛围能够激发青年群体的积极性、创造力和团队精神，从而影响青年群体的价值观。例如，学校举办各种学术竞赛、文化活动和社会实践活动，为青年群体提供锻炼和展示自我的机会，帮助青年群体建立正确的竞争观和合作观。

在学校，青年价值观的培育还易受到同伴关系和交往圈的影响。在学校，青年群体与来自不同家庭、地区、文化背景的同学交往，通过沟通和互动，青年群体能够学会尊重、包容和理解，形成更为开放和多元的价值观。

学校制度和管理对青年群体价值观的培育也具有重要作用。合理、人性化的制度和管理能够为青年群体提供一个良好的学习和生活环境，有利于青年群体形成自律、守纪的价值观。例如，学校通过设立奖学金、助学金等激励措施，培养学生的勤奋和自强精神。

综上所述，学校是青年价值观培育的重要影响因素之一，师生关系、课程设置、校园文化、同伴关系、学校制度等因素均对青年价值观的形成和发展以及变化起着极其重要的影响。

三、受社会文化的影响

青年群体在成长过程中，除了家庭和学校的影响，社会文化也对青年价值观的培育起着关键作用。主要表现在以下几个方面（见表3-2）。

表3-2　社会文化对青年价值观的影响一览表

序号	类型	说明
1	社会传播文化	社会传播文化借助社会舆论可以对青年的价值观产生影响
2	社会消费文化	消费观念、消费行为和消费方式均会对青年的消费价值观产生影响，从而影响青年的价值观和生活方式
3	社会生态文化	生态文化对青年的环保意识、生态伦理、可持续发展等理念产生影响，从而影响青年的生态价值观的培育
4	社会传统文化	受社会传统文化影响的家庭教育、道德观念、宗教信仰等方面的传统文化均会对青年的价值观培育产生影响
5	社会族群文化	不同的族群有着各自独特的文化传统和价值观念。在多元文化背景下，青年群体接触到不同族群的文化，均会对其价值观和认知产生影响

续表

序号	类型	说明
6	社会教育文化	教育体制、教育理念、教育方法等方面的文化特征会对青年群体产生深刻影响
7	社会法律文化	法律文化体现了一个国家或地区的法律制度和法治观念，社会法律文化能够直接影响青年的价值观。在法治社会中，青年群体会树立尊重法律、维护社会秩序的价值观

（一）社会传播文化对青年价值观培育的影响

社会传播文化是影响青年价值观的重要因素，对青年价值观的影响是极其复杂而深远的。

社会舆论可以借助媒体、网络、广告等渠道传播价值观，这些信息对青年的思想观念产生影响，有时甚至改变青年群体的价值观。这种传播可以是积极的，也可以是消极的。正面价值观的传播有助于培养青年的道德观念和社会责任感，而负面价值观的传播可能导致道德沦丧和价值观的扭曲。

社会舆论对于热点事件和社会问题的关注和讨论，易引起青年的关注，而社会舆论导向可能影响青年对社会现象和问题的看法，使其形成相应的价值判断。

从总体上来看，正面、积极的舆论导向和舆论环境能够促进青年群体形成正确的价值观。例如，媒体和网络在传播正能量，弘扬社会主义核心价值观，倡导诚信、友善、公平等观念时，青年群体能够从中受益，逐渐形成积极健康的价值观。而负面的舆论则可能会使青年形成消极的价值观。

（二）社会消费文化对青年价值观培育的影响

社会消费文化是指社会在消费观念、消费行为、消费方式等方面的总体表现。社会消费对青年价值观培育的影响是多方面的。包括消费观念、消费行为、消费方式等。随着经济的快速发展和科技的进步，消费文化已成为现代社会的一个重要特征。对于青年群体来说，消费文化不仅满足了青年群体的物质需求，还在很大程度上影响了青年群体的价值观。

改革开放以来，随着我国社会经济的发展，人们的消费观念也产生了较大变化。中国特色社会主义进入新时代后，我国居民消费逐渐从"量的满足"

转向"质的提升",升级类商品和服务快速增长,新的社会消费文化对青年价值观的培育产生了较大影响。

此外,消费文化中的信息传播和全球化也让青年群体接触到了多种多样的价值观和生活方式。这有助于青年群体开阔视野、增长见识,但同时可能导致价值观的相对化和道德观念的混乱。青年群体可能在面对多元价值观时,难以确定自己的道路和信仰,容易受到外部环境的影响而摇摆不定。

(三)社会生态文化对青年价值观培育的影响

社会生态文化对青年价值观的培育具有重要的影响,青年在成长过程中接触到各种社会现象,包括政治、经济、科技、教育等领域,其中社会生态环境,也是青年成长过程中接触的主要社会环境。而社会生态文化对青年价值观的培育也产生了重要影响。

例如,社会垃圾分类等现象会在社会上形成环境保护意识,倡导人们通过绿色生活方式减少对环境的污染。随着社会生态文化的发展,青年的价值观也会受到潜移默化的影响,有助于引导青年树立可持续发展的观念。

(四)社会传统文化对青年价值观培育的影响

社会传统文化在青年价值观培育中起着重要作用,青年的价值观会受到传统观念、道德规范和社会行为等因素的影响。

1.传统文化中的传统观念

传统观念在青年群体的价值观形成过程中起着关键作用。这些观念包括家庭、孝道、忠诚、尊敬、谦虚等。这些观念塑造了青年群体对待家庭、亲情、友情和社会关系的态度。

2.道德规范

道德规范是社会传统文化中的一部分,对青年群体的价值观产生深远影响。这些规范包括诚信、公平、善良、勤奋等,它们帮助青年群体建立正确的行为准则和道德观念。

3.社会行为

社会行为是社会传统文化的一种表现形式,通过参与社会活动,青年群体可以更好地理解并接受传统文化。例如,参加庆典、仪式、民间艺术等活动,有助于青年群体培养对传统文化的认同感。

4. 文化遗产

传统文化中的文化遗产，如历史古迹、名著、艺术作品等，可以激发青年群体对历史、文化和民族的尊重。这种尊重有助于培养青年群体的文化自觉和自豪感。

（五）社会族群文化对青年价值观培育的影响

族群文化是指一个社会群体所共享的文化传统、价值观、习俗和信仰等。青年价值观形成的过程中，不可避免地会受到族群文化的熏陶。

1. 社会认同感的培养

族群文化使青年群体对自己所属的社会群体产生认同感，从而形成一种归属感。这有助于青年群体在日后的生活中更好地融入社会，形成积极的人际关系。

2. 多元文化理解

在全球化的背景下，青年群体有机会接触到不同的族群文化。通过了解和体验不同的文化，青年群体可以培养包容和尊重多元文化的价值观，增强跨文化交流的能力。

3. 团结协作精神

族群文化中往往包含了团结协作的精神，如家族观念、宗族观念等。这些观念有助于青年群体培养团结合作的价值观，学会在集体中发挥自己的作用。

4. 道德规范与习俗传承

族群文化中的道德规范和习俗对青年群体的行为规范具有指导作用。通过接受族群文化的熏陶，青年群体可以学会遵循社会规范，形成良好的道德品质。

5. 价值观的挑战与调整

在现代社会，青年群体可能会面临来自不同族群文化的价值观冲突，从而对青年的价值观带来影响，使青年不断调整其自身的价值观。

（六）社会教育文化对青年价值观培育的影响

教育不仅是传授知识的过程，还是塑造个体价值观和道德观的过程。在青年成长的关键阶段，教育在培养青年价值观的过程中起着极其重要的影响。关于社会教育文化对青年价值观培育的影响，已在上文中的学校对青年价值观的影响中进行了叙述，这里不再赘述。

（七）社会法律文化对青年价值观培育的影响

法律文化是一种社会价值观的体现，它包括法律规范、法律观念和法律行为等方面。对青年群体来说，社会法律文化可以帮助青年群体建立起正确的道德观念、行为规范和公民意识。具体来说，社会法律文化对青年价值观培育的影响表现在以下几个方面。

1. 树立法治意识

在法治社会中，法律是公平正义的基石。通过学习和了解法律知识，青年群体可以增强法治意识，认识到遵守法律是维护自己权益和社会秩序的基本原则。

2. 培养道德观念

社会法律文化体现了一定的道德价值观，如诚信、公平和正义等。青年群体在接触法律文化的过程中，可以逐渐树立起正确的道德观念，为未来的成长和发展奠定基础。

3. 强化责任意识

法律规定了公民的权利和义务，使青年群体意识到自己在社会中的角色和责任。这有助于青年群体在成长过程中树立起对社会、家庭和个人的责任意识。

4. 塑造公民素质

遵守法律是公民的基本素质之一。在法律文化的熏陶下，青年群体可以学会尊重他人的权利，维护社会公共利益，形成良好的公民素质。

法律文化的传播有助于青年群体提高法律素养，使青年群体更加了解自己的权益，并在面临法律问题时能够更好地维护自己的权益。而了解法律规定和法律后果有助于青年群体自觉遵纪守法，预防违法行为，引导青年形成良好的法律价值观。

四、受社会价值观的影响

社会价值观是影响青年价值观培育的重要因素之一。社会价值观是指在一定社会、历史条件下，人们共同认同的一系列道德、伦理、信仰等观念，它体现了一定社会成员对于事物的价值判断、行为选择和生活方式的共同取向。

社会价值观与个人价值观之间存在相互影响、相互补充、相互冲突、互相适应和变化等密切关系（见表3-3）。

表3-3　社会价值观与个人价值观之间的关系一览表

序号	关系	说明
1	互相影响	社会价值观是一个社会群体普遍认同的价值观，它们塑造和反映了一个社会的道德、伦理和行为规范。个人价值观是一个人内心的信念和价值取向，它们指导着个人的行为、决策和生活方式。个人价值观受到所处社会价值观的影响，而个人价值观的总和也反过来影响社会价值观
2	互补与冲突	社会价值观和个人价值观之间可能存在互补性，即个人价值观符合并支持社会价值观。然而，它们之间也可能存在冲突，当个人价值观与社会价值观不一致时，个体可能会感受到压力和紧张
3	相互适应和变化	社会价值观和个人价值观都会随着时间的推移而发展和变化。在不断变化的社会环境中，个人需要不断调整自己的价值观以适应新的挑战和需求。同时，社会价值观也在不断演化，以适应新的社会现象和变革

　　社会价值观和个人价值观共同影响着一个人的决策和行为。当个人面临道德或伦理困境时，可能会基于这两种价值观来平衡决策。例如，一个人可能会根据个人价值观和社会价值观，决定是否接受某种工作、遵守某项规则或支持某一观点。

　　青年是社会的一员，在特定的社会环境中学习和成长，社会价值观对青年价值观的影响如同社会价值观对一般个体价值观的影响。由此可见，社会价值观在青年价值观的培育中起着极其重要的作用。

　　自1949年以来，我国坚持走社会主义发展道路，取得了巨大成果。进入中国特色社会主义新时代后，社会主义核心价值观已在全社会广泛传播，成为我国社会的主流价值观，其在新时代青年价值观培育中起着极其重要的作用。

第二节 当代青年价值观培育面临的机遇与挑战

自 1949 年中华人民共和国成立以来，我国十分重视对青年价值观的培育。新的历史时期，我国当代青年价值观培育面临着特殊的机遇与挑战。本节主要对此进行详细分析。

一、我国青年价值观培育的历史及经验

青年作为时代变迁的见证者和参与者，其价值观是青年认识并改造世界的动力之源和前行航标。自 1949 年以来，我国青年价值观的培育经历了三个阶段的发展。

（一）社会主义革命和建设时期

社会主义革命和建设时期，正值中华人民共和国成立初期，这一时期受特殊的国内外局势影响，我国政府有关部门制订了优先发展重工业，实行公有制和计划经济体制，并进行生产资料社会主义改造的相关政策。这一时期我党确立了以培育建设青年为目标，改造和团结全国最广大青年群众投身国家建设。在相关政策的指导下，青年群体的价值观表现出社会责任意识强烈、集体主义观念凸显的特点。

一批批爱国青年在此阶段青年价值观的引导下，不畏困难、不畏艰险，在祖国最困难、最需要的岗位上奉献青春甚至生命，为社会主义建设的深入开展打下了坚实的物质、经济和科技基础，也向世界展示了中国青年的顽强拼搏意志和卓越聪明才智。

（二）改革开放和社会主义现代化建设新时期

改革开放和社会主义现代化建设新时期，随着我国社会政治、经济政策、教育政策的调整，青年在经历了短暂的迷茫后，在党和国家的坚强领导下开始重塑其价值观，采取了充分尊重、爱护青年等措施，努力为广大青年提供参与改革奋斗的发展空间、物质基础和制度保障，倡导培养"四有"青年。这一时期的青年价值观表现为个体本位意识觉醒、自我价值与社会价值的冲突、理性主义和世俗化倾向并存、多元价值整合发展的特点。

（三）中国特色社会主义新时代

党的十八大以来，随着我国经济实力的不断强大，改革开放也从"引进来"到"走出去"，与国际交流越来越广泛。特别是信息技术的发展，互联网走进人们日常生活，人与人之间的交往突破时空限制，思想交流更加便捷。同时，随着我国社会主要矛盾的变化，我国青年的价值观再一次发生了较大变化。

广大青年在"实现中华民族伟大复兴中国梦"这一民族理想的指引下，坚定中国道路、弘扬中国精神、凝聚中国力量。党的十九大报告中提到"坚持社会主义核心价值体系""青年一代有理想、有本领、有担当，国家就有前途，民族就有希望"，为当代青年的价值观培育提供了新目标，也是中国青年的历史使命。

党的二十大报告强调"青年强，则国家强"；指出"当代中国青年生逢其时，施展才干的舞台无比广阔，实现梦想的前景无比光明"；对广大青年提出了"立志做有理想、敢担当、能吃苦、肯奋斗的新时代好青年"的重要要求。

纵观自 1949 年以来，我国青年价值观的培育过程始终坚持党的正确领导，进入新时代，中国青年肩负的使命与责任更加艰巨，党应当从思想、政治、组织等方面加强对青年的教育和引导，加强对青年价值观的引导与培育。

二、当代青年价值观培育面临的机遇

当代青年价值观培育面临着良好的机遇，主要体现在以下几个方面。

（一）互联网信息技术的发展

近年来，随着互联网信息技术的发展，出现了以互联网信息技术为依托的移动互联网传播新媒介。

例如，微信、微博、短视频、游戏传播等，我国已建立起相对完善的各级各类网络信息传播渠道。与传统媒介相比，以互联网信息技术为依托的移动互联网传播新媒介具有一系列特点（见表 3-4）。

表3-4　移动互联网传播新媒介的传播特点一览表

序号	特点	说明
1	瞬时传播	移动互联网传播新媒介依托网络技术，其信息传播速度以秒计算，可以在瞬间传播至世界各个角落，实现即时发布信息和接收信息的效果，还可以实现随时更新和发布信息，以及24小时不间断发布信息
2	双向互动	移动互联网传播新媒介打破了传统媒体自下而上的线性传播，实现了双向互动，甚至多向互动传播，信息受众同时是信息的提供者与发布者，信息受众在浏览信息时，可以通过转发、评论或关注等多种方式与信息的发布者进行交流与互动，行使选择权、意见权以及参与权
3	共享性	移动互联网传播新媒介的信息发布者和受众可以在浏览信息时，将信息或评论转发出去，实现信息共享
4	数字化	移动互联网传播新媒介具有数字化特征 　　（1）传播形式的多样化，同一信息既可以是文字，也可以是声音、视频等形式 　　（2）传播内容的多媒介，打破了媒介之间的壁垒，同一信息可以在报纸、杂志、广播、电视、互联网、手机、移动电视等多种媒介上进行传播
5	交互性	移动互联网传播新媒介打破了传统媒体点对面的单向线性传播方式，采用交互传播方式实现了点对面、点对点和面对面的传播，体现出"处处是边缘，无处是中心"的传播特点
6	个性化	移动互联网传播新媒介除了面向大众传播信息，还能够为受众提供个性化服务，从而在大众传播之外实现小众化传播
7	碎片化	移动互联网传播新媒介所传播的信息多为短信息，呈现出信息碎片化的特点

　　从表3-4中移动互联网传播新媒介的传播特点可以看出，移动互联网传播媒介的出现，打破了传统传播方式，为青年了解世界创建了新的窗口。

　　根据共青团中央维护青少年权益部、中国互联网络信息中心于2022年11月发布的《2021年全国未成年人互联网使用情况研究报告》显示：2021年我国未成年网民规模达1.91亿，未成年人互联网普及率达96.8%，互联网已成为当代未成年人重要的学习、社交、娱乐工具，对其成长产生深刻影响。

　　中国互联网络信息中心（CNNIC）发布第51次《中国互联网络发展状

况统计报告》。报告显示，截至 2022 年 12 月，我国网民规模达 10.67 亿，互联网普及率达 75.6%，20 ～ 29 岁、30 ～ 39 岁、40 ～ 49 岁网民占比分别为 14.2%、19.6% 和 16.7%。

从这两个权威报告中可以看出，青年网民在我国网民规模中所占比例较高，互联网不仅已成为青年重要的学习、社交和娱乐工具，也成为青年获取外界信息的重要渠道。

针对这些特点，互联网信息技术的发展为青年价值观的培育提供了良好的机遇，主要表现在以下几个方面。

1. 构建青年多元化的价值观

互联网信息技术的发展，以及广泛应用使得年轻人能够轻松地获取全球各地的资讯。社交媒体、网络新闻以及各类在线平台为青年提供了一个前所未有的信息广阔空间。青年不仅可以在线浏览各国的新闻信息，还可以结交来自世界各地的朋友，分享各自的生活经验、价值观和文化特色。这种跨文化交流能够让青年了解不同地区的政治、经济、社会以及文化现象，从而建立更为全面的国际视野。同时有助于培养青年的包容性和尊重多样性的精神，从而增强青年群体的跨文化适应能力，也有利于构建青年多元化的价值观。

2. 关注公共议题

互联网信息技术的发展使得信息传播迅速且无国界。青年可以随时随地了解国内外的新闻和事件，这有助于青年关注社会现象、思考问题，从而促使青年群体形成自己的价值观和立场。这种自主地了解和关注社会事务的过程是培养青年群体公民意识的重要组成部分。

互联网平台具有虚拟性的特点，为青年提供了一个相对宽松的言论环境，使得青年群体可以畅所欲言，发表对社会问题的看法和解决方案。这种自由表达的机会有助于青年建立自己的主体性，强化青年群体关注公共议题的责任感和使命感，促使青年关注社会问题并积极参与解决问题。

3. 培养青年的家国情怀

互联网信息技术的发展为青年提供了更为丰富的家国情怀教育资源。在互联网上，青年群体可以轻松接触到与家国情怀相关的各种文化、历史和艺术作品，如纪录片、电影、文学作品等。这些作品以生动的形式展现了国家历史、民族精神和文化传统，使青年群体能够更直观地认识国家的发展历程，增进对祖国的感情。

借助互联网平台，青年群体可以随时了解国家在国际事务中的表现，以及在科技、经济等领域取得的成就。或借助网络教育平台更系统地了解国家历史、民族文化及相关理论知识。这些信息有助于提升青年群体的国家自豪感，激发青年群体为祖国的繁荣富强付出努力。同时，通过与世界各地青年的交流，青年群体可以更好地认识中华民族在世界文化中的地位和价值，增强青年的文化自信心和文化自豪感。

青年群体可以借助社交媒体分享自己的家国情怀体验，交流对国家发展、民族文化的认识和感悟。这种在线交流和分享不仅有助于青年群体建立共同的价值观和认同感，还能激发青年群体更加关注国家发展、民族复兴的热情。此外，网络空间为青年提供了一个发挥创意的舞台，青年群体可以通过原创作品、微电影等形式表达自己的家国情怀，为传统文化的传承与创新做出贡献。

以移动互联网传播新媒介为例。

近年来，随着网络信息技术的发展，出现了以互联网信息技术为依托的移动互联网传播新媒介，如微信、微博、短视频、游戏传播等即属于新媒体传播媒介平台。

其中，短视频传播属于网络新媒体传播的一种重要类型，具有直观、客观、365天24小时不间断等传播优势；除此之外，短视频传播还具有生动性强等特点，是一种极受用户欢迎的传播方式。

而新媒体游戏传播是指借助微信和微博、QQ等带有强烈社交色彩的传播渠道，通过娱乐感强的小游戏制作，面向青少年网络用户宣传新时代爱国主义精神。例如，在2018年社交媒体平台上"快看呐，这是我的军装照"、新华社推出的"天安门留影"、2019年新中国成立70周年时微信平台推出的"国旗照片"等均为互动感强、能够引发青年群体共鸣的新时代爱国主义精神传播方式。

（二）教育资源的极大丰富

当代教育资源的极大丰富为我国当代青年价值观的培育提供了良好的机遇。

1. 丰厚的精神教育资源

（1）马克思主义中国化时代化研究的理论成果为当代青年价值观的培育提供了丰富的精神教育资源。中国改革开放以来，不断结合中国特色国情以及所处的时代背景，进行马克思主义理论实践，逐渐形成了中国特色的国家观等相关理论，推动了马克思主义的中国化发展，以及成熟的爱国主义理论体系的形成。党的十八大以来，随着中国特色社会主义进入新时代，尤其是随着党的二十大的召开，我国马克思主义中国化时代化理论研究成果进一步丰富，为当代青年价值观的培育提供了丰富的精神教育资源。

（2）丰厚的中华优秀传统文化资源为当代青年价值观的培育提供了丰富的精神教育资源。中华文化源远流长、灿烂辉煌。在5 000多年文明发展中孕育的中华优秀传统文化，积淀着中华民族最深沉的精神追求，代表着中华民族独特的精神标识，是中华民族生生不息、发展壮大的丰厚滋养，是中国特色社会主义植根的文化沃土，是当代中国发展的突出优势，对延续和发展中华文明、促进人类文明进步发挥着重要作用。

中华优秀传统文化是世界人类文明发展史上至今唯一一个不曾间断过的文化形态，其中蕴含着极为丰富的历史价值与时代精神。其中包含着珍贵的制度文化、艺术文化、农业文化、手工艺文化、科技文化等，以及大量超越时代、超越地域的精神和理念，这些精神和理念被不同时代的人继承，成为指引不同时代的中国人思想和行为的普遍真理。这些文化也极大地丰富了世界文化，在世界历史文化中留下了浓墨重彩的一笔，具有较强的价值性和稀缺性。

此外，中华优秀传统文化中还包含革故鼎新、与时俱进的思想，脚踏实地、实事求是的思想，惠民利民、安民富民的思想，道法自然，天人合一的思想等核心思想，以爱国主义精神，天下兴亡、匹夫有责的担当精神以及崇德向善、孝悌忠信、礼义廉耻的荣辱精神，以及求同存异、和而不同的处世方法；文以载道、以文化人的教化思想；形神兼备、情景交融的美学思想；勤俭节约、中庸和泰的生活思想。这些思想具有较强的传承性，为培育当代青年价值观提供了丰富的精神教育资源。

2. 良好的物质基础

改革开放以来，中国特色社会主义建设方面取得了累累硕果。例如，从生态环境建设方面来看，中国陆地面积广阔，海岸线较长，虽然平均每平方公里的人口密度并不高，然而，境内地形复杂，其中海拔高于千米以上的陆地面积占全国国土总面积的一半以上。此外，中国西北和华北的许多地区，位处内陆，全年降水量较少，而蒸发量较大，处于严重缺水状态。中国境内存在大面积干旱的荒漠和荒漠草原。除高海拔地区和荒漠外，中国境内还分布着广阔的喀斯特地貌、黄土高原地貌等，这些地貌均面临着各种各样的生态治理困境。

改革开放四十多年来，我国对生态环境建设的重视程度越来越高，推出了一系列治理环境污染、保护生态环境的举措。其中包括加强环境污染的控制和治理力度，加强退耕还林、草场建设、流域综合治理力度，加强天然林保护力度，大力推动荒漠治理工作，等等。党的二十大报告强调指出："我们坚持绿水青山就是金山银山的理念，坚持山水林田湖草沙一体化保护和系统治理，全方位、全地域、全过程加强生态环境保护，生态文明制度体系更加健全，污染防治攻坚向纵深推进，绿色、循环、低碳发展迈出坚实步伐，生态环境保护发生历史性、转折性、全局性变化，我们的祖国天更蓝、山更绿、水更清。"极大地提升了我们在环境治理方面的自信心和自豪感。

公共安全是指社会发展和公民个人的生存和发展过程中所需要的稳定的外部环境和秩序。社会公共安全体系建设属于社会治理范畴。改革开放以来，尤其是进入新时代以来，我国国家治理体系不断完善，社会公共安全取得了较好的成果，有效地保护了人民群众的生命财产安全，极大地提升了人民群众的获得感、幸福感和安全感。

自21世纪以来，随着中国高科技信息技术的不断发展，中国的网络信息技术获得了较大发展。尤其是近年来，我国致力于建设科技强国、网络强国和数字强国，不断推动科技生产力的发展，取得了一系列重大技术成果。这些技术成果为我国的创新型国家建设提供了重要智力支撑和技术基础，同时进一步增强了我国的综合国力，为我国下一步的发展奠定了科技基础。

除了以上成就，自改革开放以来，我国在民主法治、公平正义、国家安全、社会文明等各个领域均取得了一系列令世界瞩目的成就。这些成就有力地提升了中国的综合国力，提升了中国人民的凝聚力，激发了中国人民的爱国主义情感和国家认同，为当代青年价值观的培育奠定了良好的物质基础。

3. 坚定的制度基础

自中华人民共和国成立以来，我国逐步建立了越加完善的制度保障。进入新时代以来，中国特色社会主义新时代中国的民主法治制度进一步发展和完善。中国特色社会主义的本质特征是坚持中国共产党的领导，中国特色社会主义制度的最大优势是中国共产党领导。党的二十大报告强调指出："我们坚持走中国特色社会主义政治发展道路，全面发展全过程人民民主，社会主义民主政治制度化、规范化、程序化全面推进，社会主义协商民主广泛开展，人民当家作主更为扎实，基层民主活力增强，爱国统一战线巩固拓展，民族团结进步呈现新气象，党的各项工作基本方针得到全面贯彻，人权得到更好保障。社会主义法治国家建设深入推进，全面依法治国总体格局基本形成，中国特色社会主义法治体系加快建设，司法体制改革取得重大进展，社会公平正义保障更为坚实，法治中国建设开创新局面。"

近年来，随着我国全面依法治国进程的快速发展，我国各项法律法规制度逐渐完善和健全。随着我国民主法治建设日益完善，我国公民参与政治建言的渠道更加多元化、利益表达机制更加畅通，为青年的建言献策提供了良好的渠道，有利于青年施展理想和抱负，以及青年价值观的培育。

综上所述，互联网信息技术的快速发展与应用以及我国价值观教育资源的极大丰富为我国当代青年价值观的培育提供了良好的机遇。

三、当代青年价值观培育面临的挑战

当代青年价值观培育在面临着良好机遇的同时，也面临着一定的挑战。随着经济社会的快速发展，国内外经济、文化环境发生了较大变化，这些变化对当代青年价值观的培育既带来有利的一面，也带来一定的挑战。例如，经济全球化和区域经济一体化，以及数字传播技术的发展等。

（一）世界经济全球化和区域经济一体化对当代青年价值观培育的挑战

经济全球化一词出现于 20 世纪 80 年代，20 世纪 90 年代这一概念得到了国际社会的广泛认可。所谓经济全球化，是指商品、劳务、技术、资金等生产要素在全球范围内流动和配置，从而使各国经济相互依赖程度日益加深的趋势。

第二次世界大战以来，科技进步极大地促进了全球生产力的发展，为全球经济化奠定了坚实的基础。尤其是 20 世纪 70 年代以来，信息技术革命不仅加快了信息传递速度，也极大地降低了信息传递成本，有效打破了不同国家和地域之间的空间地理界线，将全世界以信息技术连接起来，迅速推进了

经济全球化的发展。经济全球化为跨国公司提供了扩张的机会，跨国公司在全球范围内建立了适宜企业发展的组织形式，极大地推动了生产要素在全球范围内的合理流动，推动了全球化发展的进程。除此之外，20世纪90年代，中国等一批传统的计划经济国家向市场化经济改革迈进。发达国家也在这一时期，加强了市场机制的自发调节作用。20世纪90年代中期，随着世界经济贸易组织的形成，国际交流与合作更加开放，为经济全球化的发展提供了适宜的体制环境和政策条件。

自20世纪90年代以来，经济全球化以科技革命和信息技术为先导，实现了生产全球化、贸易全球化及资本全球化●。其涵盖了包括生产、贸易、金融及投资等各个领域。具体表现在国际分工从垂直分工向水平分工发展，世界各国之间的贸易量急剧增加，多边贸易开始形成并迅速发展，国际资本流动达到空前发展规模，跨国公司在国际贸易和世界经济中的影响越来越显著，与此同时，国际组织、区域组织对于经济的干预越来越强。这些都推进了经济全球化的飞速发展。

进入21世纪以来，经济全球化的发展进程更快。近年来，尽管受到种种因素的影响，经济全球化的发展开始趋于缓慢，然而，经济全球化依然呈现出不可阻挡的趋势。

区域经济一体化也称"区域经济集团化"。同一地区的两个以上国家逐步让渡部分甚至全部经济主权，采取共同的经济政策并形成排他性的经济集团。其组织形式按一体化程度由低到高排列，包括优惠贸易安排、自由贸易区、关税同盟、共同市场、经济联盟和完全的经济一体化。

自20世纪90年代以来，区域经济一体化组织如雨后春笋般地在全球涌现，形成了一股强劲的新浪潮，出现了大量跨洲、跨洋合作的区域组织。进入21世纪以后，世界各国、各地区掀起了新一轮发展，呈现出合作之深入、内容之广泛、机制之灵活、形式之多样的特点。

经济全球化和区域经济一体化极大地推动了世界各国、各地区之间的经济联系，也促进了全球文化的交流与发展，将不同国家和地区的文化紧密联系在一起。

● 杨道衡. 当前我国上市公司财务综合分析研究——基于国际化视角 [M]. 长春：东北师范大学出版社，2018：30.

改革开放以来，随着中国经济的开放性发展，我国坚持进行社会主义市场经济改革，已经初步建立了社会主义市场经济体制，并与世界市场接轨，在此期间，西方各种思潮和文化涌入我国，并与我国传统民族价值观和思想相互碰撞和交融。

尤其是进入 21 世纪以来，多元文化借助互联网信息技术迅速传播。在西方积极、正面的思潮传入中国的同时，西方的一些消极价值观和思想也趁机传入中国，如自我主义、功利主义等。这些消极的多元文化传入中国后，对我国青年的价值观产生了较大冲击，为我国青年价值观的培育带来了一定的挑战。

（二）互联网信息技术的发展对当代青年价值观培育的挑战

互联网信息技术的发展为当代青年价值观培育带来机遇的同时，也使当代青年价值观培育面临着新的挑战。

1. 互联网信息传播虚拟性对当代青年价值观培育的挑战

互联网信息传播具有虚拟性的特点，人们依托互联网媒介进行信息传播与交流时，往往会掩藏真实姓名，在这一虚拟环境中，人们可以很容易地伪造信息和身份，以达到个人目的。许多现实中的人在互联网媒介上往往表现出与真实性格相反的性格，还有许多人刻意散布虚假或不良信息，对青年的价值观进行不良引导。

共青团中央维护青少年权益部、中国互联网络信息中心于 2022 年 11 月发布的《2021 年全国未成年人互联网使用情况研究报告》显示：2021 年未成年网民表示"自己曾在过去半年内遭遇过网络安全事件"的比例为 25.5%，较 2020 年下降 1.7 个百分点。其中，遭遇账号密码被盗、上网设备中病毒的未成年网民比例略有下降，但遭遇网上诈骗、个人信息泄露的比例略有升高。

而 38.3% 的未成年网民在上网过程中遭遇过不良或消极负面信息。其中，炫耀个人财富或家庭背景的内容最常见，其次为宣扬不劳而获、躺平等思想的内容，以及血腥暴力内容。

此外，网络暴力也是未成年网民难以规避的情况，未成年网民在网上遭到讽刺或谩骂的比例为 16.6%；自己或亲友在网上遭到恶意骚扰的比例为 7.0%；个人信息未经允许在网上被公开的比例为 6.1%。

从这些数据统计中可以看出，未成年网民面临着一定的网络安全、网络负面信息的侵扰，这些网络不良行为和信息易对年龄较小的青年产生一定的价值观冲击，不利于其价值观的培育。

2. 亚文化泛滥对当代青年价值观培育的挑战

网络亚文化是与网络主流文化相对而言的。伴随互联网发展成长起来的"90 后"和"00 后"，青年群体思想活跃，勇于表达自己的喜好与观点，追求个性化和差异化。

久而久之，具有相同偏好的年轻网民构成了一个个亚文化群体。亚文化本身是青年表达兴趣和爱好的一种方式。

近年来，基于漫画、动画、游戏等虚拟世界所形成的二次元文化在中国青少年群体中广泛传播，已成为不可忽视的青年亚文化现象。2020 年五四青年节推出的《后浪》视频引发广泛热议；富含多重跨界元素的"跨年晚会"上，虚拟歌手"洛天依"与琵琶演奏家联合演绎的《茉莉花》等让观众眼前一亮；中华人民共和国成立 70 周年之际，二次元网络社区里制作的《钢铁洪流进行曲》播放量超过 600 万；共青团中央、各大高校、央视新闻等纷纷进驻哔哩哔哩；二次元流行语"萌萌哒""萌宠"等走入大众日常生活；纪录片《我在故宫修文物》登陆二次元文化平台后翻红……这些二次元亚文化既传播了优秀文化，也彰显了青年的特质，为青年价值观的培育营造了良好的平台。

然而近年来，网络亚文化中，一些炫富拜金、奢靡享乐、卖惨"审丑""一夜爆红""博出位"等现象，挑战着社会的公序良俗，对主流价值观进行消解。

青年正处于价值观的形成时期，且其生活、成长在一个相对比较自由的大环境中，青年群体追求刺激、新鲜、个性的心理不断被激活。而网络亚文化中的本身便蕴含错误的价值观，如鼓励污言秽语，以生命健康为代价、以审丑为娱乐的吃播、喝播，以及腐化意志品质、传递奢靡之风的名媛文化、消费文化等。这些亚文化披着文化的外衣，行毒害网络空间之事，拉低了社会道德水准。还有一些"二次元文化"常被诟病为"软色情"的载体，因改编成电视剧而出圈的"耽美文化"则被质疑会造成青年性别认同的模糊化……这些均对我国当代青年价值观的培育提出了新的挑战。

3. 网络信息超载对当代青年价值观培育的挑战

科技高度发达的今天，互联网以及各种社交媒体平台为公众提供了前所未有的信息获取途径。这使得青年群体在生活和工作中接触到大量的信息，但同时容易导致信息过剩、信息焦虑等问题。这种现象对青年的价值观培育产生了较大的挑战。

一方面，信息超载容易导致青年群体的注意力分散，难以专注于某一领域或问题的深入研究。在信息泛滥的环境中，人们很容易被琐碎的、表面的信息吸引，而忽视对深度知识的挖掘。这种现象不仅影响了青年群体的学术成果，还可能导致青年群体形成肤浅和片面的价值观。

另一方面，在社交媒体平台上，各种声音和观点充斥着青年群体的生活。这些信息往往带有强烈的情感色彩，容易引起共鸣，但不一定具有正确的价值观。青年群体在这种环境中容易被潜移默化地影响，逐渐产生价值观的扭曲。这可能导致青年群体对社会现象的认知偏差，以及在处理问题时过于情绪化。

此外，信息超载导致青年群体的注意力持续被分散，无法长时间专注于一个任务或目标。这容易形成短视的行为和即时满足的心理，让青年群体过于关注眼前的利益和成果，而忽视长远的发展和价值观的培养。

综上所述，当代青年价值观的培育机遇与挑战并存，政府和有关部门应当正视青年价值观培育的机遇与挑战，做好青年价值观培育的引导，帮助青年建立正确的、积极的、健康的、符合社会主义核心价值观的价值观念。

第三节 青年价值观培育的路径研究

当代青年价值观的培育需要家庭、学校、政府和社会的同心协力，形成多元化、系统化的青年价值观培育路径，引导青年群体形成健康、积极的价值观。本节主要对青年价值观培育的路径进行研究。

一、建立以社会主义核心价值观为主体的青年价值观培育体系

树立正确积极的社会主义核心价值观，并且将社会主义核心价值观的要求融入青年日常生活和学习的方方面面，使其成为青年日常生活的行为准则，同时加强对青年思想道德的引导，才能帮助青年树立坚定的正确的价值观。

（一）社会主义核心价值观的内涵

2017 年党的十九大报告中进一步指出："社会主义核心价值观是当代中国精神的集中体现，凝结着全体人民共同的价值追求。"[1]社会主义核心价值观的内涵主要为富强、民主、文明、和谐、自由、平等、公正、法治、爱国、敬业、诚信、友善，共 24 个字。这些内涵可划分为三个层面，即国家层面的价值目标、社会层面的价值取向、个人层面的价值准则。

1. 社会主义核心价值观在国家层面的价值目标

社会主义核心价值观在国家层面的价值目标为"富强、民主、文明、和谐"，这 8 个字既是我国社会主义现代化国家建设的目标，也是对社会主义核心价值观基本理念的提炼，在社会主义核心价值观中处于最高层次，对自由、平等、公正、法治、爱国、敬业、诚信、友善等社会主义核心价值观具有统领作用。

（1）富强，即国富民强，是社会主义核心价值观国家层面价值目标的重要组成部分，也是数千年来中华民族矢志不渝追求的目标和方向。中华民族在数千年的发展史中，虽历经磨难，然而中华民族历朝历代的人民始终以坚强的意志和顽强的拼搏精神傲然屹立于世界民族之林，追求国富民强的理想。只有实现国家富裕，人民富足，才能为国家的建设和发展提供充足的物质基础，才能为国家和人民战胜一切挫折和困难奠定基础，也才能为实现中华民族伟大复兴目标而提供有力支撑。

（2）民主，即人民当家作主。中国共产党对人民民主十分重视，将人民民主视为现代社会主义国家民主政治的基础。社会主义核心价值观中的民主是中国共产党追求人民至上和人民主体的价值追求的体现，也是社会主义政治建设的价值目标。实现社会主义民主政治就要将党的领导与人民当家作主和依法治国有机统一起来，唯有如此，才能为中华民族伟大复兴的中国梦的实现奠定广泛的人民基础。

（3）文明，是社会主义核心价值观国家层面价值目标的重要组成部分，也是中国特色社会主义文化发展的核心价值。文明是一个国家的灵魂和人民素养的集中体现，也是构建国家文化软实力建设的重中之重。一般来说，文

---

[1] 悦洋．学习贯彻党的十九大精神：法学理论研究与法治实践探索 [M].成都：四川大学出版社，2019：187.

明是一个国家建立在一定物质生活基础之上对积极健康的精神生活的追求和向往，是一个国家核心竞争力的重要体现。

（4）和谐，是社会主义核心价值观国家层面价值目标的重要组成部分，也是社会主义建设和生态文明建设的核心价值目标，是中国特色社会主义的本质属性，也是对一个国家人与人之间、人与社会之间、人与自然之间理想关系状态的体现。和谐作为一种人类社会的理想生存状态和生活方式，寄托着人类对生活的美好向往。中国人民自古以来即对和谐孜孜以求，而在社会主义现代化建设的今天，以及中华民族伟大复兴的中国梦的实现中，对和谐的追求显得尤为重要。

富强、民主、文明、和谐作为社会主义核心价值观国家层面价值目标，在社会主义国家建设中起着十分重要的作用。富强、民主、文明、和谐是一个有机联系的整体，其中，富强是民主、文明与和谐实现的物质保障；而民主则为富强、文明与和谐的实现提供了政治制度支撑；文明是富强、民主、和谐实现的精神动力；和谐则为富强、民主、文明的实现提供了良好的环境基础。四者相互影响，协调发展才是社会主义国家保持旺盛生机与活力的基础。除此之外，富强、民主、文明、和谐还是一项十分复杂的系统工程，为了实现这一工程，需要党和人民共同奋斗，充分发挥党和人民的共同力量，才能推动社会主义健康、积极发展。

2. 社会主义核心价值观在社会层面的价值取向

社会主义核心价值在社会层面的价值取向为"自由、平等、公正、法治"。

（1）自由，是社会主义核心价值观在社会层面的价值取向的重要组成部分，是指社会主义国家中的个人对自觉、自愿、自主的意志与行为的向往与追求，是个人的自由全面的发展，包括个人的意志自由、存在和发展的自由。自由是社会主义对人类社会的美好向往，也是马克思主义社会价值目标的重要组成部分。

（2）平等，是社会主义核心价值观在社会层面的价值取向的重要组成部分，是指公民在法律面前一律平等，人人享有公平的社会权益，同时平等履行社会义务。自由和平等是社会主义市场经济的内在发展要求，也是社会主义市场经济持续繁荣与发展的基础。只有在社会主义内部创造自由平等的社会主义市场经济环境，才能充分激活各个社会主体的发展潜力与发展活力，从而推动社会主义市场经济朝着健康、可持续的方向发展。

（3）公正，是社会主义核心价值观在社会层面的价值取向的重要组成部分，是指社会公平和正义。社会主义核心价值观的公正是以人的解放、自由平等权利的获得为前提，是国家和社会发展的根本价值理念的体现，也是社会主义制度的本质体现，是发展社会主义和谐社会的标志。只有建立起公正的社会环境，国家中的每一位公民均能平等地享受教育、就业以及有参与社会公共生活的权利，社会成员才能获得均等的发展机会，社会才能保持健康发展。而一旦社会公正缺失，则会引发社会中人与人之间的不平等，从而引发各种社会矛盾与冲突，不利于社会的健康、稳定、和谐发展。

（4）法治，是社会主义核心价值观在社会层面的价值取向的重要组成部分，是指依法治国。依法治国是社会有序运行的法律和制度保障，如果一个现代化国家不以法律制度作为支撑，那么社会的运行将会变得混乱无序。相反，只有坚持依法治国、依法执政和依法行政才能推动社会经济、政治的稳定发展，才能确保人民群众的利益不受侵害。

社会主义核心价值观中的自由、平等、公正、法治作为社会主义社会层面的价值导向，四者既相互独立又相互联系，具有不可分割的客观关系。其中，自由和平等是社会发展的活水之源，在整个社会健康发展中起着重要的基础作用，公正则是社会健康发展的环境保障，法治是健康发展的制度支撑。四者既相互作用又互相影响，共同促进社会健康、持续、稳定发展。现阶段，我国正处于社会主义初级阶段的发展阶段，随着社会主义市场经济的发展，各阶层之间的利益关系显得纷繁复杂，社会主义市场竞争中屡屡出现不正当竞争、无序竞争，甚至道德失范行为。与此同时，社会主义市场经济的发展极大地提升了我国社会人民群众的经济发展水平，而经济发展促进了人民权利意识的发展，人民群众对社会公平和正义提出了更高要求。社会主义法治理念包括依法治国、执法为民、公平正义、服务大局和党的领导五个方面。从社会主义市场经济的发展现状与人民群众的社会需求角度来看，倡导自由、平等、公正、法治是实现中华民族伟大复兴的中国梦的基础，也是为人民谋幸福的重要途径，还是凝聚社会共识、振奋社会主义人心、增强社会主义信心，以及推动社会主义中国不断发展的精神支撑。因此，在社会主义建设和发展中，必须将自由、平等、公正、法治作为社会主义社会层面的价值导向，才能推动社会的健康、可持续发展。

3. 社会主义核心价值观在个人层面的价值准则

社会主义核心价值观在个人层面的价值准则主要为"爱国、敬业、诚信、友善"，这是社会主义国家公民必须恪守的价值准则与基本道德准绳，也是公民道德行为评价的基本价值标准。社会主义核心价值观必须扎根于现实生活，体现在人民群众的日常生活中，并通过社会法律法规等制度手段固定下来，才能成为一种公认的社会文化，才能转化为社会主义国家中人民群众的内在信念和自觉行为。

（1）爱国，个人在现代社会中不能独立于国家和社会而存在，而是与国家和社会紧密联系在一起的。爱国主义情感是中华民族的传统情感，贯穿于中华民族发展和复兴的整个历史过程。爱国主义是中华民族每个公民的责任与义务，也是中华民族数千年传统优秀道德思想之一。中华民族五千年发展史虽历经曲折与磨难，却依靠爱国主义而屡次崛起，不断由弱变强，造就了中华民族自强不息的精神。爱国思想既表现为对祖国壮美河山、优秀历史文化的浓厚情感，也表现为个人对祖国的深厚依赖之情。在社会主义建设和发展阶段，爱国主义精神是社会主义各族人民凝聚情感和建设社会主义中国的热情至关重要的核心价值观。

（2）敬业，是指重视和热爱自己所从事的工作，只有热爱自己的工作，才能在工作中充满热情、认真、细心地进行工作，从而升华为对工作集体和对国家的热爱。社会工作中的敬业者一般具有较强的集体荣誉感和集体责任感，在获得个人成功的同时，希望集体因个人获得荣誉而自豪。一个国家由千千万万个体组成，只有国家和社会中的个体持有敬业理念，才能实现中华民族伟大复兴的宏伟目标。

（3）诚信，即以诚待人，取信于人，包含忠诚与守信两种重要思想。诚信是中华民族基本的道德评判标准，无论从事哪一个职业，其基本要求均为诚信，体现了中华民族独特的社会道德评判尺度。社会主义核心价值观中的诚信不仅包括个人道德修养层面，还包括社会公德和国家之间友好交往的行为准则。诚信体现在社会建设和发展中的方方面面，小到个体与个体之间的约定，大到国家与国家之间的交往均需以诚信作为准则。

（4）友善，是指待人友好，与人真诚。友善是中华民族传统的处世准则，也是社会主义公民之间基本关系的价值准则。友善不仅能够体现出个体素质的高低，还能够体现出一个国家和社会的整体文明程度高低。

爱国、敬业、诚信、友善是国家治理对公民个体的价值要求。任何一个国家和社会均离不开社会公民个体，公民也不能脱离社会和国家而单独存在，在社会主义社会中，每位公民均具有追求个人梦想和价值的权利，而公民个体作为整个国家和社会的一员，只有将个体命运与整个国家和整个社会的命运联结在一起，将个体理想纳入国家理想和社会理想的行列中，才能更好地实现个体理想，而在这一过程中才能够推动整个国家和社会理想的实现。从这一视角来看，中华民族伟大复兴的中国梦的实现过程就是社会公民不断践行社会主义核心价值观的过程，也是社会公民不断参与社会主义建设的过程。而社会主义公民坚持在社会主义建设和发展中践行爱国、敬业、诚信、友善的社会主义核心价值观，对促进社会主义健康、可持续建设与发展起着极其重要的推动作用。

（二）社会主义核心价值观的意义

社会主义核心价值观是社会主义国家公民凝聚思想、树立理念和信念、凝结精神气质的强大力量，也是中国共产党和中国人民共同奋斗的信念支撑，在社会主义建设和发展，在中华民族伟大复兴中国梦的实现中具有十分深远的意义。具体来说，社会主义核心价值观的意义包括以下三个方面。

1.社会主义核心价值观有利于维护我国意识形态安全

现阶段，从世界形势发展趋势来看，世界正处于大发展和大变革时期，随着第三次科技革命的发展，世界各国的综合国力正面临着激烈竞争，各种思想文化观念相互碰撞。尤其是自20世纪末期以来，随着互联网信息技术和通信技术的发展，有效打破了不同国家和地区之间的空间地理界线，将全世界以信息技术连接起来，迅速推进了经济全球化的发展。在全球化趋势的影响下，世界各个国家综合实力的竞争更加激烈，文化思想和价值观作为国家的一种软实力，日益受到各国的重视。在此过程中，西方国家凭借经济优势和科技基础，企图将西方资本主义国家的意识形态和价值观念渗透和传播至世界各个国家。在复杂多变的国际环境中，中国作为社会主义国家，正处于社会主义国家初级阶段，在社会主义市场经济深化和改革发展中必须坚持马克思主义意识形态的主导地位，立足国内实际，顺应和把握历史时代潮流，不断培养和践行社会主义核心价值观，增强社会主义意识形态的吸引力、凝聚力，以便维护社会主义意识形态安全。

社会主义意识形态是与社会主义基本经济制度、基本政治制度相适应，从劳动者的立场出发，以实现人的全面发展、社会全面进步为出发点和归宿，自觉反映广大人民根本利益的思想观念的总和，是人类社会迄今为止最先进的意识形态❶。社会主义意识形态的形成建立在社会主义经济关系基础之上，是社会主义经济关系的反映，也是马克思主义思想与中国实际国情相结合的产物，是中国特色社会主义建设事业的核心与灵魂所在。社会主义核心价值观是在社会主义意识形态基础上的、为广大社会主义公民而服务的、在社会公民精神生活领域起主导地位的价值体系，是社会主义意识形态的本质体现，也是中国特色社会主义道路和社会主义制度存在和发展的基础。

在经济全球化、政治多经济化、市场全球开放化等发展趋势下，社会主义意识形态面临着极其复杂的挑战，为此，社会主义国家意识形态中的原有价值理念和道德标准受到较大的社会冲击，一些社会主义意识形态中明确的观点和价值理念变得模糊，甚至一些社会主义意识形态价值观念遭到否定，由此，对社会主义国家公民的个人意识和行为产生不良影响，导致社会主义国家中少数公民的个人价值判断和价值选择脱离正轨，失去方向。在这种世界环境下，社会主义核心价值观的培养显得尤为必要。

从微观视角来看，培养和践行社会主义核心价值观，能够帮助社会主义国家公民树立正确的价值理念和道德理念，从而有效规范公民的个体思想和行为。从宏观视角来看，培养和践行社会主义核心价值观，能够有效抵制西方资本主义国家对我国意识形态的渗透压力和文化扩张压力，从而达到维护我国社会主义意识形态安全的目的。除此之外，培养和践行社会主义核心价值观，还能够有效巩固马克思主义在社会主义意识形态领域的核心指导地位，起到统一思想、团结各族人民的目的，在有效保持社会主义意识形态性质和方向的同时，不断丰富社会主义意识形态的科学内涵，为社会主义意识形态的实践注入鲜明的时代特色和民族特色。

2. 社会主义核心价值观有利于夯实中国特色社会主义的思想道德基础，促进人的全面发展

核心价值观是一个国家的重要稳定器，构建具有强大凝聚力和感召力的核心价值观，关系着社会的和谐稳定，关系到国家的长治久安。实现第二个

❶ 张文卫，张小飞.断裂与再生——高校新老校区文化传承问题研究[M].成都：四川大学出版社，2017：6.

百年奋斗目标，实现中华民族伟大复兴的中国梦，必须要有广泛的价值共识和共同的价值追求。

同时，社会主义核心价值观为人们提供了最基本的价值观，每个人如果能够做到内化于心，外化于行，则整个社会将变成和谐、向上的社会。《关于培育和践行社会主义核心价值观的意见》中指出，要坚持以人为本，尊重群众的主体地位，关注人民利益诉求和价值愿望，促进人的全面发展。

在思想文化交锋的时代，中国共产党运用社会主义核心价值观来巩固马克思主义在意识形态领域的指导地位，巩固全党全国各族人民共同奋斗的思想基础，进而能够进一步促进人的全面发展，引领社会的全面进步。

3. 社会主义核心价值观有利于提高国家文化软实力，提高国家治理体系和治理能力的现代化水平

当今的时代是大国博弈的时代，当中不仅包括经济的博弈、利益的博弈，也有政治的博弈，但最重要的是核心价值观的博弈。如前文所述，共同的价值观是一个民族共同体存在和发展的思想基础，核心价值观是凝聚一个民族的精神力量，是整合民族国家内部的根本要素，它影响着一个国家、一个民族的发展进程。中华文化具有广泛的文化价值，为中华民族的复兴提供了价值支撑。社会主义核心价值观以中国传统文化为根基，承接了中华优秀的传统文化，是当代中国社会必须长期遵循的最重要准则。

国内大局与国际大局同步交织、相互激荡，你中有我、我中有你，既相互影响又互为机遇，从国内国际大局深刻的变化来看，我国正处在大发展大变革大调整时期，在前所未有的改革、发展和开放进程中，各种价值观念和社会思潮纷繁复杂。面对世界范围内思想文化交流交融交锋形势下价值观较量的新态势，面对改革开放和发展社会主义市场经济条件下思想意识多元多样多变的新特点，迫切需要我们积极培育和践行社会主义核心价值观，扩大主流价值观念的影响力，提高国家文化软实力。

习近平总书记指出："培育和弘扬核心价值观，有效整合社会意识，是社会系统得以正常运转、社会秩序得以有效维护的重要途径，也是国家治理体系和治理能力的重要方面。"所以，从推进国家治理体系和治理能力现代化的要求看，培育和弘扬核心价值观，有效整合社会意识，是国家治理体系和治理能力的重要方面。全面深化改革的总目标是完善和发展中国特色社会主义

制度，推进国家治理体系和治理能力现代化。这就需要大力培育和弘扬社会主义核心价值观，提高整合社会思想文化和价值观念的能力，掌握价值观念领域的主动权、主导权、话语权。全社会培育和践行社会主义核心价值观的实际效果，反映了国家治理体系和治理能力的水平。

（三）以社会主义核心价值观培育青年价值观

建立以社会主义核心价值观为主体的青年价值观培育体系需要从以下几个层面着手。

1. 坚持科学世界观和方法论的指导

世界观是人对世界的总体看法与根本观点，有什么样的世界观，就有什么样的方法论，马克思主义的科学世界观为我们提供了认识世界和改造世界的科学方法论。党的二十大报告指出，要把握好新时代中国特色社会主义思想的世界观和方法论，坚持好、运用好贯穿其中的立场观点方法。

当前正在深入开展的学习贯彻习近平新时代中国特色社会主义思想主题教育活动，是党中央为全面贯彻党的二十大精神、动员全党全国各族人民为完成党的中心任务而团结奋斗做出的重大部署，是深入推进新时代党的建设新的伟大工程的重大部署。

以社会主义核心价值观培育青年价值观要结合主题教育，引导广大青年全面学习贯彻习近平新时代中国特色社会主义思想，把握好这一思想的世界观和方法论，活学活用贯穿其中的立场观点方法，不断增进广大青年对党的创新理论的政治认同、思想认同、理论认同、情感认同，更加深刻领悟"两个确立"的决定性意义，更加自觉增强"四个意识"、坚定"四个自信"、做到"两个维护"，成为担当民族复兴大任的时代新人。

2. 建立健全国家层面的政策引导

国家在价值观培育方面起到至关重要的作用。政府的政策制定、执行和推广能够在很大程度上影响整个社会的价值观取向。因此，在培育青年价值观的过程中，国家层面的政策引导是关键。

（1）政府有关部门应通过制定相关法律法规，明确社会主义核心价值观在青年成长过程中的地位和重要性。例如，将社会主义核心价值观纳入国家教育法、青年法等相关法律，使其具有法律约束力。

（2）政府有关部门应将社会主义核心价值观融入国家治理体系，将其视为国家战略的核心内容之一。具体来说，可以将社会主义核心价值观融入国家的发展规划、政策法规、教育体制、文化产业等领域，从而在各个层面推动价值观的实践。加强对社会主义核心价值观的宣传、推广和实践，促使各级政府部门、企事业单位以及社会团体将其贯彻到工作中，形成广泛的社会共识，对青年群体的价值观产生潜移默化的影响。

（3）政府有关部门还应加强对青年价值观培育的投入和支持。包括加大教育经费投入，完善教育体系，培养一批德才兼备的教师队伍；设立各类青年扶持计划，为青年提供实现自身价值的平台；推动各级政府和社会组织积极参与青年价值观培育工作，形成全社会共同参与的格局。

3. 加强学校教育体系的整合

学校作为青年价值观培育的主要阵地，其在培养具有社会主义核心价值观的青年群体方面具有不可替代的作用，因此，将社会主义核心价值观融入学校教育体系至关重要。

（1）学校应将社会主义核心价值观融入课程设置中，通过开设思想政治课程、历史文化课程、社会科学课程等，全面系统地传授社会主义核心价值观。同时，教师要将社会主义核心价值观渗透到各门学科教学中，使之成为学科知识体系的重要组成部分。

（2）学校要加强师资队伍建设，提高教师的思想政治素质和教育教学能力。通过对教师进行持续的培训和考核，青年群体能够深入理解社会主义核心价值观，将其有机融入教育教学实践中。

（3）鼓励学生参与课堂讨论和实践活动，培养其独立思考和自主判断能力。通过引导学生参与社会实践、开展课题研究等方式，青年群体在实践中感悟社会主义核心价值观，从而提高其认同感和执行力。

4. 重视社会组织的参与和支持

社会组织在青年价值观培育过程中也发挥着重要作用。各类社会组织，如青年团体、志愿者组织、企事业单位等，可以为青年提供丰富的实践平台，引导青年群体践行社会主义核心价值观。

社会组织可以通过积极开展包括举办各类讲座、培训班、竞赛等青年培训和教育活动，提升青年的综合素质。社会组织也可以为青年提供展示和锻炼自己的舞台。例如，青年团体可以组织志愿服务、社会调查等活动，让青年在参与社会实践中感悟社会主义核心价值观；企事业单位可以提供实习、就业等机会，帮助青年积累工作经验，实现自身价值。

社会媒体机构等组织还可以充分借助自身的优势，对社会主义核心价值观进行宣传，在社会上形成践行社会主义核心价值观的氛围，在潜移默化中对青年价值观进行引导。

二、创新培育理念，提供思想引导

如前文所述，广大青年要全面学习贯彻习近平新时代中国特色社会主义思想，把握好这一思想的世界观和方法论，活学活用贯穿其中的立场观点方法，这些立场观点方法即党的二十大报告提出的坚持人民至上、坚持自信自立、坚持守正创新、坚持问题导向、坚持系统观念、坚持胸怀天下。这"六个必须坚持"以其内在的彼此贯通性和辩证综合的整体性，把习近平新时代中国特色社会主义思想及贯穿于其中的立场观点方法以更为抽象的世界观方法论的形态集中体现出来，凸显其科学性、人民性、实践性、发展性及开放性的理论本质，为培育和践行社会主义核心价值观提供了方法论指导。

（一）以坚持人民至上和坚持胸怀天下的根本政治立场，培育和践行社会主义核心价值观的价值理想，引导广大青年坚定中国特色社会主义共同理想和共产主义远大理想

党的二十大报告指出"人民性是马克思主义的本质属性，党的理论是来自人民、为了人民、造福人民的理论"，人民至上是中国共产党的根本政治立场。同时，中华优秀传统文化中的"大道之行，天下为公"理念融入了"胸怀天下"的思想中。中国共产党在为中国人民谋幸福、为中华民族谋复兴的进程中，也把为人类谋进步、为世界谋大同作为价值目标，弘扬和平、发展、公平、正义、民主、自由的全人类共同价值，推动建设更加美好的世界。"和平、发展、公平、正义、民主、自由"的全人类共同价值，与社会主义核心价值观中的"富强、民主、和谐、自由、平等、公正"等价值的相互融通，充分体现了马克思主义中国化时代化中"胸怀天下"理念，即世界性、人类性理念。这样的政治立场对于培育和践行社会主义核心价值观具有十分重要的指导意义。

在人类文明的价值追求和发展归宿上，每个人的自由全面发展是人类文

明的崇高理想与目标，人类文明的应然之境必然是以促进人的自由全面发展为前提，以实现全人类解放为价值旨归❶，与此相适应，文明演进的人间正道必然是坚持以人民为中心，实现人民对美好生活的向往。所以，以坚持人民至上和坚持胸怀天下的根本政治立场为引领的社会主义核心价值观，既要基于中国特色社会主义的现实，又要指向中国特色社会主义的未来，特别是指向中华文明在社会主义新形态中的未来❷。使社会主义核心价值观成为人类文明新形态的价值体现，同时展现出人类文明进步的价值理想。

所以，对当代青年进行社会主义核心价值观教育要创新培育理念，坚定正确的政治立场，坚持以立德树人为目标导向，以马克思主义信仰教育和共同理想教育为主要内容。如可以结合社会主义核心价值观"富强、民主、和谐、自由、平等、公正"的内涵比较西方宣传的所谓"普世价值"并非"普世"的，而是带有资本主义意识形态的，是对霸权主义和强权政治的粉饰❸，引导他们深刻领会中国共产党人始终站在历史正确的一边，站在人类进步的一边，胸怀天下，不断为人类文明进步贡献智慧和力量，同世界各国人民一道，推动历史车轮向着光明的前途前进的百年奋斗历程，从而更深入领会"两个确立"深刻内涵，更加坚定自觉地做到"两个维护"。

（二）以坚持自信自立和坚持守正创新的科学主动态度，培育和践行社会主义核心价值观的价值自信，引导广大青年坚定文化自信

《中共中央关于党的百年奋斗重大成就和历史经验的决议》中强调："独立自主是中华民族精神之魂，是我们立党立国的重要原则。"坚持自信自立，就是要坚定"四个自信"，独立自主、自力更生，而守正就是要"坚持马克思主义基本原理不动摇，坚持党的全面领导不动摇，坚持中国特色社会主义不动摇"；创新是要"紧跟时代步伐，顺应实践发展"，"不断拓展认识的广度和深度"，敢为天下先，这样才能"把握时代、引领时代"。从建党百年的历史逻辑、理论逻辑和实践逻辑来看，我们党坚持自信自立和守正创新主要体现在对坚持马克思主义理论指导的自信和守正创新，对弘扬以伟大建党精神

❶ 孙熙国，陈绍辉.人类文明新形态的创造与世界意义[J].中国社会科学，2022（12）：29.

❷ 宇文利.价值观与人类文明进步[J].思想教育研究，2022（11）：22.

❸ 王炳林.以正确党史观阐释党的百年奋斗重大成就和历史经验[J].贵州师范大学学报（社会科学版），2022（1）：1-10.

为源头的中国共产党精神谱系的自信和守正创新，对中国特色社会主义事业的自信和守正创新。这其中所包含的对中国特色社会主义文化的认同和信念，独立自主、自力更生的精神和民族自信心，对中华优秀传统文化思想继承和发展的正确态度，对培育和践行社会主义核心价值观的价值自信具有重要的指导意义。

党的十八大以来，面对21世纪的风云变幻，我国在结合中国实际、时代特点的同时，汲取中华优秀传统文化中积累的宇宙观、天下观、社会观和道德观的精华，融合成为当代中国马克思主义、21世纪马克思主义的世界观和方法论，在治国理政实践中提出了一系列新理念新思想新战略，把对中华优秀传统文化创造性转化和创新性发展凝练为新时代治党治国的核心理念，展现出坚定的历史自信和文化自信。"如果没有中华五千年文明，哪里有什么中国特色？如果不是中国特色，哪有我们今天这么成功的中国特色社会主义道路。"经过创造性转化和创新性发展的中华优秀传统文化，为培育和践行社会主义核心价值观提供了丰厚滋养。社会主义核心价值观教育与坚定的文化自信相互支撑、同向同行，使当代青年在多元文化冲击中自觉坚定社会主义核心价值观自信。

所以，对当代青年进行社会主义核心价值观教育要创新培育理念，用好红色资源，深入挖掘中华优秀传统文化中蕴含的丰富的价值资源，用中华民族伟大复兴进程中的鲜活事例证明社会主义核心价值观的生命力与感召力，引导广大青年坚定价值观自信和文化自信。

（三）以坚持问题导向和坚持系统思维的基本工作方法，培育和践行社会主义核心价值观的价值实践，引导广大青年积极投身中国特色社会主义伟大事业

习近平总书记多次引用马克思"问题是时代的声音"的名言，呼吁关注和研究实践中的问题，"当前，世界之变、时代之变、历史之变正以前所未有的方式展开"，我们需要持续回答中国之问、世界之问、人民之问、时代之问。坚持问题导向体现了习近平新时代中国特色社会主义思想的实践性特征，其中蕴含的新理念新观点，聚焦于新时代的新问题，从根本上回答了新时代坚持和发展什么样的中国特色社会主义、怎样坚持和发展中国特色社会主义，建设什么样的社会主义现代化强国、怎样全面建成社会主义现代化强国，建

设什么样的长期执政的马克思主义政党、怎样建设长期执政的马克思主义政党等重大时代课题。坚持系统观念生动诠释了事物普遍联系的观点、全面系统的观点和发展变化的观点，从理论上升华了全面深化改革实践的系统性、整体性、协同性，要求把握好五大关系、提高七种思维能力。问题也是矛盾，也是系统，辩证的矛盾观决定了问题导向意识和应对矛盾解决问题的方法，辩证的系统观决定了科学思维方法，坚持问题导向和系统观念，是认识事物、解决问题的基本工作方法，对培育和践行社会主义核心价值观的价值实践具有重要的指导意义。

以工业革命和资本主义生产关系的确立为标志，西方国家率先开启了现代化进程，而中国式现代化既遵循了现代化的一般规律，又符合本国发展实际，具有鲜明的中国特色；既注重借鉴吸收一切人类优秀文明成果，又坚持了科学社会主义的基本原则❶。中国式现代化道路展示出新时代的中国始终坚持问题导向和系统观念，"以部分推动整体"的方式开创了中国与世界共同发展的实践路径，其伟大实践检验了科学社会主义的科学性和真理性，其所蕴含的价值观是科学社会主义所表达的人类社会进步的普遍价值追求和崇高理想的价值观在当代中国的生动实践。培育和践行社会主义核心价值观要坚持系统观念，立足中国式现代化的价值实践，直面时代问题，以扎实的价值实践，全局性谋划、整体性推进社会主义核心价值观的广泛践行，引导广大青年积极投身中国特色社会主义伟大事业。

以"六个必须坚持"蕴含的根本政治立场、科学主动态度、基本工作方法引领社会主义核心价值观教育，可以实现在系统把握人类文明新形态、中华优秀传统文化和中国式现代化道路的有机统一上深入开展社会主义核心价值观的宣传教育，进一步挖掘和阐释中国特色社会主义的丰富价值内涵和深刻价值意蕴，加强对新的社会历史条件下社会主义核心价值观走进大众、深入人心过程与规律的研究，营造浓厚的教育氛围，引导广大青年的价值认同，彰显中国价值的国际认同，指引中国特色社会主义的发展方向。

三、丰富青年价值观培育的形式

在青年价值观培育过程中，有关部门或机构应当从青年的特质着手，从

---

❶ 刘同舫.以唯物史观理解中国式现代化理论[J].哲学研究，2023（3）：5-14.

青年的兴趣和动机出发，创新多种形式对青年价值观进行培育。

（一）借助多样化的艺术形式对青年价值观进行培育

青年群体思维活跃，兴趣广泛，多样化的艺术形式可以对青年价值观产生积极的影响。借助多样化的艺术形式可以潜移默化地对青年的价值观进行培育。

将社会主义核心价值观融入艺术创作或艺术表演中，将其传达给青年群体，可以对青年群体进行价值观培育。

例如，借助青年群体喜爱的影视剧、舞蹈、戏剧、书籍、音乐等艺术形式，创作包含社会主义核心价值观的影视剧、舞蹈、戏剧以及文学书籍、音乐等艺术作品，引导青年群体形成正确的、符合社会主义核心价值的价值观。

以影视艺术为例。

《我和我的祖国》《中国机长》《攀登者》《开国大典》《迟来的告白》《江城一九四三》《为国而歌》《一点就到家》《中国医生》《红海行动》《流浪地球》《1921》《厉害了，我的国》《建党伟业》等影视作品均塑造了优秀中国人的形象，通过跌宕起伏的剧情以及让人潸然泪下的故事，震撼青年群体的心灵，对青年的价值观进行培育。

又如，《东方红》《红红的日子》《红旗颂》《如火的青春》《千红》《万疆》等舞蹈，在对青年群体进行社会主义核心价值观培育的同时，还可以提升青年群体的审美价值。

再如，公共艺术作为一种特殊的、面向公众的艺术形式，具有艺术的审美特点，能够作为青年价值观培育的特殊媒介，为青年价值观的培育贡献力量。

以作品《同心筑梦》（图 3-1）为例，该作品为 2022 年 5 月，中宣部、中国文联主办的"礼赞新时代——主题美术创作作品展"入选作品。该作品以中国航天事业为主题，通过蓝色苍穹和中国国旗的红色对比来凸显中国科技实力的不断发展。画面形象是武汉纺织大学徐卫林院士的科研团队，表现了他们为国防科技和民用科技努力探索的工作瞬间，展现了举世瞩目的中国航天事业、科研实力和教育事业的协同发展。月表上的五星红旗向默默耕耘的科技工作者致敬。红色是中国传统色彩，也是国旗的颜色，代表着革命的基因和祖国人民的热衷。这样具有文化内涵的作品，向观者传递出中国科技发展的进步，以及那些默默付出的科技工作者的无私贡献。

图 3-1 《同心筑梦》，中国画，王铁汉，2022 年

（二）借助特殊纪念日对青年价值观进行培育

特殊纪念日是用以缅怀和纪念特殊人物或事件的特殊节日，例如，国家成立周年纪念日、建党纪念日、烈士纪念日等。借助这些特殊纪念日，有关部门或机构可以组织特定活动，对青年价值观进行教育。

以烈士纪念日为例。

烈士纪念日，是指纪念本国英雄的法定纪念日。世界上许多国家有自己法定的烈士纪念日，这些国家每年都要在本国法定纪念日举行隆重的公祭仪式，纪念本国英雄。2014 年 8 月 31 日，我国十二届全国人大常委会第十次会议通过的《全国人民代表大会常务委员会关于设立烈士纪念日的决定》规定，将 9 月 30 日设立为烈士纪念日。这个纪念日旨在弘扬烈士们的英勇精神和民族精神，激励青年一代珍视烈士们为之付出的牺牲，增强民众的国家观念和民族自豪感。全国各地将在这一天举行隆重的烈士纪念活动，同时对烈士的事迹进行报道。这种在特殊纪念日中形成的社会氛围，能够对青年价值观进行潜移默化的培育。

（三）借助旅游景点对青年价值观进行培育

近年来，我国旅游业发展快速已进入大众旅游时代。2021 年 2 月，中国旅游研究院线上发布《中国旅游经济蓝皮书（NO.13）》，预计当年国内旅游人数 41 亿人次。这一数字相当于中国总人口一年旅游近 3 次。青年群体在旅游人群中占比较大。

青年群体，尤其是青年在校大学生群体，拥有较多的闲暇时间，除了法定的节假日，还有传统的寒暑假，一年大约有 172 天假期，约占全年的 47%；

此外，教育部门还为青年在校大学生群体提供了许多社会实践和自我学习时间。从闲暇时间的视角来看，青年在校大学生群体有非常充裕的时间旅游，并且在旅游时间的选择上有很大的自由度。

鉴于青年群体的这一特点，可以借助旅游景点对青年价值观进行培育。

王芳教授的绘画作品《一条大河》（图3-2）巧妙地以大河为核心元素，将自然风貌与文化遗迹相结合，呈现出中华传统文化的辉煌时刻。这幅画作不仅呈现了壮丽的自然景观，还深刻展示了传统文化的独特魅力。在现实中，大河象征着生活的挑战与困难，同时也代表着青年人勇往直前、无畏艰难的精神面貌。旅游不仅能够丰富青年人的精神世界，还能够积极地引导他们树立正确的世界观、人生观和价值观。

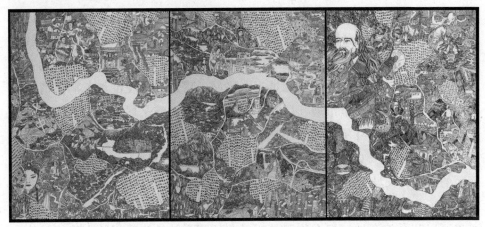

图3-2 王芳《一条大河》插画，110cm×230cm，2021年

早在2004年，国务院颁布《2004—2010年全国红色旅游发展规划纲要》，之后国务院持续颁布《2011—2015年全国红色旅游发展规划纲要》《2016—2020年全国红色旅游发展规划纲要》《关于实施革命文物保护利用工程（2018—2022年）的意见》《国务院关于新时代支持革命老区振兴发展的意见》《"十四五"旅游业发展规划》等，在这些政策的指引下，我国各地建立了多个红色旅游景区。

2016年，国家发展改革委、中宣部、财政部、旅游局、教育部、民政部、住房和城乡建设部、交通运输部、文化部、民航局、文物局、铁路总公司、文献研究室、党史研究室等部门联合发布了《关于印发全国红色旅游经典景区名录的通知》。

2022年，文化和旅游部办公厅发布了《文化和旅游部办公厅关于公布全国红色旅游融合发展试点单位名单的通知》，其中收录了300个红色旅游景区。仅北京一地，即有天安门广场，中国人民抗日战争纪念馆、卢沟桥、宛平城；新文化运动纪念馆，李大钊烈士陵园，中国国家博物馆，中国人民革命军事博物馆，顺义区焦庄户地道战遗址纪念馆，北京奥林匹克公园，圆明园遗址公园，北京规划展览馆，宋庆龄故居，香山双清别墅，房山区没有共产党就没有新中国纪念馆，冀热察挺进军司令部旧址陈列馆，中国航空博物馆等15个红色旅游经典景区。

2022年，北京市文化和旅游局发布《关于开展北京市红色旅游景区（点）评定与复核工作的通知》，对102家景区（点）通过评定和复核。其中包括东城区的北京市中山公园，西城区的郭沫若纪念馆，朝阳区的北京市档案馆，海淀区的三一八烈士墓，丰台区的卢沟桥景区（含宛平城），石景山区的首钢工业遗址公园，门头沟区的平西情报联络站，房山区的花港红色洞渠情景教育基地，通州区的北京市通州区大运河森林公园，顺义区的北京焦庄户地道战遗址，大兴区的红星集体农庄，昌平区的狼儿峪爱国主义教育基地，平谷区的红谷冀东抗战党史学习教育基地，怀柔区的北京庙上红色旅游景区，密云区的古北口长城抗战纪念园，延庆区的大庄科乡红色旅游景区等。

除了北京市，全国其他地区近年来也建设了大量红色旅游景区。红色旅游景区以革命纪念地、纪念物及其所承载的革命精神为吸引物，组织接待旅游者进行参观游览，实现学习革命精神，接受革命传统教育和振奋精神、放松身心、增加阅历。

红色旅游景区通常包含着大量爱国主义、集体主义价值观，诸如艰苦奋斗、勇往直前、敢于拼搏、艰苦朴素等含有这些精神的实物，能够真切地让青年群体感受到老一辈革命者的爱国激情，以及青年群体为了祖国而牺牲宝贵生命的精神；体会艰苦奋斗这一中华民族的传统美德。在不同时代，艰苦奋斗精神的表现形式不同。在新民主主义革命时期，艰苦奋斗精神是不畏生死，不惧艰难，迎难而上，保家卫国；在社会主义建设时期，艰苦奋斗精神是不怕苦，不怕累，坚持不懈，勇于攀登；在改革开放时期，艰苦奋斗精神则表现为积极进取和勇于开拓的精神。

　　青年群体在参观红色旅游景区的过程中，通过沉浸式地感受革命先烈的优秀品质和爱国主义精神，能够在潜移默化中对青年群体进行价值观培育。

　　综上所述，当代青年价值观培育应当坚持以社会主义核心价值观为导向，不断丰富青年价值观培育的形式，在潜移默化中引导青年群体建立积极、健康的价值观。

第四章　公共艺术介入青年价值观培育研究

第一节　公共艺术介入青年价值观培育的优势和必要性

公共艺术作为一种面向大众和社会的艺术形式，介入青年价值观培育，不仅可以拓展青年价值观培育的场所，其场域还可以提升青年价值观培育的效果。本节主要对公共艺术介入青年价值观培育的优势和必要性进行详细分析。

一、公共艺术介入青年价值观培育的优势

公共艺术的公共性决定其设置广泛，环境空间层次丰富，民众参与度高、驻留时间长。公共艺术作品的审美观念包容度大，受众群体更宽泛。公共艺术注重场域营造，观众的介入感更强。公共艺术作品主题与取材具有明确的时代性、地域特色。公共艺术作品形态丰富、语言灵活多样，表现风格更加多元化，因此更易被青年群体接受。基于公共艺术的上述特点，其介入青年价值观培育的优势，主要表现在以下几个方面。

（一）公共艺术能够扩大青年价值观培育的地点

公共艺术场所具有分布广泛、空间覆盖面广、公众性和公共性强的特点，其突破了家庭、学校、企业、机构等的限制，能够扩大青年价值观培育地点。

1. 公共艺术消除了经济门槛

传统艺术馆和博物馆的门票价格往往较高，可能会妨碍一部分青年接触到艺术作品。尽管当下开放式场馆越来越多，但仍然具有时间指定性限制。

公共艺术通常位于城市和乡村的公共空间,如公园、广场、街道、村头等,这些地方是人们日常生活空间的组成部分,无须支付费用就可以观赏、参与。这使得青年群体无论其经济状况如何,都能够接触到顶级艺术家设计的高质量的艺术作品,体验其中所蕴含的价值观,并在潜移默化中受其感染和熏陶。

2. 公共艺术消除了地理障碍

传统的艺术馆和博物馆往往集中在大城市和文化中心,使得一些偏远地区的青年难以接触到这些艺术作品。而公共艺术作品分布在各个城市和乡村,使得更多地区的青年有机会接触到艺术。

近年来,随着我国城市化的快速发展,以及乡村振兴建设工程的实施,几乎每个城市的公园或商业地产综合体等公共建筑中,均存在大量主题鲜明的地域文化和商贸文化雕塑、壁画、装置等公共艺术作品,许多城市的工业遗址被改造为带有公共艺术的社区,乡村也出现了公共图书馆、美术馆等带有公共性质的场馆,面向多样化的人群免费开放,使得不同地区的青年群体均可以感受到公共艺术的魅力。

以"大地艺术祭"——"艺术在浮梁2021"大地艺术展为例。

2021年,中国版的"大地艺术祭"——"艺术在浮梁2021"大地艺术展在江西省景德镇市浮梁县的寒溪村这一普通小村庄展开。该村庄的大部分年轻人外出打工,不少民房闲置,整个村子缺乏生机活力。自2020年以来,大量中外优秀艺术家进驻该村庄,将所有闲置的土坯房、快要倒塌的房屋、没人住的房屋流转下来改为艺术展览馆、艺术点项目,并且在当地建设了大量公共艺术作品。这种乡村艺术展的建设、筹备与举办,可以为当地或附近青年群体提供大量近距离接触公共艺术的机会,而公共艺术中所包含的思想和价值观也会对当地或附近的青年群体产生深远的影响。

（二）公共艺术能够为青年提供更加多样化的艺术场域

与传统艺术馆和博物馆的展览相比,公共艺术作品注重场域性、跨时空,艺术形式更多样、媒介更丰富,如壁画、雕塑、装置的综合展示,传统材料与声光电等高科技手段的综合运用等。这种多样化的艺术体验可以激发青年的兴趣、创造力和想象力,使青年群体更加愿意接触和欣赏艺术作品,也使得青年群体可以通过多样化的艺术体验感悟人生,提高审美素养,强化正向价值观的导向作用。

1. 公共艺术作品的时代特色和现实意义能够为青年提供更加丰富的艺术体验

公共艺术作品通常紧扣社会发展脉搏，题材广泛，主题性强，具有当代性、现实性特质，反映了时代的精神与审美取向，让青年更容易产生共鸣。这不仅能够启发青年去关注和思考社会、文化、人生价值等问题，还能培养青年群体爱国、爱党、爱家乡的思想情怀。

以北京奥林匹克森林公园为例。

北京奥林匹克森林公园的建设与 2008 年北京奥运会的举办息息相关。北京奥林匹克公园的建设始于 2003 年，由于奥运会的举办，北京市政府投入了大量资金和人力物力，历时 5 年才完成建设。2008 年 8 月 8 日，北京奥林匹克公园举行了盛大的开幕式，成为世界瞩目的焦点。2008 年奥运会结束后，北京奥林匹克公园保留下来，其中留存了大量当时建设的雕塑公共艺术作品，这些中西结合、古今交融、造型独特的雕塑与周围的奥运设施交相呼应，共同构建成了北京这个国际大都市的一道亮丽迷人的风景线。

2008 年北京奥运会和残奥会期间，10 万赛会志愿者、40 万城市志愿者、100 万社会志愿者和 20 万啦啦队志愿者在各类服务领域累计服务超过两亿小时，为服务对象提供了高水平的志愿服务，确保了奥运会赛事和城市的正常运行，形成和积累了诸多有益经验和实践成果。为了表彰和铭记志愿者们的贡献，北京奥林匹克森林公园内竖立了《志愿者的纪念碑》主题雕塑，其上刻有中英文"志愿者的微笑是北京最好的名片"。该雕塑的主体是北京奥运会志愿者标志图形——心心相扣的心形和欢快舞动的人形。心心相扣的心形象征志愿者与运动员、奥林匹克大家庭和所有宾客心连着心、用心服务、奉献爱心，为奥林匹克运动增添光彩。欢快舞动的人形展现了志愿者以奉献为乐的志愿精神。

《志愿者的纪念碑》作为矗立在北京奥林匹克森林公园中的具有代表性的主题雕塑，具有较强的时代性。而该雕塑的时代特色，可以让前来参观的青年群体感受当时的志愿者文化，感受志愿者价值观。

2. 公共艺术的互动性和参与性功能设置能够让青年参与其中，感受创作和协作的意义

公共艺术具有较强的互动性和参与性，许多公共艺术作品鼓励观众参与其中，体验艺术的过程和乐趣。这种互动性使得青年能够从被动的观众变为

主动的参与者，进一步培养了青年群体的创造力和想象力。同时，公共艺术作品的参与性也有利于青年之间的交流和合作，增进了青年群体的团队精神和协作能力。

以《深圳人的一天》项目为例。

位于深圳红荔路边的《深圳人的一天》群塑公园，记录着1999年11月29日那一天18位普通市民不同的生活状态。公园里的每一位铜人都栩栩如生，代表着各行各业、各个年龄阶段的市民，各具特色。而每一位铜人都由雕塑制成，都是根据当天被采访者的真实状态，包括衣着、动作、神态等，并配上个人简介，原汁原味记录着历史的轨迹。群塑围绕着四块黑色抛光花岗岩背景墙，背景墙上雕刻了当天的城市生活资料，包括当天的天气预报、股市行情、农产品的价格等，凝固的历史现实通过群体雕塑这一公共艺术重新进入人们的视野。

《深圳人的一天》群塑在创作过程中，所选择的人物均为现实中活生生的人物，而这些人物真正参与了《深圳人的一天》群塑的创作，体现了公共艺术创作者与公众之间的互动，以及让最普通的市民成为城市公共艺术的主人的价值观。

3. 公共艺术作品流行性强，可以更好地让青年群体沉浸其中

公共艺术作品观念新颖、形式多元、媒介丰富、互动性强，能够跨越艺术与生活间的界限，打破作品与观众间的隔阂，吸引青年群体踊跃参与，共同完成作品的创作，在体现自身价值的同时，促进了文化的传播。

例如，涂鸦艺术作为一种大众化的当代艺术形式，作品的时尚性、流行性，成为当代青年思想、审美和行为表达的视觉窗口之一。通过亲身介入公共艺术作品创作活动，不同生活背景的青年能够在其中获得情感共鸣和价值认同。

四川美院黄桷坪校区旁的涂鸦一条街位于重庆市九龙坡区黄桷坪辖区，起于黄桷坪铁路医院，止于501艺术库，全长1.25千米，总面积约5万平方米，是当今中国乃至世界上最大的涂鸦艺术作品群。整个涂鸦工程共有800余名工人、学生和艺术家参与制作，花费各色涂料1.25万千克，消耗各类画笔、油刷近3万支。前后经过150天的精心制作，共涂鸦建筑物37栋，改造拓宽道路1.25千米，下地各类管线约9千米，拆危改建建筑2 700平方米，

设置雕塑小品20座。这里原本是一条脏乱差需要治理拆除的街区，但涂鸦赋予了它们新生命，使整个街区面貌发生了显著变化。

该条街至今仍然允许青年学生、艺术家或来此参观的国内外游客自行涂鸦，尽情展示各自的"艺术造诣"，因此这条街上的涂鸦展现出多元化的风格和思想，能够带给青年受众群体多元化的思想和价值观。

综上所述，青年价值观的培育是一个长期的过程，也是一个自主参与表达的过程，只有取得青年内心深处的认同感，才能将其外化为自己的行动指南，用其指导自身的行为。而公共艺术具有较强的流行性特质，能够直接吸引青年参与艺术创作和社区建设。

二、公共艺术介入青年价值观培育的必要性

公共艺术介入青年价值观培育还具有极强的必要性，主要表现在以下几个方面。

（一）公共艺术介入青年价值观培育是实现青年全面和谐发展的重要途径

公共艺术介入青年价值观培育能够更好地塑造青年群体健康的价值观，培养青年的审美能力，激发青年的创新精神，强化青年的文化认同感。

1. 公共艺术介入青年价值观培育能够塑造青年群体健康的价值观

公共艺术作品往往具有教育性，通过展现不同的主题和情感，将正向价值观如诚信、勤奋、和谐等传递给观众。公共艺术介入青年价值观培育以让青年在日常生活中接触到各种积极的价值观和道德观念，从而影响青年群体的行为和思考方式。同时，公共艺术的社会化主题和鲜明的时代性还可以激发青年人对社会问题的关注，引导青年群体关心环境、关爱弱势群体等，从而塑造一种健康的社会责任感。

2. 公共艺术介入青年价值观培育能够培养青年的审美能力

公共艺术作品涵盖了多种艺术形式和风格，公共艺术介入青年价值观培育为青年提供了一个丰富的审美实践场所。这些作品呈现了艺术家对美的独特理解，帮助青年拓宽审美视野。在欣赏公共艺术作品的过程中，青年可以从不同角度思考艺术与生活的关系，提高艺术鉴赏能力。同时，优秀的公共艺术作品能够使青年在艺术体验中寻找到生活的美好元素，从而增强其对生活的热爱和对美的追求。

3. 公共艺术介入青年价值观培育能够激发青年的创新精神

公共艺术作品通过其独特的艺术表达方式挑战传统观念，展示出艺术家在思考和实践中的创新精神。公共艺术介入青年价值观培育可以启发青年思考如何用创新方法解决现实问题。在参与公共艺术活动时，青年可以与他人共同创作，学习跨界合作和多元思维，进一步培养青年群体的团队协作能力和创新意识。此外，公共艺术活动还可以激发青年对科技、人文等诸多领域的兴趣，为青年群体在未来职业生涯中追求创新提供动力。

4. 公共艺术介入青年价值观培育能够强化青年的文化认同感

公共艺术作品将地区或民族的文化特色融入其艺术表现，使观众能够从中感受到浓厚的文化底蕴。公共艺术介入青年价值观培育有助于青年深入了解自己所属文化的独特魅力，从而强化青年群体的文化认同感。这种认同感可以使青年更加关心本民族和国家的文化传承与发展，积极参与文化活动。通过参与文化交流，青年可以更好地理解和尊重不同文化背景的人群，促进民族和谐与国际友好合作。这种文化认同感也有助于青年树立自信，激发青年群体为民族复兴和国家发展努力奋斗的决心。

（二）公共艺术介入青年价值观培育是增强社会凝聚力的必要途径

公共艺术介入青年价值观培育有助于增强社会凝聚力。公共艺术作品通常具有广泛的社会性和普遍性，它们传递的价值观和理念能够在青年群体中引起共鸣。通过参与公共艺术活动，青年可以结识志同道合的朋友，加强人际交往和理解。公共艺术活动为青年提供了一个相互交流、分享经验和感悟的平台，有助于减少社会隔阂，增进社会团结。因此，公共艺术在培养青年价值观的过程中，不仅有助于青年群体个人的成长，还能促进社会和谐和稳定。

在现代社会，青年面临着丰富多样的信息和资源。公共艺术作品以其独特的艺术形式和表现手法，为青年提供了多样化的审美体验，使青年群体在日常生活中能够接触到各种艺术形式，丰富青年群体的精神世界。这些艺术体验可以帮助青年建立更丰富、多元的生活方式和兴趣爱好，提高生活满足感。与此同时，公共艺术还有助于青年在自我陶冶过程中，更加关注生活中的美好事物，从而形成积极向上的生活态度。

综上所述，公共艺术介入青年价值观培育是十分必要的，公共艺术可以通过表现不同的主题和情感，向青年传递正向价值观，如诚信、勤奋、和谐等，帮助青年群体形成健康的思想观念。同时，公共艺术为青年提供了丰富多样的审美体验，有助于培养青年群体的审美能力和艺术素养，提高生活品质。公共艺术作品往往具有独特的创意和创新性，通过观赏和参与公共艺术活动，青年可以激发自身的创新精神和创造力。此外，公共艺术作品往往反映了一个地区或民族的文化特色，有助于青年加深对自己民族和国家文化的了解和认同。公共艺术介入青年价值观培育不仅有助于个人的成长，还能促进社会和谐和稳定，增强社会凝聚力。

以王铁汉教授的国画作品《收获》（图4-1）为例，（2022年4月入选安徽省文联和安徽省美协主办的"百人百村"——美丽乡村主题美术作品展。）该作品通过反复描绘金黄色的成熟稻穗来突出主题，创造出了宁静美好的氛围。欢欣的麻雀、成熟的稻穗、进步的农用工具、线条流畅简洁利落的画风，将观众引入似曾相识的记忆空间。侧面体现了农民辛勤耕耘后丰收的喜悦，极具张力地展现了自然的和谐、文化自信和乡村振兴等方面的价值理念。借助绘画作品来展示中国美丽乡村的风貌，弘扬中华传统文化，凝聚着对乡村的热爱和人民的祝福，充分体现了艺术与价值观领域的有机结合。

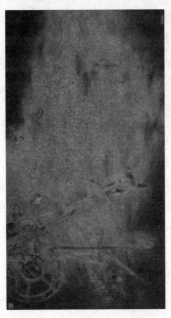

图4-1　《收获》，中国画，王铁汉，2022年

第二节　公共艺术介入青年价值观培育的主要形式

公共艺术介入青年价值观培育的主要形式包括雕塑、壁画、街头艺术、社区文化活动等。

一、景观雕塑

景观雕塑属于雕塑艺术的一种，主要使用于园林或城乡等户外景观场所。景观雕塑的形体相对较大，审美要求更偏向于大众化，材质方面更强调耐久性和安全性，多采用铜、不锈钢、玻璃钢树脂、天然石材等进行制作。景观雕塑作为城市和乡村文化环境的重要组成部分，其主题、形式的合理设置与运用，可潜移默化地塑造广大青年团结、和平、友爱、进步等积极向上的品格，树立家国情怀，端正青年人的思想和规范其行为。

（一）景观雕塑的内涵和功能

景观雕塑通过或具象、或抽象的艺术表现形式分布于城市的醒目位置，为高楼林立的城市带来美感。

1.景观雕塑与环境之间的关系

景观雕塑与环境具有相互依存的作用。景观雕塑是依托特定的环境创作出来的，作品的主题、形式、形态、媒介材料、功能设置等都受到环境的制约和影响；与此同时，雕塑也会借助环境形成独特的文化场域和生态，赋予环境生机与灵魂。景观雕塑的合理设置，可以引导人们在公共空间中的行为，提高公共空间的使用效率和品质。

公共空间的景观雕塑可以通过明确的主题，丰富的形态、材料，合理的空间布局及功能性设置等，使其与观众间形成有效的互动机制，实现文化信息和精神内涵的有效传递，增强公共空间的文化品质与品位。

2.景观雕塑的功能

景观雕塑具有多种功能，主要包括纪念、教育和传播功能；美化环境、美化生活和陶冶情操的功能；认识、表达与交流功能；彰显文化价值的功能等（见表4-1）。

表 4-1 景观雕塑的功能一览表

功能	细分功能	说明
纪念功能	历史事件	表现历史事件，如战争、革命、重要人物等，使人们不忘历史，铭记先烈
	传统文化	以传统、地域文化为创作题材，凸显文化特色，促进文化传承，树立文化自豪感
	历史人物	历史文化名人、英雄人物、时代楷模等，铭记人物事迹，汲取人生力量
教育功能	爱国、爱党	表现传统文化、革命文化主题，产生爱国、爱党情愫
	榜样的力量	名人及事迹展现，树立时代楷模
	人格塑造	展现勤劳、勇敢、奉献等人物及事迹，做对国家、社会有用的人
	创造精神	以科学创造为题材，培养学科学、爱科学、勇于创造的品质
传播功能	文化交流	有助于不同文化、民族之间的交流和融合
	价值观传播	传播社会主义核心价值观等一系列积极的思想观念，增强社会凝聚力
	旅游推广	展现特色文化，可以吸引游客，促进旅游产业的发展，带动当地经济
	品牌效应	作为代表企业、城市等的形象符号，树立城市形象，传播品牌文化
美化环境	提升空间视觉效果	改善公共空间的视觉效果，增加景观层次和空间趣味性，使体验更丰富
	彰显文化魅力	与地域文化、民俗文化、自然风光等相融合，赋予环境独特的灵魂
	环境绿化	与周围植被、水域等自然元素相结合，可以打造优美的景观环境，提升生态环境质量
美化生活	提高生活品质	为公共空间增色添彩，使人们感受到艺术的美好，提高生活品质
	引导生活方式	通过主题和形式引导人们形成健康、文明、绿色的生活方式，提升社会文明程度
	丰富生活空间	为城市公共空间增添多样性，使人们在这些空间中拥有更多互动、交流的机会

续表

功能	细分功能	说明
陶冶情操	强化审美教育	作为一种公共艺术，可以让人们在日常生活中自然接触艺术，提高审美能力
	传递精神价值	可以表达一定的思想内涵和精神价值，如勤奋、和谐、自强等，对人们的精神生活产生积极影响
	激发情感共鸣	通过其独特的艺术语言，可以触动人们的情感，使人们在欣赏艺术的过程中产生共鸣，陶冶情操
认识功能	认识自然	通过对自然景观、生物形态等的抽象与具象表现，使人们更加关注和认识自然
	认识历史与文化	展现历史事件、人物、故事、民间传说等，使观者更好地认识历史与文化
	认识社会现象	反映社会现象，关注社会问题，从而帮助人们更好地认识所处的社会环境
表达功能	表达情感	通过形式、色彩、材料等艺术媒介表达创作者的情感和想法，使观者产生共鸣
	表达观念	传达某种观念或思想，如环保、和平、自由等，从而引导人们形成正确的价值观
	表达审美	通过独特的艺术表现，展现创作者对美的追求和审美观念
交流功能	跨文化交流	可以促进不同文化、民族之间的交流和理解，丰富人们的文化生活
	社会互动	公共艺术场域，是人们聚集、交流的场所，有助于增进人们之间的沟通与联系
	艺术交流	艺术家与观众之间的一种交流方式，艺术家通过作品传达思想、情感，观众通过欣赏作品进行理解与体验
彰显文化价值	强化地域文化	展现地域文化特色，增强人们对本土文化的认同感和自豪感
	传承历史	历史人物、事件、故事等题材，展现历史文化，使人们铭记过去
	传递现代理念	传达现代审美观念、生活方式和价值观，引导社会风尚

（二）景观雕塑的类型

景观雕塑按照所起的不同作用，可以划分为纪念性景观雕塑、主题性景观雕塑、装饰性景观雕塑、陈列景观雕塑等类型（见表4-2）。

表4-2　景观雕塑的类型一览表

类型	内涵	位置	备注
纪念性景观雕塑	各国家、各民族、各地区、各时代不可或缺的，是历史的化身和演绎。这类作品表彰和讴歌那些在历史上对国家和民族做出重大贡献和业绩的人物，铭刻和纪念那些在历史上有重大影响的事件	城市中最主要的广场，或是与被纪念对象有关的重要空间，表达了当时的统治阶级的观念和思想，渗透出时代的气息和脉搏	纪念性景观雕塑在其所处的环境中占主导地位，对环境氛围的形成发挥着导向作用。因此，艺术质量和施工质量的要求都很高，以保证充分的艺术魅力能经住时代的风雨
主题性景观雕塑	主题性景观雕塑并不是为了纪念具体的历史人物或历史事件而设立的，而是鲜明地表现和平、自由、胜利等具有社会意义主题的雕塑	大型建筑群、商业空间等，反映了时代的潮流和人民的理想，并展示了当代统治阶级所要倡导的观念和意识形态，具有鲜明的思想内涵	主题性景观雕塑通常通过形象的语言、象征和语义的手法，揭示出某个特定环境和背景的主题，被公众承认和接受之后可以作为城市或地区的象征和标志
装饰性景观雕塑	装饰性景观雕塑的功能主要是对环境进行装饰和美化	装饰性景观雕塑的空间布局更加灵活，可以出现在林间、路旁、草坪、空地等地方。它们的尺度可大可小，成为整体环境中的点缀和亮点	装饰性景观雕塑作品在装饰和美化生存环境层面有着无可比拟的功效，可以潜移默化、陶冶情操，净化心灵，引人深思
功能性景观雕塑	功能性景观雕塑通常是将艺术与使用功能相结合的一种艺术。实用功能环境雕塑通常是针对某一特定空间和场合，采用特殊的材料和技法创作而成，能够为人们提供实用的功能	将实用功能与审美价值相结合，创造出具有双重价值的作品	功能性景观雕塑在创作过程中，雕塑家需要对特定的使用场合进行深入的了解和研究，根据场地和使用需求进行材料和形式的选择，以达到实用性和美学的完美结合

续表

类型	内涵	位置	备注
陈列景观雕塑	陈列性景观雕塑是指以优秀的雕塑作品作为环境主体的内容	陈列性景观雕塑通常选择公园、广场等	国际文化艺术交流常采用的一种方式
标志性景观雕塑	作为一个地方、一个场合文化形象的标志物，它们一般是以抽象的形式表现将这个地方的形象、文化、对于未来的展望，都设计融入一个雕塑之中	一般它的体积较大，放置在比较醒目的位置，让人们在很远的地方也能看得到。人们看到它能够对一个地方有个大致的了解	标志性景观雕塑具有标识性特征，是一个场合中重要的视觉识别符号，标志性雕塑是一个地方的视觉识别物以及这个地方的空间记忆
观念性景观雕塑	观念性景观雕塑是指在创作景观雕塑作品时，以生活用品、文化用品、雕塑现成品、人物、动植物等进行特殊艺术处理，以体现创作者的思想观念	观念性景观雕塑的空间不受限制，创作方式具有多样性和实验性，它可以是行为艺术、先锋艺术、实验艺术等多种形式的表达	观念性景观雕塑作品的实验性和创新性是一种宝贵的精神财富，它为政府及有关部门提供了更多更宽广的思考角度和实践可能性

（三）景观雕塑介入青年价值观培育的案例

景观雕塑介入青年价值观培育的案例比比皆是，本书在此主要以校园雕塑为例进行分析。

校园景观雕塑，顾名思义即是位于校园的环境雕塑，校园雕塑是环境雕塑的一种，它与所有校园物质景观一样，沉淀着校园文脉历史、育人文化和教育价值。校园雕塑通过精雕细琢的艺术神韵，可以为校园空间带来立体美感，同时能够在潜移默化中培育青年学生的价值观。

以复旦大学的校园景观雕塑《驴背诗思》为例。

该景观雕塑是著名雕塑大师袁晓岑先生所作，一头驴子低头前行，一位老者骑在驴背上，满脸凝重，陷入沉思。驴子的笃诚，诗人的忧郁，构成了"驴背诗思"的深邃意境。

我国历史上，诗人贾岛、陆游经常骑在驴背上构思，正是行途的颠簸使诗人诗思泉涌。而诗圣杜甫一生骑驴作诗千篇，字里行间满怀着对国计民生的无限关切。这座雕塑的意境，既符合诗人常常骑驴构思的事实，同时，又蕴含着当代中国文人、学者的一种风范和思考——不慕虚华，不图名利，谦恭处世，超然物外……该校园景观雕塑融历史意蕴和形态之美于一体，观之令人沉思，其中所蕴含的思想可以对在校青年大学生产生启迪，对青年大学生的价值观的形成产生潜移默化的作用。

又如，中国科学技术大学的《孺子牛》景观雕塑：在宽厚的基座上，两头初生牛犊肩峰突出、低首蹬足、相向奋蹄，用犄角、阔背奋力推动"地球"。基座正面写着三个大字"孺子牛"，背面写着"七八级同学献"。该雕塑为中国科学技术大学 1978 届学生共同捐献。这座雕塑蕴含着中国科学技术大学勤勉踏实、追求卓越、攀登科学高峰的雄心壮志的宝贵精神。这一雕塑激励了一代代科学技术大学的青年学生，给青年学生以鼓舞与启迪，也引导这些莘莘学子构建起积极、健康的价值观。

二、壁画

壁画顾名思义是指画在墙壁上的绘画或工艺制作的画，即利用建筑空间及其内外环境，在室内墙壁、天花板、地面上以及室外墙壁进行绘制，或者通过工艺手段及其他技术来制作完成的作品，并装置于人类生存的环境中 ❶。本节所指的壁画特指公共空间的壁画。

公共空间的壁画，通过创作和展示一些积极向上的主题和内容，如环保、公益、社会责任等，可以促进青年人形成正确的价值观。

（一）壁画与环境的关系

公共空间的壁画与环境之间存在密切的关系，它们在多个方面相互影响和互动。

公共壁画的创作往往需要考虑所处的自然环境，如气候、湿度、光线等因素。这些环境条件可能会影响壁画的颜料选择、制作技巧以及保护措施，以确保壁画能够在特定环境中长久保存。

公共壁画作为一种视觉艺术，在当代城镇或乡村环境中具有彰显城市历史、承载文化精神，提升空间内涵、增添环境魅力，延伸建筑结构、弥补空间不足，巩固教育功能、强化纪念意义的作用。

---

❶ 龚声明.公共视觉艺术赏析[M].南京：东南大学出版社，2010：21.

例如，一幅描绘春天景象的壁画可以让周围的人们感受到春天的气息，增强社区的情感共鸣，从而促进社区的凝聚力。

又如，在一些城市的街头巷尾，一些艺术家们用壁画来装饰灰暗的建筑物，这些壁画不仅可以美化环境，还可以吸引游客，促进经济发展。

（二）壁画的类型

公共空间的壁画从不同视角进行划分，可以划分为不同类型（见表4-3）。

表4-3　公共壁画的类型一览表

视角	类型	说明
按照材料分类	天然材料	天然材料包括木料、石料、毛绒、丝线、麻线、黏土等
	人工材料	人工材料包括铁、铜、铝、玻璃、塑料、陶瓷、马赛克、纤维纺织品、丙烯等
按照技法分类	绘制型壁画	指以绘画手段尤其是手绘方法直接完成于壁面上。具体技法有：①干壁画：在粗泥、细泥、石灰浆处理后的干燥墙面上绘制；②湿壁画：基底半干时，以清石灰水调和颜料绘制，须一次完成，难度较大；③蛋彩画：以蛋黄或蛋清为主要调和剂的水溶颜料，在干壁上作画，不透明、易干、有坚硬感；④蜡画：蜡与颜料混合画在木板或石质上，再加热处理；⑤油画：是指画于亚麻布或木板上的一种壁画形式；⑥丙烯画：主要是以丙烯酸为主要调和剂来作画，它的特点是快干、无光泽，是现代壁画常用的方法之一
	绘制工艺型壁画	指以工艺制作手段来完成最后效果的壁画。由于手工工艺或现代工艺的制作，加上各种材料的质感、肌理性能，能达到其他绘画手段所不能达到的特殊艺术效果，故被现代壁画广泛采用。①浮雕：介于圆雕和绘画之间，倾向平面化散点布局，形体塑造进行空间压缩表现，故仍接近壁画的平面感，有浅浮雕、高浮雕及线刻之分，为现代公共空间壁画广泛使用的形式。②利用各种工艺制作的壁画：如漆艺、编织、粘贴、激光雕刻等

续表

视角	类型	说明
按照主题分类	纪念性壁画	纪念性壁画是以值得纪念的人或事件为主题，也可以是某种共同观念的永久纪念。纪念性的艺术形象能最通俗地告诉人们，关于人民的英雄业绩，对精神文明建设有积极意义。纪念性壁画通常设置在城市中的广场、城市入口、人物故居或者事件发生地点等。纪念性壁画具有一定的社会宣传作用
	装饰性壁画	装饰性壁画主要是以美化点缀建筑或环境为目的。这种壁画具有3个特点：①在表现手法和风格上具有浓郁的装饰趣味，更多地配合建筑和空间氛围营造要求而设置；②更重视艺术形式、材料和工艺技巧的表现；③和建筑或空间相融合，以美化环境、提升空间视觉效果为主要目的，通常用于公共建筑、空间和场所等的美化装饰
	临时性壁画	以宣传公益活动、遮掩施工场地等，用来营造短时效环境氛围的壁画。多以提倡社会道德规范为主题，具有强烈的宣传教育功能

从表4-3可以看出，壁画艺术形式多样，语言、媒介丰富，是公共空间中文化艺术氛围营造的主要介质之一。

（三）壁画的社会、文化功能

公共壁画的功能主要表现为教化、审美、美化装饰等社会功能，传承、交流、教育等文化功能。

1. 壁画的教化功能

壁画的纪念性主题在公共环境中起着重要的教化作用，能够引导公众缅怀历史、崇尚真理、明辨善恶。例如，一幅反映环保、关爱弱势群体或抵制不良行为的壁画，可以提醒人们关注相关问题，引导公众树立正确的道德观念。

2. 壁画的审美功能

壁画作为一种视觉艺术形式，具有独特的美学价值。它们通过精湛的技艺、丰富的色彩、优美的线条和富有创意的构图等元素，给观众带来视觉上的享受。

此外，壁画中融合了不同的艺术流派、技法和风格，展现了艺术家的个性和创新，公众在欣赏壁画时，可以了解艺术史的发展脉络，传承和发扬艺术精神。同时，公众通过欣赏壁画，可以了解和感受壁画中蕴含的思想和情感，为观众带来美的享受和精神满足，丰富人们的审美生活。

3. 壁画的美化装饰功能

壁画作为一种艺术品，本身具有较高的审美价值。它们通过色彩、线条、形象和构图等元素，展现出独特的艺术魅力。

壁画可以为城市街道、建筑物、园林景观等公共空间增添艺术气息，使周围环境变得更加美观、充满生机，有助于提升空间的整体视觉效果，营造宜人的氛围。通过将特定主题、风格或地域文化元素融入公共壁画设计中，可以突显某一空间的独特性和个性，也可以激发人们的想象力和创造力。观众在欣赏壁画时，可能会产生新的思考和灵感，从而促进个人创造力的发挥。

4. 壁画的文化传承功能

泱泱五千年华夏文明源远流长，其中壁画在文明的传承中起了非常重要的作用。比如最著名的敦煌壁画，就是中华文明中最璀璨的一部分，吸引了全世界对中华古老文明感兴趣的专家、学者前来膜拜。

5. 壁画的文化交流功能

壁画作为一种视觉艺术形式，常常通过传达某种理念、思想或者故事来启发人们的思考。观众在欣赏壁画的过程中，可以从中感受到作者的创意、思考和见解，从而激发自身的思考和灵感。壁画作品能够强化公共空间的文化场域，主题鲜明、典型生动的形象，易于感知作品的内涵，增强了壁画作品的感染力，为不同文化背景的观众的情感共鸣提供了精神通道，消除了不同文化间的隔阂。

6. 壁画的教育功能

壁画的教育功能是指通过壁画的艺术形式，表现某个历史事件或某些风云人物，起到缅怀先贤、教育公众的作用。这些壁画通常主题明确、内容丰富、形象典型，能作为榜样来教育后人。

（四）壁画介入青年价值观培育的案例

壁画在青年价值观培育方面具有重要意义，公共空间的壁画能够通过视觉艺术的力量传递正能量、传承文化、引导思考和激发创意，从而在潜移默化中达到培育青年价值观的目的。

以社会主义核心价值观为主题的公共壁画为例。

近年来，我国各地出现了大量以社会主义核心价值观为主题的公共壁画。

例如，成都彭州市在全国文明村、龙门山镇宝山村将社会主义核心价值观培育工作与"三美"示范村建设相结合，在村庄中绘制了"社会主义核心价值观"为主题的壁画群。

该壁画群以宝山感恩广场为区域中心，以王家山9社、10社散居院落为范围，选择民居墙壁15处，紧紧围绕"富强、民主、文明、和谐"国家层面的价值目标，"自由、平等、公正、法治"社会层面的价值取向和"爱国、敬业、诚信、友善"公民层面的价值准则，完成壁画面积350平方米。该壁画群图文并茂，生动美观，既宣扬了社会主义核心价值观，又营造了主题文化氛围，提升了农村环境品质，浸润了村民心灵，为"风尚新美、环境秀美、生活富美"示范村建设增添了一道亮丽的风景线。而社会主义核心价值观壁画的设立又对该村以及附近村庄的民众，尤其是对青年群体产生着潜移默化的影响。包括青年群体在内的民众在践行社会主义核心价值观的过程中，不断增强对社会主义核心价值观的理解与认同。

又如，天津师范大学数学科学学院和美术与设计学院师生、安华里社区党委及公交爱心头等舱志愿服务队志愿者在天津市南开区安华里社区共同绘制了一幅长9米、高2米的巨幅手绘壁画。在绘制这幅壁画的过程中，青年学生志愿者们吸引了许多社区居民驻足观看，并在居民们的问询和青年学生志愿者对其的讲解中，不断加深了青年学生志愿者对社会主义核心价值观的理解，在潜移默化中对参与其中的青年学生志愿者的价值观产生了积极影响。

综上所述，公共壁画具有直观、美观、通俗易懂的特点，在培育青年价值观方面有着独特的优势，能够在潜移默化中对青年群众的价值观进行引导。

三、街头艺术

街头艺术（street art）是指在城市的公共空间中进行的创作和表现，如涂鸦（graffiti）、立体画、装置艺术（installation）、街头表演（street performance）、贴画（sticker）等。这些艺术作品的展示和呈现，可以为青年人提供一个充满活力和创意的文化环境，激发他们的创造力和思维能力。

（一）街头艺术与环境的关系

街头艺术与环境有着密切的关系。

艺术家在进行街头艺术创作时，必须考虑环境的影响，根据环境确定公共艺术的主题、材质、行为路径等。

街头公共艺术可以通过对环境的艺术干预，提升环境的美感和价值，使得城市空间更加生动有趣、具有特色。例如，一些城市中的灰色墙壁、水泥柱子等被艺术家们变成了色彩斑斓的画布，这些作品给人们带来了视觉上的享受，也激发了城市的创造力。

街头艺术与环境的关系是相互影响、相互促进的，艺术家在创作时充分利用环境空间的设施、人流等因素，为城市空间增添活力和文化魅力。

（二）街头艺术的类型

街头公共艺术的类型主要包括涂鸦、功能性装置、大众艺术性活动等。

1. 涂鸦

街头涂鸦融合了传统和现代绘画、壁画、宣传画、漫画、卡通艺术、书法、舞台美术等多种艺术成分和功能，具有活泼、随意、灵动的特点。

涂鸦首先出现于 20 世纪 60 年代的美国，经过多年发展，街头涂鸦文化已经散布于世界多个国家的诸多大城市，慢慢成为一种逐渐为人们所接受的艺术。

自 20 世纪 70 年代末至 80 年代，世界各地诞生了一批涂鸦爱好者，他们以独特的涂鸦艺术来表达自己的观点和个性，运用丰富的色彩、富有创意的设计和隐含意味的形象，创作出具有特色的艺术作品。这些作品以生动的艺术手法展现了涂鸦创作者的独特风格。而涂鸦作为一种街头公共艺术融入公共空间，为世界各国的城市景观和城市文化注入新活力和独特元素。

涂鸦艺术主要包括平面涂鸦画和视错觉涂鸦画两种类型。

（1）平面涂鸦画。平面涂鸦画是一种通过绘画工具，以文字、符号和图形为主要表现形式的艺术。它通过简洁明了的视觉形象吸引观众，为人们带来独特的审美体验。这种艺术以城市街头为中心，让创作者的情感、观念或社会热点话题等吸引大众关注。涂鸦画的创作者可以自由发挥，无须受限于传统观念。专业涂鸦艺术家通常用这种方式来调和社会现象。随着涂鸦画的发展，涂鸦画作为一种特有的绘画形式被应用到现代平面设计中，而涂鸦表现形式的融入有助于体现多元文化和设计的丰富性。

（2）视错觉涂鸦画。视错觉涂鸦画起源于意大利传统艺术形式的街头粉笔画，这种艺术形式使用粉笔、蜡笔作为表现工具，在平整的地面上绘制出富有空间立体感的视觉形象，使之看起来生动逼真。

与平面涂鸦画不同，视错觉涂鸦画由于使用粉笔、蜡笔创作，难以长久保存，许多倾注心血创作的作品往往仅存在一天。

街头视错觉涂鸦画通常是艺术家随性创作的，艺术家先测量透视比例关系，然后从线稿到色调做好底稿，再深入细化表现，使画面在平地上呈现出生动的立体空间视错觉。这种感性化的地面绘画以图形、色彩等形象语言为观众带来视觉震撼。街头视错觉涂鸦画作为一种公共视觉艺术形式，具有独特的视觉审美值，是艺术与公众、艺术与生活的完美结合。

2. 功能性装置

功能性装置艺术是一种将艺术品置于公共空间的现代艺术形式，其利用特定时间、特定场合及特定艺术品包括艺术家自身与观众形成互动的艺术设置与活动。功能性装置通常为临时性或半永久性设施。街头装置艺术可以采用各种材料和技术，包括雕塑、景观、摄影、绘画、音响、灯光、电子显示屏等，旨在与周围环境产生互动，为观众提供身体、感官的全面体验。

3. 大众艺术性活动

大众艺术性活动是以艺术为媒介进行交际、交流，寻求关注、关怀、健康等的群体活动。包括广场舞、地书及民俗艺术与活动等。

（三）街头艺术的功能

街头艺术具有满足公众的精神需求、营造文化空间以及促进社会交流的功能。

1. 满足公众的精神需求

街头艺术展现了社会对公共空间民主化的需求和对公共艺术权利的重新审视。随着社会经济的快速发展，人们在基本物质需求得到满足后，开始寻求更高层次的精神文化需求。

街头艺术与美术馆、展览会和演唱会等有门槛的艺术服务机构不同，它保证了不同社会阶层的公众共同参与公共艺术建设。街头艺术的开放和接纳姿态满足了普通大众欣赏艺术、休闲放松的精神和情感需求。对于街头艺术家来说，广泛和积极的公众参与带来的精神慰藉和物质支持，有助于提升其身份认同和自我价值。通过观众与艺术家的沟通互动，视觉、触觉和心觉的交相辉映，使公众产生美好感觉并愿意重复体验、回忆和宣传这种艺术形式。

街头艺术将艺术作品带入日常生活，为社会主体提供直接面向艺术、参与文化活动、实现精神满足的机会和平台。同时，艺术作品与环境对话，引发人们对公共空间的重新认识与思考，在满足公众精神需求方面发挥着重要作用。

2. 营造文化氛围

街头艺术在营造文化氛围方面具有重要作用。街头作为城市公共空间的重要部分，不仅是公共领域的物理空间和人流通道，更是提供各种社会、文化、政治和经济活动的重要空间节点和展示窗口。

街头艺术将艺术作品和文化实践活动引入公共物理空间，为街道增添了文化因素所蕴含的抽象关系和成分。这样一来，原本静态的单调空间被赋予了多元价值内涵，同时承载了更多社会功能。

不同的地域文化孕育出不同的人文艺术。街头艺术营造的文化空间形成了当地独特的城市景观。许多欧美城市，如巴黎、伦敦、罗马、纽约和巴塞罗那等，街头艺术已成为城市内一道亮丽的风景线和旅游资源的重要组成部分。这对于构建城市文化、识别城市个性、塑造城市形象和提高城市品位具有积极作用。

3. 促进社会交流

街头艺术通过艺术的方式将公众聚集到一起，为公众建立联系和连接提供了可能性，通过艺术与公众，以及公众与公众之间的互动，可以促使公众围绕作品展开平等自由的交流和讨论。

街头艺术作为人与人、人与自然及人文环境之间密切互动的重要媒介，使每个人都能投入以作品为媒介的双向交流过程中。这里的交流主要是精神文化层面的直接交流，能够对公众的心理和行为起到鲜明的影响和塑造作用。通过提供文化交流和社会交往的情境支持，街头公共艺术对于社会参与、社会凝聚和社区营造具有重要意义。

近年来，我国许多高校均打造了涂徐鸦墙或涂鸦街，鼓励青年大学生群体用涂鸦的方式表达其思想和价值观。

厦门大学的芙蓉隧道，一千多米长的隧道里布满了各种各样的涂鸦作品，来自厦门大学的学生们在这里的涂鸦会被覆盖，当然也有一些涂鸦被传为经典。而且由于芙蓉隧道里面并没有阳光直射，所以它们也一直保持着崭新的样子，如"我爱你，再见""星空"等。芙蓉隧道的涂鸦墙对于每届学生来说，都记录着他们的大学时光，即使在未来的某天，墙上的年少回忆会被新生的作品覆盖，也无法消散青年大学生对大学时光的热爱。

第三节　公共艺术介入青年价值观培育的理论基础

公共艺术介入青年价值观培育需要遵循一定的理论基础，本节主要对此进行详细分析。

一、艺术教育理论

艺术教育是美育的重要途径，是培养学生艺术素养、促进学生全面发展的重要内容。艺术教育在培养人才方面具有多重作用。

（一）艺术教育理论的主要观点

艺术教育理论关注艺术在教育领域的应用和实践，以及如何有效地将艺术融入教育体系，旨在提高学生的艺术素养，培养其创造力、批判性思维、审美意识及对艺术的欣赏能力。艺术教育理论具体又包括多种观点：经验主义教育理论、美育教育理论、社会学习理论、参与式艺术实践理论、多元文化教育理论、社会重建主义理论、整合主义理论（见表4-4）。

表4-4　艺术教育理论主要观点一览表

序号	观点	说明
1	经验主义教育理论	强调学生的主动参与和个人经验在艺术教育中的重要性，主张艺术教育应当以学生的兴趣、需求和能力为中心，激发学生的创造力和探索精神
2	美育教育理论	美育教育理论主要关注如何将美育有效地融入教育体系，使学生在心灵、情感和认知方面得到全面发展，美育具有形象性、情感性和娱乐性的特点，是以美的事物为内容，通过审美形式去感染和教化人。这种教育形式十分形象，能够让学生在审美活动中潜移默化地吸收和在借鉴美的事物中所蕴含的道德内容，从而达到不知不觉接受道德情操教育，陶冶心灵的作用

续表

序号	观点	说明
3	社会学习理论	强调学生通过社会交往和互动来学习知识和价值观，通过让学生合作创作艺术作品，增强他们的社会交往能力和团队意识
4	参与式艺术实践理论	鼓励学生主动参与艺术创作和表达自我，通过让学生参与艺术作品的创作和呈现，鼓励他们表达自己的思想和情感，增强他们的自信和自我认同
5	多元文化教育理论	强调尊重和包容不同文化背景和观念，促进文化交流和理解。在艺术教育中，可以通过选择适合不同文化背景和观念的艺术作品，增强学生对多元文化的认知和理解
6	社会重建主义理论	主张艺术教育应关注社会问题和公共议题，使学生能够通过艺术表达和解决现实生活中的问题。教育家们鼓励学生关注社会、政治、文化等多方面的议题，培养他们的批判性思维和社会责任感
7	整合主义理论	主张将艺术教育与其他学科整合，使学生在学习其他知识的同时，发展他们的艺术素养，例如，尝试将艺术与科学、数学、历史等学科相结合，以创新的方式激发学生的学习兴趣和动力

纵观以上艺术教育的观点，均致力于探索如何有效地培养学生的创造力、批判性思维、沟通能力和审美观念。

（二）艺术教育的功能

1. 艺术教育能促进大脑发育，开发大脑潜能

艺术教育在推动美育的发展过程中起着不可忽视的重要作用。人类的大脑由左右半球组成，从层次上来看，则由爬虫复合体、边缘系统和大脑皮层三个层面组成。在正常情况下，人们的思维活动即是大脑各个层面的组织之间的相互协调和整体发挥，以及共同作用的结果。而人类的教育活动对于大脑具有开发作用，艺术教育在开发人类大脑的过程中起着独一无二、不可替代的作用。

（1）艺术教育具有显著地刺激大脑皮层的作用。大脑皮层在人体大脑中所占比例较大，大约占人体大脑的85%，是人类大脑中最重要的组织部分。有关学者研究指出，个体的大脑皮层越丰厚，个体的创造能力就越强，文化发展水平也相对较高，而文化生活内容也相对更加丰富。因此，人类在教育

活动中通过刺激大脑皮层可以激发个体的创造力，使个体过上高品质的文化生活。除此之外，人类的大脑皮层中包含140亿个神经元，他们依靠突触发生机能间的相互联系和传递信息。这些信息经过人类大脑的处理后，可以朝着良好的方向发展，也可以朝着的坏的方向发展。一般来说，新鲜、生动、多样、变化的优质信息源可以激活大脑突触的传递工作，使人朝着良好和积极的一面发展。

艺术教育就是这样一类优质的信息源。艺术活动通常富含想象力和创造力，能够展现出生活的丰富性和多样性，常常使人感到新奇与快乐，有利于激发和带动整个大脑的发育，促进个体智力的开发。

（2）艺术教育具有开发大脑潜能的作用。人类的大脑根据其分管的领域不同，具体可划分为左脑和右脑，其中，左脑主管组织者的语言功能、逻辑功能；而右脑则主管组织者的空间把握功能和想象功能。艺术教育活动中的美术、雕塑、舞蹈活动能够有效锻炼人的体形与空间把握能力，而音乐、文学、美术等艺术形式又可以锻炼人的想象功能。因此在右脑功能的开发中具有重要作用。除此之外，文学艺术在对大脑想象力进行锻炼时，还可对大脑的语言能力、逻辑能力进行锻炼。人类在社会环境中生存，既离不开逻辑思考能力，也离不开想象能力；既离不开感性，也离不开理性，而只有将感性与理性相结合，将左右脑结合起来，才能提高人的整个大脑的开发。在现实生活中，如果一个人只学习科学知识，而不学习文化艺术，那么整个人则常常容易陷入僵化思维之中。

而艺术教育则可起到平衡左右大脑功能的作用。大脑功能的开发离不开艺术教育活动，而有效的艺术教育活动在促进大脑潜能的开发中起着重要作用。

2. 艺术教育能美化生活，促进社会全面发展

艺术教育在人与自然的和谐发展，以及美化生活、促进社会全面发展方面起着极其重要的作用。

（1）艺术教育能够帮助人感知自然和表现自然的能力。艺术能够培养和激发人的感知能力，人们在一种环境中生活久了，就会对日常环境中出现的事物产生审美疲劳。而艺术则是从一种与日常生活不同的视角对世界进行观察的视角。中国古典诗词中包含大量的日常事务和日常风景，这些事物或风

景经由诗人从艺术的视角进行观察后，便会产生不一样的美。

例如，绘画，尤其是风景画，即是将视角对准某一处风景，发现这处风景中的不一样的美。即便是日常生活中常见的风景，经由绘画的艺术眼光审美后，由于视角不同，也会产生新鲜感，呈现出别样的魅力。由此可见，艺术具有帮助人们感知自然和表现自然的能力。

（2）艺术教育能够通过发挥艺术的情感交流功能增强社会认同。艺术的表达可以跨越国界和语言，起到极其重要的沟通和情感交流的作用。歌曲、舞蹈、戏剧及绘画等艺术形式也具有跨越时空和国界的强大的情感交流功能。

例如，莎士比亚的戏剧传播到中国后，虽然所处时代与民族文化不同，然而依然能够感动中国观众，激发观众情感，并产生情感交流的作用。通过艺术教育，可以使受众充分感受到艺术的情感功能，激发艺术的情感交流功能，以增强社会认同，促进世界各国、各民族和谐发展。

（3）艺术教育能够将各种艺术形式进行融合从而推动人类社会的发展。不同的地域环境形成了不同的生活方式和丰富多彩的地域文化。地域文化不同，人类的生活方式也不相同。因此，不同地区的人在进行交流中难免因为文化障碍而产生误解或隔阂。当不同地域、不同民族背景、不同国家、不同文化的人在进行交流时，艺术是一种消除种种误会和隔阂的重要方式，起着增强理解和同情，促进人类和谐发展的重要作用。

3. 艺术教育能健全人格，提高人的整体素质

艺术教育的终极目的是为社会培养全面和自由发展的人，艺术具有情感性、直观性的特点，其可以直接作用于人的感官，而艺术教育则是以人为中心的教育，能够起到健全人格，提高人的整体素质和水平的重要目的。

（1）艺术教育能够培育学生的审美情感。人类的情感是由本能冲动所产生的感性与理性的结合，艺术教育具有以美怡情的作用，能够培养大学生的审美情感，以此达到健全学生人格的目的。艺术教育与科学教育的性质不同，科学教育是一种理性教育，而艺术教育则是一种感性的情感教育，是情感的动力和源泉。

从心理发展的角度来看，情感是人类意识发展中最原始和最普遍的部分，人类由本能冲动引发情感，这种情感受到理性的调节后，最终转化为坚强的意志和奋发的精神。而情感是由美的事物引发的，艺术作为真善美的统一体

能够引发人类情感中积极和向善、向上的部分，对培养学生的审美情感有着积极和重要作用。

（2）艺术教育能够促进学生素质的全面发展。科学文化素质具体又可细分为科学素质、文化素质、道德素质和审美素质四种类型。艺术教育作为一种极为特殊的情感教育，既有利于学生大脑的生理发育，全面开发大脑潜力，提高大学生智力，也有利于提高大学生的心理素质，还有利于提高大学生的交往素质，锻炼大学生的体能，最终达到促进大学生素质全面发展的目的。

（三）公共艺术介入青年价值观培育应当遵循艺术教育理论

艺术教育理论关注学生的主体地位和个体差异。公共艺术介入青年价值观培育遵循艺术教育理论，可以从青年群体的兴趣和需求出发，构建公共艺术作品，让青少年在公共艺术项目中找到自己的价值和定位，从而更好地参与到艺术创作和体验中。这样的参与可以帮助青少年发现自己的兴趣和潜能，激发他们对艺术的热情，从而影响他们的价值观。

艺术教育理论强调过程和体验的重要性。公共艺术介入青年价值观培育遵循艺术教育理论，更加强调公共艺术发挥其公众参与性的特点，让青年群体不仅能够欣赏到精美的艺术作品，还能亲身参与到艺术创作过程中。这种实践性的体验有助于培养青少年的创造力、想象力和审美观念。在这一过程中，青少年可以逐渐认识到艺术创作的价值和意义，从而对艺术产生更深刻的理解和欣赏，进一步塑造他们的价值观。

艺术教育理论倡导多元文化的融合。公共艺术介入青年价值观培育遵循艺术教育理论，可以逐渐培养青年的包容性和开放性，引导青年学会尊重和欣赏异域文化，从而形成更为丰富和多元的价值观。

艺术教育理论强调批判性思维的培养。公共艺术介入青年价值观培育遵循艺术教育理论，更加强调培养青年群体的批判性思想，引导青年群体运用批判性思维来分析和评价艺术作品。这种分析和评价过程可以帮助青少年提高独立思考和判断能力，培养他们面对复杂问题时的思辨能力。

二、社会认同理论

社会认同理论（social identity theory）是一种理解人际关系和群体行为的心理学理论，由亨利·塔吉费尔（Henri Tajfel）和约翰·特纳（John Turner）于

20世纪70年代提出。该理论主要关注个体如何通过归属于一个或多个社会群体来建立自己的社会认同，以及这种认同对他们的行为和心理的影响。

（一）社会认同理论的主要观点

社会认同是指个体将自己归属于某个社会群体的过程，这个群体可以是基于种族、宗教、地域、性别、职业等多种因素。社会认同是个体心理的重要组成部分，与个体的自尊、情感和行为紧密相关。

社会认同理论强调个体通过社会感知建立自身群体认同，此过程中产生内群体偏好和外群体偏见。个体在社会认同过程中将自己划分到特定群体，即范畴化，从而加强对群体内情感与价值观的认同。在这个过程中，个体会与外群体进行比较，借此提升自尊，即实现和保持对内群体的积极评价。因此，个体倾向于高度评价并热爱自己的群体，认为自己所属的群体优于其他群体。群体行为的产生源于范畴化和社会比较的共同作用。社会认同的建立涉及范畴化、社会比较、自我概念和社会结构等方面。

1.范畴化

社会由各种社会范畴（如种族、性别、宗教、阶级、职业等）构成，个体往往自然地将自己划分到特定范畴，这便是社会认同过程中的范畴化。范畴化是通过放大或强化同一范畴内事物的相似性来明确化模糊世界，同时放大或强化不同范畴之间的差异性。

个体对某一社会群体范畴的归属也存在范畴化增强效应，即范畴对个体重要、显著、密切相关，涉及个人价值。除了对社会群体的范畴化，还有自我范畴化，即强化自我与内群体成员的相似性及差异性。自我范畴化一方面将符合内群体特征赋予自我并加强，另一方面，个体与内群体成员具有相同的社会认同观念会深入内心。同时，个体的某些行为会与范畴的某些维度相一致。自我范畴化是"将个体转化为群体的过程"。在社会认同过程中，人们持续将他人感知为与自己属于同一范畴或不同范畴的人。然而，在将自我归属于某一社会范畴时，产生的增强效应程度各异，需要通过社会比较来解释这种差异。

2.社会比较

从社会认同角度来看，人们对客观世界的认识是通过社会比较而获得的。个体在同一群体中通过社会比较达成共识，包括对内群体成员间相似性的认知。确认自身、他人及整个世界的感知正确性需要通过社会比较来实现，即群体内共识的正确性须得到个体间的互相确认。若以共识定义不同群体的范围，个体将坚定地支持自己所属群体的观点，内群体成员将以相似方式看待世界，并积极评价内群感知。

在社会认同过程中，群体进行社会比较时，即内群个体与外群个体比较时，存在最大化群体间差异性的趋势，因为群体成员具有对自身群体特征进行积极自我评价的动机。这里强调社会比较中的群体差异性，特别是内群在积极维度上的表现，因为个体需获得最大自尊满足，这种满足体现在内群具有积极表现的维度上，关键是最大化内外群间差异。通过社会比较提高群体区分度以提升自尊，即社会认同理论中的自尊假设。范畴化与社会比较共同作用产生群体行为，如群体歧视、冲突、对内群情感偏爱等，同时范畴化导致自我、内群和外群的刻板化感知，一定程度上加大了群体间差异。社会比较解释增强效应的选择性，即选择增强效应在群体差异性中占优势的维度。

3. 自我概念

在个体心中，自我概念包含了自我评价的一部分以及所有关于自我的描述。在社会认同过程中，自我概念被整合到一个有限且相对独特的系列中，即自我认同过程。自我认同可分为两个相对独立的亚系统：社会身份和个人身份，其中社会身份包括社会认同，即来自社会范畴（如国家、性别、种族、职业等）的成员资格所引发的与身份相关的自我描述。在特定情况下，社会认同对自我描述的影响比个人认同更为显著。这意味着个体在描述自己时更倾向于关注社会身份，即认同所属群体的特征。

4. 社会结构

社会由各种大型社会范畴构成，与权力、地位和声望等不同社会结构有关。这些范畴使得社会不可避免地分为高社会地位群体和低社会地位群体，以及支配群体和附属群体。支配地位的群体强加了一种主导价值观和意识形态。由于人们无法选择自己的出生环境，他们进入不同的社会范畴，内化支配地位价值观，并形成独特的社会认同。

低社会地位群体成员往往具有消极的社会认同，导致低自尊，进而激发改善现状的行动。主要策略包括社会流动、社会创造和社会竞争。支配群体宣扬的社会流动对附属群体来说并不容易实现。社会创造旨在通过塑造低地位群体成员的积极社会认同来提升其自我形象。而社会竞争只有在附属群体能想象出替代支配群体的社会安排时才会出现。

社会结构、范畴化、社会比较和自我概念共同影响社会认同过程。范畴化赋予个体社会认同的边界性；社会比较强化了群体成员间的社会认同差异并产生伴随群体的自尊；而社会结构使个体有先天的社会归属，如果想改变，需要打破原有的社会结构，去认同能提升自尊的情感和价值意义。

（二）公共艺术介入青年价值观培育应当遵循社会认同理论

公共艺术介入青年价值观培育需要遵循社会认同理论，借助社会认同理论，可以增强青年群体的社会认同感。

公共艺术作品通过反映和强化特定主题的思想和文化，能够提升青年群体的社会认同感，提高青年群体的集体自尊和凝聚力。

例如，反映爱国主义思想的大型公共艺术在特定的社区开展时，通过邀请和发动该社区青年群体的共同参与，能够强化该社区青年群体的社区认同，以及爱国主义认同，有利于该社区的青年群体通过共同创作公共艺术作品的形式，展现该社区青年群体的爱国主义热情，从而有利于培育该社会青年的爱国主义价值观，也有利于提升该社区青年群体的集体凝聚力。

在公共艺术介入青年价值观培育中应用社会认同理论，能够有效传递社会主义核心价值观。公共艺术作品能够展现某个社会议题，引起人们的关注和讨论，从而推动社会变革，也可以为弱势群体提供发声的机会，帮助他们争取权益。

例如，公共艺术作品通过关注留守儿童群体，以多样化的艺术形式表达与留守儿童相关的主题，可以引发社会各界对留守儿童的关注，进而促进政府有关部门出台有利于留守儿童的相关政策，或社会民间组织对留守儿童的关爱，最终推动社会的和谐发展。而在这一过程中，青年群体通过直观地欣赏该主题的公共艺术作品，参与或关注相关话题的讨论，可以激发青年群体的社会责任感，引导青年群体积极承担相关社会责任，在此过程中引导和培育青年群体的价值观。

三、教育功能理论

教育功能是指教育在与人及周围环境相互影响中所发挥的作用，其指向为教育活动已经产生或将会产生的结果，尤其是指教育活动所引起的变化、产生的作用❶。

（一）教育功能理论的主要内容

教育是一种现象，随着人类历史的变革而发展，教育功能理论也经历了多个阶段的历史演进（见表 4-5）。

表 4-5　教育理论阶段一览表

阶段	分类	说明
第一阶段	古代教育的政治伦理功能观	侧重于对社会民众的伦理教化
第二阶段	近代教育的发展个体功能观	1. 对传统教育只重虚饰不重实用的功能进行了批判； 2. 主张教育的目的应当切合实际需要，从多方面为个体的物质与生活做准备，引导个体走向完满生活； 3. 从实利主义的道德观和人性观出发，强调教育应当顺应个体的认知发展
第三阶段	现代教育的改造社会功能观	1. 肯定教育着眼于儿童个体的进步，同时强调教育的功能应当从儿童个体扩展至整个社会； 2. 强调学校教育在改造社会和推进社会发展与进步中的重要性； 3. 从改造社会的视角出发，将学校教育与社会生活联系起来，以便充分发挥学校教育的价值和功能
第四阶段	当代教育的功能主义	1. 结构决定功能，教育结构的多样化决定教育功能的多样化； 2. 功能的整合，教育具有多方面的功能，各功能之间存在相互依存与协调发展的作用，能够整合式地发挥作用； 3. 教育在促进社会的稳定与和谐方面发挥着极其重要的作用

从表 4-5 可以看出，从古至今，人们对教育的功能进行了不断的研究，随着人们对教育功能认识的发展，当代教育功能理论将教育功能划分为多个类别，即筛选功能和协调功能、个体功能与社会功能、基本功能与派生功能、

---

❶ 张乐天. 教育学：新编本 [M]. 北京：高等教育出版社，2007：47.

积极功能与消极功能。

1. 教育的筛选功能和协调功能

教育的筛选功能是指教育系统通过一定的标准和程序，对学生进行评估和分类，从而为社会分配人力资源。这一功能体现在不同阶段和层次的教育过程中，通常表现为选拔性的考试、评价制度和择优录取等。

教育的协调功能是指教育在个体发展、社会进步和人才培养等方面所起到的协调和平衡作用。教育的协调功能反映在教育对个体发展的协调，即平衡个体知识与技能的发展、德育与智育的发展、全面发展等方面；教育对社会需求的协调，即适应劳动力市场、引导社会价值观、促进社会公平的协调；以及教育对人才培养的协调。

教育的筛选功能与协调功能并不矛盾，二者之间存在相互影响、共同促进教育功能实现的作用。

2. 教育的个体功能与社会功能

从教育作用的对象上进行分类，教育既具有个体功能，又具有社会功能。个体功能是指教育对个体的生存与发展的作用，教育的个体功能能够提高个体的生存能力、塑造个体的个性、促进个体的心智成熟、培养个体的社会交往能力。而社会功能是指教育对于维系社会运行、促进社会变革与发展的作用。教育的社会功能能够传承文化、维护社会稳定、促进经济发展、实现社会公平、推动社会进步。

教育的个体功能与社会功能处于对立统一的关系中，彼此相互影响，共同推动个体和社会的发展。教育作用于个体必然作用于社会，教育作用于社会又必然通过作用于个体而实现。冲突的实质是社会与个体的客观矛盾，实现这两种功能的有机结合是当代教育追求的目标。

3. 教育的基本功能与派生功能

从教育作用的层次上进行分类，政府及有关部门可以将教育功能划分为基本功能和派生功能。

教育的基本功能主要是促进个体社会化和筛选、分层功能。个体社会化是指通过教育使个体逐渐适应并融入社会，形成与社会相适应的价值观、行为规范和角色认同。筛选、分层功能则是通过教育将个体按照能力、知识和技能进行分类，为社会分工和人才选拔提供依据。

教育的派生功能包括对人的知识、意识、职业、道德等的社会化，进而衍生出政治、经济、文化等方面的功能。这些派生功能可能会随着时代和社会环境的变化而发生变化，但它们都是基于教育的基本功能产生的。

教育的基本功能与派生功能是相对而言的。教育是一个大系统，在总的系统中，教育功能有基本与派生之分；而在任一子系统中，教育功能同样存在基本功能与派生功能。教育功能是一个系统链，基本功能与派生功能是可以不断分化的。

教育的基本功能和派生功能是相互联系、相互影响的。基本功能是教育功能的核心，为派生功能提供基础和支撑；派生功能是基于基本功能产生的，反映了教育在政治、经济、文化等方面的作用。理解教育的基本功能与派生功能，以及两者之间的关系，有助于政府及有关部门全面把握教育的多元作用和价值。

4.教育的积极功能与消极功能

教育具有传授知识与技能、培养公民素质、促进个体发展、促进社会稳定与和谐，以及推动社会进步的积极功能。同时，教育也存在一些消极功能。在当代教育中，政府及有关部门应当采取一定的措施，强化教育的积极功能，减轻或消除教育的消极影响。

（二）公共艺术介入青年价值观培育应当遵循教育功能理论

公共艺术介入青年价值观培育应当遵循教育功能理论，关注青年的全面发展，为青年群体提供一个充满活力、富有创意的成长环境。

教育功能理论主张教育应当关注个体的全面发展，包括知识、技能和价值观。公共艺术在青年价值观培育中发挥重要作用，因为它可以通过多样化的艺术形式和内容引导青年关注社会问题，培养他们的价值观、审美观和人文素养。遵循教育功能理论，有助于实现青年的全面发展。

现代社会的青年群体面临着多样化的信息冲击，由于青年价值观处于形成时期，因此很容易被各种消费主义、娱乐化的价值观影响，形成不良价值观。而公共艺术作品往往关注社会现实，通过对社会问题的反映和探讨，使青年能够关注社会现象、理解社会问题，从而有助于他们建立正确的世界观、人生观和价值观。

公共艺术作品往往具有丰富的人文内涵，涉及历史、文化、哲学等多个领域，使青年在欣赏艺术作品的过程中，能够了解和认识人类的历史和文明，提高自己的人文素养。同时通过欣赏包含本民族优秀传统文化或思想的公共艺术作品，能够激发青年的民族自尊心和民族自豪感，从而达到良好的社会教育功能。

教育功能理论倡导创新与探索，强调创新、探索和实践的重要性。公共艺术作为一种独特的教育形式，为青年提供了一个开放、多元和包容的平台，有利于培养青年的创新精神和实践能力。

公共艺术倡导公众的参与性，在公共艺术的创作过程中，可以充分培养青年群体的思考能力、批判性思维及创造性解决问题的能力。青年群体作为公共艺术的参与者需要在艺术形式和表现手法上不断尝试和创新，以表达自己的思想和情感。通过参与公共艺术创作，青年可以锻炼自己的创造力和实践能力。

公共艺术作品的欣赏过程也有助于培养青年的创新精神和实践能力。在欣赏公共艺术作品时，青年需要运用批判性思维对作品进行分析和评价，以提炼出作品背后的思想、价值观和内涵。此外，欣赏公共艺术作品还可以激发青年的创新意识，使他们在思想和行为上寻求突破和创新。

除此之外，教育功能理论认为教育应当传递和弘扬社会主义核心价值观。公共艺术作品往往关注社会问题和价值观，可以引导青年深入思考这些问题，从而培养他们的社会责任感和公民意识。遵循教育功能理论，有助于青年更好地融入社会，为社会的发展和进步贡献力量。

综上所述，教育的功能是丰富而复杂的，各个功能之间相互影响、相互联系，在应用教育方法时，应当综合考虑教育的功能。公共艺术作为一种培育青年价值观的特殊方式，也应当遵循教育功能理论，在培育青年价值观的过程中，充分发挥青年价值观的积极功能，减轻其消极功能。

四、建构主义理论

建构主义（constructivism）是一种认知心理学和教育学的理论框架，主张知识并非被动地从外部世界接受，而是通过个体与环境互动的过程主动地构建出来。

（一）建构主义的主要观点

建构主义中包含两种主要观点，即个体建构主义和社会建构主义。

1. 个体建构主义

个体建构主义作为一种重要的认知心理学和教育学理论，主张知识是通过个体内部的心智过程积极地构建出来的。这一理论主要关注个体在学习过程中的认知发展和心智结构的变化。

（1）知识的主动构建。个体建构主义强调学习者在知识获取过程中的主动性。学习者不是被动地接受外部信息，而是通过与环境的互动，将新知识与原有知识联系起来，形成自己独特的认知结构。知识的获取不是简单地将信息照搬到头脑中，而是一个不断调整、改进和优化的过程。

（2）自主学习。学习者应该自主地参与学习过程，通过主动探索、发现和解决问题来建构知识。学习者的自主学习过程，内部驱动是推动其自主学习的重要因素。内部驱动包括学习者对知识的好奇心、求知欲、探索欲等。这些内部动力能够激发学习者的积极性，促使他们主动参与学习过程，不断优化认知结构。

学习者在内部驱动的动力下，充分发挥自己的主观能动性，形成自己的见解和理解。这样的学习过程有助于提高学习者对知识的理解和应用能力。

（3）认知结构与心智模型。学习者在学习过程中会不断调整和改变自己的认知结构。认知结构是指个体用来组织、存储和检索知识的心智模型。通过不断地调整和优化认知结构，学习者能够适应外部环境的变化，提高对知识的掌握和运用能力。

（4）配对机制。个体在学习过程中，学习者需要将新知识与原有知识进行配对。这种配对机制可以帮助学习者将新知识整合到原有的认知结构中，使之更加丰富和完善。通过这一过程，学习者能够形成自己独特的知识体系。

（5）认知发展阶段。个体建构主义关注学习者在不同阶段的认知发展。皮亚杰的认知发展理论就是一个典型的个体建构主义理论。皮亚杰将认知发展分为四个阶段：感觉运动阶段、前运算阶段、具体运算阶段和形式运算阶段。在这四个阶段中，学习者的认知能力逐渐发展，对知识的理解和处理方式也有所不同。

（6）平衡过程。在学习过程中，学习者需要经历一个不断寻求心智平衡的过程。这个过程包括同化（assimilation）和顺应（accommodation）两个方面。同化是指学习者将新知识融入原有认知结构的过程；顺应是指学习者调整原有认知结构以适应新知识的过程。通过这两个过程，学习者能够不断地达到心智的平衡状态，提高对知识的掌握和运用能力。

（7）个体差异。个体建构主义重视学习者之间的个体差异。由于每个学习者的认知结构、经验和背景都有所不同，他们在学习过程中可能会产生不同的理解和见解。因此，在教育实践中，教师需要关注学生的个体差异，采用灵活多样的教学方法，以满足不同学生的学习需求。

因此，在教学中，应当坚持以学生为本的教学方法，鼓励学生通过实践、探究和发现等方式参与知识的建构。这种方法有助于培养学生的创新性思维、批判性思维和解决问题的能力，以及提高学生对知识的理解和应用。

2.社会建构主义

建构主义是一个关于知识和学习过程的理论，社会建构主义主要研究学习者认知心理过程是怎样发生转变的。

（1）知识源于社会的意义建构。知识是人类社会中通过个体间的相互作用及其对自身的认知过程而建构的，是一种意义上的建构，而不是通过所谓的客观方法"发现"的。知识和知识的对象或知识所指涉的事物之间并不是一一对应的关系，更不是"反映和被反映""表征和被表征"的关系。人类对世界的知识性概括与叙述与客观世界之间并不存在必然联系，而是人类在认识客体对象的过程中，在已有的概念、观念、语言和话语的基础上，认知的积极主动建构的过程。社会建构主义将知识视为社会的意义建构，知识侧重于社会因素的建构，虽有个体的成分，但并不是知识的主要建构因素。

（2）学习者具有积极的相互作用。学习者具有主动性和能动性，以原有知识经验作为背景，用自己熟悉的方式构建对新知识的理解。社会环境是学习者认知和发展的基本前提和重要资源，学习者带着不同的先前经验所积累和构建的知识进入新的学习环境，并在新环境中与其他学习者进行互动，在这一互动的过程中，通过借助沟通方式、认知工具、学习者的构成共同进行新知识的构建。

（3）学习是知识的社会协商。学习是以协商为本的基本活动，是共享对象、事件和观念的过程。学习的过程是知识的社会协商过程。个体通过与社会的互动、中介和转化，以建构和发展知识来学习。社会协商关注学习条件和学习过程。其中，学习条件包括学习者的主体作用、社会情境、学习共同体作用；学习过程则强调学习者个体的社会协商以及在协商中的发展。

综上所述，建构主义理论中主要存在个体建构主义和社会建构主义两种主要观点，无论是哪一种观点均强调知识的建构过程。在个体建构主义中，重点放在个体通过自身经验和认知活动对知识的构建；而在社会建构主义中，更强调人际互动、社会环境和文化背景在知识建构过程中的作用。这两种观点在很多方面是相辅相成的，共同为政府及有关部门理解认知、学习和知识传播等问题提供了丰富的视角。

（二）公共艺术介入青年价值观培育应当遵循建构主义理论

建构主义强调个体在知识建构过程中的主动性和创造性，以及社会环境和文化背景对个体学习的影响。在公共艺术介入青年价值观培育中，遵循建构主义理论，可以有效培养他们的独立思考能力、创新能力和社会适应能力，从而塑造健全的价值观。

1.遵循建构主义理论有助于培养青年的创新思维和独立思考能力

在建构主义教育环境中，教育者不再是知识的传授者，而是引导者和协助者。这种学习方式让青年更加主动地参与到学习过程中，鼓励他们自主发现问题、解决问题，从而培养独立思考和创新能力。

公共艺术旨在创造和呈现一种跨越界限、充满想象力的艺术形式，使人们能够在日常生活中接触到艺术，激发对美的感知。青年在参与公共艺术活动的过程中，能够接触到不同的艺术形式、风格和主题，从而激发自身的创意灵感。此外，公共艺术往往要求在有限的空间和时间内表达特定的主题，这种挑战性的环境能够激发青年挖掘自身的潜能，发挥想象力，实现对艺术的创新与突破。

青年在参与公共艺术活动的过程中，需要面对各种实际问题，如材料选择、技术应用、场地布置等。这些问题需要青年运用创新思维，寻求解决方案。在这个过程中，青年不仅能够学习新的知识和技能，还能够培养自己面对问题时的独立思考能力，有助于青年对当前社会多元价值观进行审视，培育青年的社会主义核心价值观。

2.遵循建构主义理论有助于培养包容和尊重他人的价值观

建构主义理论强调社会互动在知识建构过程中的重要作用。公共艺术项目通常位于城市的公共空间，容易让人们接触到，从而为青年提供了一个了解不同文化的窗口。公共艺术作品往往融合了多种文化元素，展示了各种艺术风格和主题。这使青年在参与过程中能够接触到各种文化传统、审美观念和价值观念，从而提高对多元文化的认识和理解。

公共艺术作品通常位于公共空间，吸引不同年龄、性别、职业和文化背景的人们参与和观赏。在这种公共环境中，青年有机会与各类人群进行交流和互动，拓展自己的人际关系网络。这种多样性的人际交往能够帮助青年提升沟通技巧，学会理解和尊重他人的观点和价值观，培养包容和合作精神。

此外，在公共艺术活动中，青年可以通过观察、体验和参与的方式，了解社会的多元文化，理解不同群体的价值观和生活方式。这种对多元文化的认识和尊重，有助于青年形成开放、包容的价值观，提高在多样化社会环境中的适应能力。

3. 遵循建构主义理论有助于了解和欣赏多元文化中的审美价值

建构主义理论强调文化背景在知识建构过程中的重要性。公共艺术介入青年价值观培育应当遵循建构主义理论，其有助于青年了解和欣赏多元文化中的审美价值。公共艺术作品往往融合了不同文化背景下的艺术元素，为青年提供了一个了解多元文化审美观念的机会。在这个过程中，青年能够拓宽自己的审美视野，学会尊重和欣赏不同文化背景下的审美价值。

综上所述，公共艺术介入青年价值观培育遵循建构主义理论有助于公共艺术更好地遵循学习者建构知识的原理，引导青年构建积极、健康、符合社会主义核心价值观的价值观念。

第五章 公共艺术介入青年价值观培育的原则、方法和路径研究

第一节 公共艺术介入青年价值观培育的原则研究

公共艺术介入青年价值观培育应当遵循一定的原则，本节主要对此进行详细分析。

一、参与性原则

公共艺术是在公共空间中设置的、面向公众的特殊艺术形式，公共艺术的公共性是其存在的基本条件。公共艺术的创作，并非是艺术家或设计师的个人行为，而是艺术家借助作品与公众进行合作与交流的产物。公共艺术作品的成立必须依赖公众的参与，只有成功吸引公众参与的公共艺术作品才能够真正实现其功能。

（一）公共艺术介入青年价值观培育遵循参与性原则的缘由

公共艺术介入青年价值观培育遵循参与性原则是由公共艺术的目的决定的。

公共艺术是一种以公众为受众的艺术形式，其目的是提高公众的文化素质，同时是为了让公众参与到创作过程中来，体现民主和平等的价值观。公共艺术作品的创作不仅仅是一名艺术家的个人创作，更重要的是整个社会的参与，这种参与体现了一种集体的意识和公共性的观念。

世界上诸多成功的公共艺术均离不开公众的参与。

2003 年英国艺术家安东尼·葛姆雷（Antony Gormley）邀请了广州象山村多个家庭的祖孙三代村民与广州美术学院的学生团队共 300 余人，使用 130 万吨广东当地铁质含量丰富的泥土，手工制作了 20 万个泥质小人，这 300 余名村民的年龄不等，跨越老、中、青、少年。对于村民所制作的小人，安东尼·葛姆雷提出了三个简单的要求：泥人要和自己的手掌差不多大小，易于握持；泥人可以独立站住；泥人有一双朝前远望的眼睛。其他均由创作者自由发挥。

这些泥人的大小从 8 厘米到 26 厘米不等，首先在阳光下晒干，然后在砖窑中烘烤，最终经过烈火的高温炙烤。这些来自当地泥土的人偶拥有了陶器的质感，它们可以长期保存，永恒地矗立于时间的洪流之中。

这些经烧制后的泥人进行展出时，参与者观看自己参与制作的这件公共艺术作品时感觉极其震撼，他们甚至分不清哪个是自己制作的泥人。20 万个泥人共同置于某一空间之中，让参与者充分感受到自身作品的创作价值和创作意义，极大地增强了公众参与公共艺术品创作的热情，并且使公众从中更加深入地思考公共艺术品的内在思想和价值。

从上述案例可以看出，确保公共艺术的公众参与性能够极大地激发公众对待公共艺术的热情，并且引导公众加深对公共艺术作品的理解，激发公众对自主传播公共艺术作品中蕴含的思想和价值观。

又如，2012 年落成于澳大利亚悉尼老城区的公共艺术作品《光晕》（Halo）。

光晕是一种自然现象，由悬浮于大气中的冰晶反射或折射太阳光或月光而形成，公共艺术作品《光晕》（Halo）是悉尼五大区旧城区改造配套项目之一。整个公共艺术作品由三部分组成：12 米高的立柱、5 米多长的银色水平悬臂以及连接其上 11 米宽的黄色圆环。圆环与悬臂固定在一起，在风力作用下，通过一个轴承围绕立柱旋转，在世界范围内的能动公共艺术中算是一种十分罕见的形式。

该公共艺术作品的受风面相当小，换言之，主要受风面的风载荷不太大，虽然海滨城市悉尼的风力资源较为充沛，但如此还是对旋转节点的设计提出很高要求。《光晕》并非轴对称，而是偏向一侧，这在旋转时会产生较大的离心力，从而对重心的确定与结构设计提出了更高的要求，但好处在于旋转时会产生更为丰富的效果，也更接近一种自然现象的真实效果。

《光晕》能单根支柱支离地面，避免过多占用地标空间。从而为社区居民提供最大休闲面积。为了提高作品表现力，也为了更接近光晕的形式，设计团队为圆环喷涂了黄色珠光釉，以形成高反光度，并兼顾昼间和夜间效果。从人文环境来说，《光晕》巧妙地从地区文脉入手，基地原址是悉尼著名啤酒的旧厂区，因此不对称旋转的光晕多少有些戏谑，就好像醉酒之后东倒西歪、眼神迷离的样子。

《光晕》并非是一个独立的公共艺术作品，还具有较强的公众参与功能。该作品在吸引大量公众前来参观的同时，通过身临其境也能获得独特的艺术体验。

（二）公共艺术介入青年价值观培育遵循参与性原则的案例

近年来，许多地方政府或艺术机构在创作公共艺术作品时，十分重视通过引导青年的参与，对青年价值观进行培育。

例如，2022 年 11 月 21—22 日，广州文化公园举办以"童心追梦"为主题的青少年涂鸦活动，参赛对象为 18 周岁以下的青少年儿童，以 5 人为一个参赛小组，每个小组在规定的墙面上现场创作。创作主题为自己心中的社会主义核心价值观。

在此次公共艺术作品创作的过程中，青少年们首先对社会主义核心价值观进行了深入的了解，并且根据自己的理解，创作出了 17 幅色彩斑斓的墙体画。青少年以自己身边人、身边事为素材，在家长和老师的指引、帮助下，用画笔勾勒出一幕幕凸显社会主义核心价值观理念的画卷，表达了小小少年对社会主义核心价值观的独特见解。作品内容丰富，创意突出，与社会主义核心价值观内核相对应，覆盖国家、社会及个人三个层面。例如，在国家层面，就有表现祖国富强的作品《科技兴国》，众多的火箭飞船和宇航员遨游太空，极具科幻即视感；在社会层面，有提倡社会生态文明的《人与自然》，在生存空间日益狭窄的地球上，人与动物和谐相处，共同营造紧密温馨的生存家园；在个人层面，有表现文明家庭的作品《天伦之家》，乖巧懂事的小朋友主动帮妈妈做家务，对奶奶尽孝心，画面流露出的浓浓亲情，温暖人的心田，等等。

这次活动中，青少年群体通过深度参与公共艺术作品的创作，深入了解了社会主义核心价值观，为青少年的价值观培育提供了良好的机遇，达到了较好的效果。而这些墙体绘画还会持续向周围的青少年传递正向、积极、健康的价值观，可以达到直接和间接培育青年价值观的作用。

二、主导性和主体性相结合的原则

公共艺术介入价值观培育应当坚持主导性和主体性相结合的原则。

（一）主导性与主体性的内涵

1. 主导性

主导的意思是统领全局，推动全局发展。本书所指的主导性是公共艺术作品介入青年价值观培育时应当坚持主导性原则。价值观培育过程中，需要有明确的引导和导向，包括提供正确的价值观观念，强调道德规范和社会责任。教育者、家庭和社会在价值观培育中起到主导作用，他们需要引导个体形成正确的价值观和道德观念，从而促进个体的全面发展。

例如，2021年7月，由南京艺术学院杨朔工作室在江西省萍乡市甘祖昌干部学院实施的公共艺术作品《一条大河——公共艺术计划》（图5-1）。该作品以百年建党为主导性主题，强调观众基于主导性原则进行创作参与到艺术项目中。作品主要通过三个环节对观众、参与者进行主导性的价值传递。

图5-1 《一条大河——公共艺术计划》（作者：杨朔、涂永麒、曹力文、丁筱、孟锦程）

（1）百年建党当天在互联网上邀请公众参与对祖国想说的一句话。在节日氛围中公众更多，更愿意表达自己对祖国的情感，形成一种主导性价值输出。

（2）带领学生团队与村民共同在井冈山的石头上，书写网络搜集的爱国语言。通过书写行动对主导学生团队、社区居民进行精神价值建设。

（3）将寓义信仰的石头放置在红军广场上。使后来的红色学习者通过主题学习将价值带给更多的人。

该作品通过多样的主题、方式、方法进行主导的一种价值输出，形成公共艺术对青年价值培育的一种主导性教育方式。

2. 主体性

主体性通常指一个人或组织的自主性、自主决策能力和独立性。它是一个人或组织能够自主思考、自主决策、自我实现和自我表达的能力。

在哲学上，主体性是一个重要概念，指的是人作为一个有自我意识、自我决定和自我实现能力的存在。这种主体性是人与动物、机器和自然界之间的根本区别之一。

在社会科学和人文学科中，主体性也是一个重要概念。它通常指的是人的自由意志、自我价值感和自我实现的能力。人的主体性可以通过教育、社会化和文化传承等方式进行培养和发展。

在法律领域，主体性是指一个人在法律上的独立性和自主性。它通常表现为一个人对自己的身体、财产和自由的掌控权。在刑法中，主体性是判断犯罪与否的重要标准之一。如果一个人没有自主性或不能对自己的行为负责，他可能会被认为是不负刑事责任的。

本书所指主体性是指，公共艺术作品介入青年价值观培育时应当坚持主体性原则。

（二）公共艺术作品介入青年价值观培育坚持主导性和主体性相结合的必要性

在公共艺术作品介入青年价值观培育过程中，主导性是必要的，但青年的主体性同样重要。青年有着独立的思想、感受和需求，在价值观培育过程中具有主体地位。因此，在进行价值观培育时，应尊重青年的主体性，充分发挥其主动性和创造性，使其在价值观培育过程中形成自己独特的见解和态度。

公共艺术作品介入青年价值观培育的主导性和主体性原则并不是相互对立的，而是相互影响和相互补充的，应当实现主导性和主体性相结合。这是由当代青年价值观培育所面临的环境以及公共艺术作品的特点和目的所决定的。

近年来，随着社会经济的持续发展以及我国社会的转型，青年的思想受社会多元价值观的影响越来越独立。他们不再盲从传统的价值观，在价值观的认知方面具有开放性，更加倾向于个人的价值体验中树立个人价值观。

然而，由于青年价值观尚处于形成过程中，受个体知识水平和实践经验的限制，青年群体难以通过个人的价值体验而自发形成与社会主义核心价值体系要求完全一致的个人价值观。

公共艺术介入价值观培育应当坚持主导性和主体性相结合的原则，即在保持项目的主导方向的同时，充分尊重参与者的主体性。

以某城市的公共艺术墙绘项目为例。

为了提升城市形象，增强市民的文化认同感和环保意识，某城市政府启动了一项公共艺术墙绘项目。该公共艺术墙绘项目邀请了当地多名艺术家和志愿者参与，以环保、社区文化和公民责任等为主题，在城市的各个角落创作壁画。

公共艺术墙绘项目团队在策划阶段明确了公共艺术墙绘项目的主题和目标，确保了公共艺术墙绘项目的主导性。通过选择具有教育意义和社会价值的主题，公共艺术墙绘项目在引导青年群体关注社会问题、提升文化素养等方面发挥了主导作用。

为了充分尊重参与者的主体性，公共艺术墙绘项目团队鼓励志愿者和艺术家自主提出创意和设计，充分发挥他们的想象力和创造力。此外，公共艺术墙绘项目还开展了一系列公共讲座和互动活动，邀请市民参与讨论，提出对墙绘的意见和建议。

通过主导性和主体性相结合的原则，该公共艺术墙绘项目在推动青年价值观培育的同时，成功地激发了市民的参与热情和创造力。公共艺术墙绘项目的实施不仅提升了城市形象，还为市民提供了一个亲近艺术、参与城市建设的平台，进一步强化了市民的文化认同感和环保意识。

由此可见，青年价值观的培育具有较强的复杂性，公共艺术纳入青年价值观培育应当坚持主导性与主体性相结合的原则。

（三）公共艺术作品介入青年价值观培育坚持主导性和主体性相结合的注意事项

1. 坚持社会主义核心价值体系的主导性

青年价值观培育是社会人才培养和文化建设的重要组成部分，公共艺术介入青年价值观培育坚持社会主义核心价值体系的主导性，对于引导青年树立正确的价值观和世界观、促进青年成长为社会主义事业的建设者和接班人，具有重要的意义和作用。

2. 要充分发挥青年的主体性

政府与政府机构应当积极为青年搭建各种平台，鼓励青年主动、自觉运用这些平台开展价值认知和价值体验，从而能动地形成与社会主义核心价值体系价值要求相一致的个人价值观。同时，政府有关部门和学校等机构面向青少年开展各种公共艺术文化知识普及活动，既丰富青年的生产知识和技能，又提高他们的知识水平和价值判断能力，为他们正确发挥主体性打下基础。

综上所述，将公共艺术纳入青年价值观培育，既要尊重青年、理解青年、关心青年，又要将社会主义核心价值体系的基本内容传播贯穿于青年价值观形成的各个环节，让他们系统、全面地理解和内化社会主义核心价值体系，从而引导青年培育积极、健康的价值观。

三、理想性和现实性相结合的原则

公共艺术作为一种特殊的艺术形式，在培育青年价值观时，应当遵循理想性和现实性相结合的原则。

（一）从公共艺术的内容选择方面来看

公共艺术应当立足现实，关注现实问题，在兼顾社会大众需求的同时，从青年的兴趣、需求出发，真实地反映社会的发展和变化，帮助青年深入了解社会现状，关注社会问题，并思考如何通过自己的努力去解决这些问题，培养青年的现实意识，使他们更加关注现实生活，更加脚踏实地地追求理想。具体来说，公共艺术作品的主题应当关注现实生活，关注人们的需求和情感。以现实为题材的艺术作品能够引起青年的共鸣，帮助他们思考现实问题，培养他们的社会责任感和现实意识。

青年面临的现实问题。青年是社会的未来，他们所面临的问题会影响到整个社会的发展，如青年就业、教育机会、心理健康等问题。公共艺术作品应该从现实出发，关注这些问题，并尝试通过艺术的手段来提出解决方案。这样，青年在欣赏艺术作品的同时，也能意识到这些问题的存在，并尝试去解决这些问题，引导青年构建健康的价值观。

除此之外，公共艺术还应激发青年的理想追求。公共艺术通过展示积极向上、具有前瞻性的艺术作品，可以激发青年的思考，引导他们树立远大理想，培养他们的信念和毅力。

（二）从公共艺术的形式选择方面来看

公共艺术纳入青年价值观培育的形式也应当坚持理想性和现实性相结合的原则，具体包括教育活动、实践项目、文化交流、艺术体验、艺术评论等活动形式。

1. 组织教育活动

组织举办公共艺术讲座、艺术展览和艺术论坛等教育活动，对于青年了解艺术的历史、流派和创作方法具有重要意义。这类活动可以帮助青年从艺术作品中汲取理想信念和现实情感，从而培养他们的价值观和审美观。

（1）公共艺术讲座。公共艺术讲座可以邀请专家学者或知名艺术家来分享他们的知识和经验，让青年了解艺术的发展历程、各个时期的代表性作品以及艺术家的创作理念。这种互动性强、信息量大的活动有助于青年拓宽艺术视野，激发他们对艺术的兴趣和热情。

（2）艺术展览。艺术展览是让青年直观感受艺术作品的重要途径。通过参观展览，青年可以亲眼观察各种艺术作品，了解不同艺术流派的风格特点，体验艺术的魅力。艺术展览也可以激发青年的创作灵感，引导他们在自己的生活和创作中关注理想和现实。

（3）艺术论坛。艺术论坛为青年提供一个讨论和交流的平台。在论坛上，青年可以听取不同的观点发言，学会分析和评价艺术作品，形成自己的见解。其间与同行和专家的交流有助于青年提升审美素养，培养独立思考的能力。

通过这些活动，青年可以从艺术作品中汲取理想信念和现实情感。例如，一幅反映社会现实的画作可以引发青年对社会问题的关注，鼓励他们思考解决问题的方法；一部寓意深刻的雕塑作品则可能激发青年的理想追求，引导他们为更美好的未来努力。

2.组织实践项目活动

实践项目是培养青年价值观的重要方式，鼓励青年参与公共艺术项目，如社区壁画、公共雕塑、街头表演等，能让他们在实践中学会将理想付诸行动，提高创新能力和解决现实问题的能力。

（1）参与社区壁画项目。参与社区壁画项目可以让青年与社区居民共同创作，提高他们的团队协作能力。在创作过程中，青年可以关注社区的现实问题，将关注点融入作品，同时展现他们对美好未来的期许。这有助于提高青年的社会责任感和对现实问题的关注度。

（2）公共雕塑项目。公共雕塑项目可以让青年在实际创作中深入研究雕塑艺术，挖掘雕塑作品所承载的文化内涵和价值观。这样，青年可以从中汲取灵感，为公共空间创作出具有象征意义和美学价值的作品，为城市增添美感。

（3）街头表演。街头表演则是一种直接面向公众的艺术表现形式，通过参与街头表演，青年可以锻炼自己的表演能力，同时与观众产生互动，感受现实生活中的人情世故。这有助于培养青年的表达能力、沟通能力和现实意识。

在这些实践项目中，青年可以发挥自己的创意，将理想与现实结合，为公共空间创造更有价值和意义的艺术作品。同时，通过实践项目的参与，青年可以学会与他人合作，锻炼自己的团队协作能力，提升自身综合素质。

3.组织文化交流活动

文化交流在培养青年价值观方面具有重要作用。举办国际艺术节、艺术家交流等活动，可以促进青年了解不同文化背景下的艺术，拓宽视野，学会尊重和包容不同文化的价值观。

（1）组织国际艺术节。国际艺术节是一个汇集各国艺术家、作品和观众的盛大活动。在这样的活动中，青年可以欣赏来自世界各地的优秀艺术作品，了解不同国家和地区的艺术风格及其特点。此外，国际艺术节还为青年提供了一个与国际艺术家互动交流的平台，使他们能够直接向优秀艺术家学习，提升自己的艺术素养。

（2）组织艺术家交流活动。艺术家交流活动可以是讲座、座谈会、工作坊等形式，这些活动为青年提供了与不同文化背景的艺术家面对面交流的机会。在这些活动中，青年可以听取艺术家的创作心得、观念和理念，从而激发自己的创作灵感，拓宽自己的艺术视野。

通过参与这些文化交流活动，青年可以深入了解其他文化的价值观、传统和习俗，培养他们尊重和包容不同文化的能力。这对于青年成长为具有国际视野、包容心态和跨文化沟通能力的新时代人才具有重要意义。

四、传承性和开放性相结合的原则

公共艺术介入青年价值观的培育应该坚持传承性和开放性相结合的原则，既要弘扬优秀的传统文化，又要兼容并蓄、拥抱多元文化，培养具有时代特征、全球视野和创新精神的新时代青年。

传承性强调继承和发扬民族优秀传统文化，帮助青年树立正确的民族自尊和自信。要让青年深入了解自己民族的历史、文化、艺术和价值观，从中汲取智慧，为个人成长和社会发展贡献力量。

开放性意味着要让青年拥抱多元文化，学会尊重和包容不同文化的价值观，培养具有国际视野和跨文化沟通能力的新时代青年。这需要通过各种途径，让青年接触和了解不同文化背景下的艺术、风俗和习惯。

将传承性和开放性相结合，意味着要在培养青年热爱自己民族文化的基础上，让他们学会欣赏、理解和包容其他文化。这样的价值观培育可以帮助青年形成开放包容的心态，提高他们在全球化背景下的竞争力和应变能力。

以某城市的跨文化公共雕塑项目为例。

为了提升城市的文化品质，促进文化交流，某城市政府启动了一项跨文化公共雕塑项目。公共雕塑项目邀请了来自不同文化背景的艺术家共同创作，以展示城市的包容性和多元化。

公共雕塑项目团队在策划阶段注重挖掘当地的历史文化资源，结合城市的地域特色，以传统文化元素为基础进行创作。例如，雕塑作品中融入了传统建筑、民间艺术、神话传说等元素，强调了对本土文化的尊重和传承。

为了体现开放性原则，公共雕塑项目团队特意邀请了多个国家和地区的艺术家参与创作，以跨文化的视角展现城市的多元特色。这些艺术家在作品中融合了各自文化的特点，如某国家的图腾、某地区的民间故事等，使作品呈现出丰富的文化内涵和多样性。

通过传承性和开放性相结合的原则，该跨文化公共雕塑项目在传承本土文化的同时，展示了城市的包容性和多元化，不仅增强本地市民对本地历史文化的认同感，还促进了文化交流与融合，为青年价值观培育提供了丰富的文化土壤。

公共艺术在青年价值观的培育过程中，坚持传承性和开放性相结合的原则，可以提升青年对本民族传统文化的认同，同时培养他们包容、理解不同文化的能力，为培养具有全球视野和创新精神的新时代青年创造条件。

在公共艺术创作中，注重民族优秀传统文化的传承与发扬，使青年能够深入了解并认同自己民族的历史、文化和艺术。例如，在社区壁画、公共雕塑等项目中，可以融入具有民族特色的元素，展示民族文化的独特魅力。同时，通过组织相关的艺术教育活动，帮助青年了解民族艺术的发展历程、特点和价值。

在公共艺术创作中，鼓励青年拥抱多元文化，学会尊重和包容不同文化的价值观。这可以通过引入世界各地的艺术风格、技巧和理念，让青年在实际创作中拓宽视野、接触艺术的多样性。同时，举办国际艺术节、艺术家交流活动等，让青年有机会与来自不同文化背景的艺术家互动，提高跨文化沟通能力。

综上所述，在公共艺术创作过程中，传承性和开放性相结合，有助于激发青年对本民族文化的热爱和对多元文化的尊重。这将使他们在创作过程中形成包容的心态，培养具有时代特征、全球视野和创新精神的新时代青年。

第二节　公共艺术介入青年价值观培育的方法研究

公共艺术介入青年价值观培育的方法研究涉及对公共艺术与青年价值观关系的探讨，以及如何发挥公共艺术在价值观培育中的作用。本节主要对此进行详细分析。

一、理论研究

深入了解公共艺术与青年价值观之间的内在联系。从社会学、心理学、教育学等多学科角度，研究公共艺术如何影响青年的认知、情感和行为，以及这种影响如何转化为价值观的培育。

从社会学角度来看，公共艺术作为一种社会现象，其创作、展示和传播过程都是在特定的社会背景下进行的。这意味着公共艺术不仅反映了社会的价值观、风俗习惯和道德观念，还具有塑造社会意识形态的功能。当青年接触公共艺术时，他们在欣赏美感的同时，也在潜移默化地吸收这些社会价值观。因此，公共艺术可以作为一种载体，将社会主义核心价值观传播给青年群体，从而影响他们的认知和情感。

从心理学角度分析，公共艺术对青年价值观培育的影响可以从两个方面来理解。一方面，公共艺术作品往往具有较强的视觉冲击力和情感表达力，能够引发青年的共鸣和情感反应。这种情感反应与认知过程密切相关，会促使青年对作品所表达的主题、价值观和审美观进行思考和自省。另一方面，公共艺术作品往往具有象征性和隐喻性，能够激发青年的想象力和创造力。这种想象力和创造力有助于青年建立与作品所传达的价值观相一致的精神世界，从而转化为内在的价值观和行为准则。

从教育学角度来看，公共艺术在青年价值观培育中的作用可以归结为两个层面：启蒙教育和实践教育。在启蒙教育层面，公共艺术通过展示世界观、人生观和价值观，启发青年思考人与自然、人与社会、人与人之间的关系，从而形成自己的价值观。在实践教育层面，公共艺术鼓励青年通过参与创作、展示和批评等活动，将所学的价值观付诸实践，培养社会责任感、创新精神和公民素质。这两个层面相辅相成，共同推动青年价值观的成长和发展。

公共艺术在青年价值观培育过程中具有多样性和包容性。多样性体现在公共艺术作品种类繁多，涵盖了各种艺术形式和风格，如绘画、雕塑、建筑、摄影、影像、表演等。这种多样性为青年提供了丰富的审美体验，有助于培养他们的审美能力和创造力。包容性体现在公共艺术作品往往反映了不同地域、民族和文化的特色，展现了多元文化的价值观。这种包容性有助于青年树立正确的文化自信和文化自觉，学会尊重和包容不同文化的价值观。

公共艺术在青年价值观培育中还具有广泛的社会参与性。公共艺术作品通常位于公共空间，如公园、广场、街道、社区等地方，易于让青年在日常生活中接触和参与。这种社会参与性有助于青年将艺术融入生活，提高他们的文化素养和审美品位。同时，通过参与公共艺术项目的策划、创作、展示和评论等活动，青年可以培养团队合作精神、沟通能力和判断力，提高自己的社会适应能力。

　　从社会学、心理学和教育学等多学科角度来看，公共艺术对青年价值观培育具有深远的影响。它既是价值观传播的载体，又是价值观教育的场域，通过多样性、包容性和社会参与性等特点，有效地将理论价值观与实践价值观相结合，推动青年价值观的全面发展。为了进一步发挥公共艺术在青年价值观培育中的作用，政府和教育部门应积极开展相关政策和实践探索，提高公共艺术教育的普及率和质量，培养具有社会主义核心价值观的青年群体。

二、跨学科融合研究

　　跨学科融合在当今社会日益受到重视，尤其是在公共艺术领域，其影响力更加显著。将公共艺术与其他学科相结合，如科技、环境保护、社会问题等，有助于发挥各学科的优势，提升青年在艺术领域中解决现实问题的能力和创新精神。

（一）公共艺术与科技的结合

　　公共艺术与科技的结合，可以为青年提供新的视野和技术支持。科技的发展使得公共艺术呈现出更为丰富的形式，如数字艺术、交互艺术、虚拟现实等。这些艺术形式不仅拓展了青年的审美体验，还激发了他们的创新思维。科技与艺术的交融有助于培养青年的创新意识和技术素养，使他们能够运用科技手段创作具有时代特征的艺术作品，以应对未来社会的挑战。

（二）公共艺术与环境保护的结合

　　公共艺术与环境保护的结合，有助于提高青年的生态意识和环保行动力。公共艺术作品可以通过生态主题、环保材料和循环利用等方式，宣传环保理念，倡导绿色生活。青年在参与这类艺术项目的过程中，可以了解自然环境和生态系统的运行规律，思考人类如何与自然和谐共生。这种跨学科融合有助于培养青年的生态智慧和环保行动力，使他们更加珍惜自然资源，关注环境问题。

（三）公共艺术与社会问题的结合

　　公共艺术与社会问题的结合，可以促进青年关注社会现实，提高他们的社会责任感。公共艺术作品可以以社会问题为主题，如贫困、教育、健康、歧视等，引发青年的思考和关注。通过参与这类艺术项目，青年可以深入了解社会现象及其背后的原因，以寻求解决问题的方法。这种跨学科融合有助于培养青年的社会意识和道德品质，使他们更加关心他人和社会，积极参与公共事务。

（四）公共艺术与心理健康的结合

公共艺术与心理健康的结合，有助于提升青年的心理素质和自我调适能力。公共艺术作品可以传递积极的心理信息，如勇敢面对挑战、保持乐观态度等，为青年提供情感支持和心理慰藉。此外，参与公共艺术项目的过程本身也具有疗愈作用，有助于青年释放情感压力、培养自信心和增强团队合作精神。这种跨学科融合有助于培养青年的心理素质和自我调适能力，使他们在面对生活挑战时更加从容。

综上所述，跨学科融合在公共艺术领域具有重要价值，有助于培育青年的创新精神、生态意识、社会责任感和心理素质等多方面能力。在未来社会的发展中，政府及有关部门应继续探索公共艺术与其他学科的结合，为青年提供更加丰富的教育资源和成长空间。同时，政府、学校、社会组织等各方应共同努力，推动公共艺术的发展和普及，从而为青年价值观的培育提供持续动力。只有这样，政府及有关部门才能培养出具有全面素质、适应时代发展需求的新一代青年。

三、注重社会参与

社会参与是公共艺术介入青年价值观培育的一个重要路径。青年的积极参与有助于推动公共艺术的发展和创新，同时为青年价值观的培育提供了更广阔的空间。

（一）激发青年参与公共艺术活动的积极性

1. 提供多元化的参与方式

青年的参与方式多种多样，需要根据不同群体的特点和需求提供相应的参与方式。例如，有些青年更愿意通过参观展览、欣赏演出等方式了解公共艺术，有些则更喜欢通过参与创作、组织活动等方式参与其中。因此，政府及有关部门需要提供多样化的参与方式，以满足青年的不同需求。

2. 打造积极向上的文化氛围

在社会中，不同的文化氛围会对青年产生不同的影响。为了激发青年参与公共艺术活动的积极性，政府及有关部门需要打造积极向上的文化氛围，让青年感受到公共艺术对社会的积极贡献和意义。同时，要营造互助互爱、和谐共处的社会氛围，让青年感受到自己作为社会一员的重要性和责任感。

3. 加强宣传和引导

要激发青年参与公共艺术活动的积极性，需要加强宣传和引导。政府及有关部门可以通过社交媒体、宣传栏、广告等方式宣传公共艺术活动，让更多的青年了解并参与其中。同时，政府及有关部门还需要提供相关的引导和培训，帮助青年更好地参与公共艺术活动。

（二）通过多元渠道推动青年参与公共艺术

1. 社区

社区是青年参与公共艺术的一个重要渠道。社区公共艺术活动能够促进社区文化建设和社会和谐发展，也为青年提供了一个参与公共艺术的机会。政府及有关部门可以通过社区艺术节、社区志愿者服务、社区艺术家工作室等方式，激发青年参与公共艺术活动的积极性，同时可以让公共艺术更加贴近社区和民生。

2. 学校

学校是培养青年艺术素养和社会责任感的重要场所。学校可以通过开设公共艺术课程、组织艺术比赛、举办艺术展览等方式，给青年提供参与公共艺术的机会和平台。此外，学校还可以鼓励青年参加各种艺术社团和活动，提高他们的艺术素养和创造力。

3. 网络

网络是青年获取信息和交流的重要渠道，也是推动公共艺术发展的新途径。政府及有关部门可以通过互联网开展线上公共艺术活动，如在线艺术展、虚拟公共艺术空间等，让青年在网上了解和参与公共艺术活动。此外，社交媒体平台也是宣传和推广公共艺术的重要途径，可以通过社交媒体推送公共艺术活动信息，吸引更多的青年参与其中。

以上三种多元方法可以互相结合，形成一种有机的联动效应。

例如，可以在社区中举办公共艺术活动，同时通过网络宣传吸引更多的青年参与。学校也可以作为公共艺术活动的一个场所和平台，提供艺术课程和资源，引导和培养青年参与公共艺术的意识和能力。

四、注重案例研究

公共艺术是一种与社区、公共空间和公共生活相关的艺术形式。它不仅可以提升城市文化品位，还可以推动社会文明进步和人文精神的发展。在公共艺术的实践中，不少项目是针对青年的，旨在通过公共艺术教育和参与，促进青年价值观的培育和提升。

（一）对公共艺术融入价值观培育的案例进行研究

1.“边缘”项目

“边缘”项目是由德国艺术家塞巴斯蒂安·舒尔兹（Sebastian Schult）于2012年发起的公共艺术项目，旨在为社区居民提供一个自由表达的平台。项目的初始阶段，舒尔兹在社区中建立了一个临时的艺术工作室，邀请社区居民参与艺术创作。在接下来的几个月里，艺术家和社区居民共同完成了一系列的艺术作品，如绘画、摄影、雕塑等。这些艺术作品不仅装饰了社区环境，还激发了社区居民的创造力和自我表达能力。

“边缘”项目的成功之处在于它能够让社区居民参与公共艺术创作中，通过艺术的方式表达自己的想法和情感。这种参与感和自我表达的机会可以帮助青年建立自信心和自我认同感，从而促进其价值观的形成和提升。

2.“城市插画”项目

“城市插画”项目是由韩国插画师金志炫（Kim Ji-hyeon）发起的公共艺术项目，旨在让城市空间更加有趣、有爱、有品质。项目的初始阶段，金志炫邀请了一批青年插画师，将城市中的垃圾桶、水泥柱等公共设施变成具有生命和灵性的形象。这些形象包括小熊、小鸟、小树等，为城市环境注入了一份温暖和趣味。

“城市插画”项目的成功之处在于它能够通过公共艺术形式为城市带来一份生机和活力，同时吸引了更多的年轻人参与公共艺术创作中。青年插画师们通过自己的创意和艺术创作，将城市空间变成一个艺术展览和创作的平台，这样的参与体验可以促进青年的创新和创造能力的提升，同时可以让他们对城市环境和公共设施有更多的关注和保护意识。

3.“巨大的框架”项目

“巨大的框架”项目是由英国艺术家克里斯·多伦（Chris Dorley-Brown）发起的公共艺术项目，旨在探索城市空间和城市居民之间的关系。项目的初始阶段，多伦建造了一些巨大的金属框架，然后将这些框架放置在城市不同的角落，邀请居民进入框架中进行拍照。通过这种方式，多伦让居民成为了艺术作品的一部分，同时创造了一个社区间互动和交流的空间。

"巨大的框架"项目的成功之处在于它能够通过艺术形式让居民重新认识和感知城市环境。这种参与式的艺术创作可以培养青年的团队合作能力和自主创新能力，同时可以增强他们对城市环境和公共空间的关注和保护意识，有助于提升他们的社会责任感和公民素质。

4."原来是这样"公益艺术展

"原来是这样"是一种结合了艺术展览和公益活动的公共艺术项目，旨在通过艺术的形式呈现一些社会问题和公益主题，引起人们对社会问题的关注和思考。这个项目不仅提供给青年一个创作和展示的平台，还通过艺术的形式让他们了解和关注社会问题，并思考如何通过自己的创作去解决这些问题。同时，这个项目还吸引了大量的公众参与，提高了社会各界对社会问题和公益事业的关注度和认知度。

5.上海市公共自行车废旧车辆雕塑

2018 年，上海市政府为提倡低碳生活，推广环保交通方式，启动了一项公共艺术项目。该项目利用公共自行车废旧车辆零部件创作了一系列公共艺术品，展示了绿色环保和低碳生活的理念。

该项目充分利用了废旧车辆零部件，将其转化为具有观赏价值的公共艺术品。这一过程体现了资源再利用和减少废物的环保理念。项目以环保为主题，通过公共艺术品向市民传达环保、低碳生活等理念，该项目在策划和实施过程中还鼓励社区居民参与公共艺术品的创作过程，使其成为环保行动的参与者和推动者。

通过这个绿色环保公共艺术项目，上海市政府成功地将环保理念融入公共空间，提高了市民对环保问题的关注度，为青年价值观培育提供了有益的教育资源。

除了以上案例，近年来，我国涌现出了一大批杰出的公共艺术案例。这些公共艺术案例为我国有关部门研究公共艺术介入青年价值观培育提供了极其重要的示范。

（二）案例研究在公共艺术介入青年价值观培育中的重要价值

公共艺术介入青年价值观培育是一项复杂的工作，需要在实践中不断摸索和完善。而成功的案例可以向政府及有关部门展示如何在实践中克服困难，达到预期目标。通过对这些案例的研究和分析，政府及有关部门可以发现成功的经验和策略，从而为公共艺术教育的实施提供借鉴和参考。例如，国内外的公共艺术项目都有着丰富的经验和教训，如何在项目策划、艺术创作、社会参与、评估监测等方面掌握关键技巧，都可以从成功案例中找到启示和指导。

通过对案例的分析，政府、学校等有关机构可以深入了解公共艺术教育对青年价值观培育的具体作用和机制。公共艺术教育是通过艺术创作和文化交流等形式，引导青年思考和反思现实问题，以及塑造和提高其人文素养和社会责任感。通过对案例的深入分析和研究，政府及有关部门可以探究公共艺术教育如何具体地实现这一目标，从而帮助理解公共艺术教育的实质和内涵。例如，一个成功的公共艺术项目是如何通过艺术创作、社区参与和文化交流等多种手段，对青年的认知、情感和行为进行塑造和影响的，这些机制的运作规律和关键因素都可以通过案例研究来探讨和解析。

此外，案例研究还可以帮助公共艺术教育工作者更好地了解和回应社会需求，满足青年群体的价值观培育需求。通过借鉴和吸收成功案例的经验和策略，可以更好地设计和实施公共艺术教育活动，使其更加符合青年群体的实际需求和社会背景。同时，案例研究也有助于公共艺术教育工作者了解不同文化、地域、人群背景下的公共艺术教育实践，并从中获得启示和启发，不断推进公共艺术教育的创新和发展。

综上所述，案例研究对于推广公共艺术教育、促进青年价值观培育、提高公共艺术教育质量和水平都具有重要价值。通过不断深入和系统的案例研究，公共艺术教育工作者可以更好地把握公共艺术教育的实践要求和理论支撑，推动公共艺术教育的创新和发展，为培养具有社会责任感和创新能力的青年人才做出更大的贡献。

第三节　公共艺术介入青年价值观培育的路径研究

公共艺术作为一种具有广泛影响力和参与性的艺术形式，可以有效地介入青年价值观的培育。本节主要对公共艺术介入青年价值观培育的路径进行研究。

一、吸纳青年群体参与的创意空间与社区建设

公共艺术通过在校园、社区等场所建设创意空间，鼓励青年人参与公共艺术项目的创作与展示，以培养青年群体独立思考、自我表达的能力和价值观。

公共艺术具有公共性和参与性的特点。在校园或社区进行创新空间或社区建设，可以为青年人提供了一个展示自己才能的舞台。在这些空间里，青年人可以自由地发挥自己的想象力和创造力，尝试各种不同的艺术形式和技巧，如绘画、雕塑、摄影、表演等。这些活动能够帮助青年人发掘自己的艺术潜能。

创意空间与社区建设为青年人提供了一个交流思想的平台。在这里，青年人可以结识来自不同背景、拥有不同观点和经验的伙伴，通过互动和讨论，拓宽自己的视野，开阔自己的思路。这种多元化的交流环境有助于培养青年人的包容性、沟通能力和团队协作精神，使他们更容易适应社会的多样性和变化。

创意空间与社区建设还有助于培养青年人的自我表达能力。在这些空间中，青年人可以通过自己的作品来表达自己的观点、情感和信仰，将内心的想法和感受传达给他人。这种自我表达的过程有助于提高青年人的自信心和自尊心，使他们更加勇敢地面对生活中的挑战和困难。

创意空间与社区建设还可以帮助青年人建立良好的价值观。在这些空间中，青年人可以接触到各种不同的艺术作品和观念，从而认识到艺术在塑造个人品质、传递正能量方面的重要作用。通过参与公共艺术项目，青年人可以学会关注社会问题，积极参与公共事务，形成积极向上的价值观。此外，创意空间与社区建设还可以将艺术教育融入青年人的日常生活，培养他们的审美能力和人文素养，使他们更加关注人与自然、人与社会的和谐关系，提升他们的生活品质。

创意空间与社区建设还可以激发青年人的创新精神。通过参与公共艺术项目，青年人可以探索各种创新方法和实践，发现自己在艺术领域的兴趣和潜力。这种创新精神不仅可以促进个人的成长和发展，还可以为社会带来更多的活力和创造力。

在创意空间与社区建设中，还可以通过举办各种艺术活动和比赛，提高青年人对公共艺术项目的参与度。这些活动和比赛可以帮助青年人展示自己的才华，激发他们的创造激情，提高他们的综合素质。此外，这些活动还可以让青年人了解到公共艺术项目对于社区发展和个人成长的重要意义，从而更加积极地投身于公共艺术项目的创作与实践。

公共艺术通过在校园、社区等场所建设创意空间，可以使公共艺术项目更加贴近青年人的生活。在这些空间中，青年人可以体验到艺术的魅力和价值，从而更加关注艺术、热爱艺术。这种艺术氛围对于培养青年人的艺术兴趣和审美情趣具有积极的作用。

（一）社区壁画项目

组织青年参与到社区壁画创作中，让他们通过绘画表达对社会问题的关注和理解。这可以帮助青年建立对公共事务的责任感，并培养他们的团队合作精神和创造力。同时，壁画可以展示当地文化特色，让青年了解和传承本民族文化。

例如，在一个社区里，组织青年参与一个以社会主义核心价值观为主题的壁画项目。这个项目要求青年群体共同创作一幅壁画，通过绘画展现对民主、法治、和谐、友善等社会主义核心价值观的理解和认同。

在这个项目中，青年群体需要团结协作，共同设计壁画的构思，将各种元素融入画面，如自然风光、民族特色、社会进步等，以表现社会主义核心价值观的内涵。同时，他们需要与社区居民沟通交流，了解他们的需求和期望，将这些反馈融入壁画创作中。

通过参与这个社区壁画项目，青年群体在实践中对社会主义核心价值观有了更深刻的认识。他们学会了关注民族文化的传承，尊重科学精神，追求社会和谐和人际友善。这种参与式的公共艺术创作过程有助于青年群体建立起对公共事务的责任感，并培养他们的团队合作精神和创造力。

此外，这幅壁画作为一个具有教育意义的公共艺术品，将长期存在于社区中，不断地向社区居民传递社会主义核心价值观的理念，使之成为社区文化建设的一部分。这样的艺术品可以提醒青年群体在日常生活中践行社会主义核心价值观，为构建和谐社会做出贡献。

（二）公共艺术相关的竞赛活动

举办公共艺术相关的竞赛活动，鼓励青年发挥创意，以公共艺术的形式展示他们对于环保、和平、人权等主题的思考，有助于培养青年的创新意识和社会责任感，同时提高他们的审美素养和设计能力。

例如，"2023 环复兴公园公共艺术青年设计大赛"活动，以上海市中心具有百年历史、唯一的法式园林风格公园——复兴公园作为基地，以举办青年公共艺术设计大赛的方式为载体，鼓励社会青年参与到城市公园建设中来。这项活动得到上海市教育委员会、上海市黄浦区绿化和市容管理局、黄浦区人民政府的大力支持，参赛对象为所有在校大学本科及大专院校类学生和社会青年艺术家、爱好者（均要求 45 周岁以下）。

参与"2023 环复兴公园公共艺术青年设计大赛"的青年群体以环复兴公园五条美丽街区范围为基础场景，设计适合设置在公园或者街景绿地、口袋公园等公共空间的景观小品、雕塑、艺术凳椅、小型公共设施等，这些公共艺术作品应当融合艺术性与功能性，同时倡导可持续发展理念。此次活动还设置了多个奖项，获奖者不仅可以获得相关证书，还可以获得高额奖金，获奖作品则有可能永久落地于公园公共空间之中。

本次活动的组织方在多个公众平台免费为专业类学生、青年艺术家提供展示自己设计作品、设计理念的平台。在大规模吸引青年群体参与的同时，也为广大市民群体提供一个了解、观摩设计理念图的渠道，让市民更加了解诸多公共艺术构筑物作品产生之初的状态。

"2023 环复兴公园公共艺术青年设计大赛"以竞赛的活动形式面向广大社会青年群体发起号召，能够在短时间内聚集大量青年共同参与此项目。青年群体在参与活动的同时，必须了解复兴公园的历史以及未来的发展理念，在设计过程中必须以社会主义核心价值观作为指引，将积极、健康的价值观融入公共艺术，从而创作出让社会各个群体均满意的艺术作品。

除此之外，政府、学校以及社会有关机构，还可以组织以"社会主义核心价值观"为主题的公共雕塑设计竞赛。

竞赛邀请青年以雕塑的形式表达其对于环保、和平、人权等与社会主义核心价值观相关的主题的思考。这些主题紧密联系诸如爱国主义、公民道德、法治精神、诚信等社会主义核心价值观。

在竞赛中，参赛青年需要深入研究各种主题，思考它们与社会主义核心价值观的关系，并将这些理念融入雕塑设计中。在设计过程中，青年群体可以充分发挥创意，运用多种材料和技法，创作出有深度、有内涵的作品。

通过参加这场公共雕塑设计竞赛，青年群体有机会反思社会主义核心价值观在现实生活中的意义，提高自己的社会责任感。同时，这个过程也培养了青年群体的创新意识、审美素养和设计能力。

获奖作品可以在公共场所展示，成为城市文化的一部分，提醒市民践行社会主义核心价值观。这些雕塑作品将成为具有教育意义的公共艺术品，激发更多青年关注社会问题，积极参与到构建和谐社会的行动中。通过这样的竞赛，青年群体将更加关注社会主义核心价值观，并在实践中为社会发展做出贡献。

（三）街头表演活动

组织青年参与街头音乐、舞蹈、戏剧等表演，让青年群体在实践中感受艺术的魅力，提升自信心和表达能力。通过这些活动，青年可以了解不同文化的表演艺术，培养包容和尊重多元文化的价值观。

假设在一个城市的步行街或公园举办一场以社会主义核心价值观为主题的街头表演活动。活动邀请青年群体表演音乐、舞蹈、戏剧等节目，以展示青年群体对于诚信、友爱、公平、法治等社会主义核心价值观的理解。

在这个活动中，青年群体需要通过艺术表现形式来传达社会主义核心价值观的精神。例如，青年群体可以创作一部以爱国主义为主题的音乐作品，用舞蹈表现和谐共处的理念，或者通过戏剧讲述诚信故事。在表演过程中，青年群体可以提高自信心和表达能力，同时感受艺术的魅力。

此外，这些街头表演活动通常涉及多种文化和艺术形式，使青年有机会了解不同文化背景下的表演艺术，从而培养包容和尊重多元文化的价值观。这对于推动社会和谐、促进民族团结具有重要意义。

通过参加这些街头表演活动，青年群体在实践中对社会主义核心价值观有了更深刻的认识。青年群体学会了关注公共事务，积极参与社会活动，践行社会主义核心价值观。同时，这些活动也为青年群体提供了一个展示自己才艺、交流思想的平台，有助于提升青年群体的综合素质和人际交往能力。

综上所述，通过吸纳青年群体参与创意空间与社区的建设，可以为青年人提供一个发挥才能、交流思想、展现个性的平台。这种平台对于培养青年人独立思考、自我表达的能力和价值观具有重要意义。为了更好地发挥创意空间与社区建设在青年价值观培育方面的作用，政府及有关部门需要在政策支持、资源配置、活动组织等方面给予更多的关注和支持，创造更多有利于青年人成长的艺术环境。

二、公共艺术教育与培训

利用公共艺术教育与培训活动对青年价值观进行培育可以达到良好的效果。

公共艺术形式多样，具有较强的艺术价值，备受青年群体的喜爱。公共艺术作品中蕴含着特定的思想，借助公共艺术作品对青年价值观进行培育可以起到事半功倍的效果。

以爱国主义教育大型浮雕《红色羊城》为例。

2019年爱国主义教育大型浮雕《红色羊城》位于广州市先烈中路小学校门口，该雕塑落成后，即作为青少年国防教育基地，正式免费向广大市民开放。

《红色羊城》总长55.6米，高约2.8米，主体人物118个，共分为五个篇章，以中国共产党第三次全国代表大会、广州农民运动讲习所、广州起义、广州解放等重要历史事件和复兴伟业为题材，把广州红色故事和国家领导人的"国防教育寄语"相结合，形成了融艺术性与教育性于一体的公共艺术作品。

《红色羊城》浮雕的五个不同主题的篇章采用统一的艺术风格，形成既具独立性又成一个整体的浮雕长卷。通过这件艺术作品，展现了广州地区在历史峥嵘岁月里的壮丽画卷，提高了人们的爱国热情和国防意识。《红色羊城》浮雕落成后，学校、社区等有关部门纷纷组织青少年群体对该浮雕作品进行参观，让青少年群体了解其中所蕴含的历史，从而激发青少年群体的爱国主义热情和热爱家乡、建设家乡的情感。除此之外，一些学校或政府有关部门还会引导青少年参与到《红色羊城》浮雕的解说中，从而引导青少年群体更加深入地学习广州的历史，培养青少年的爱国主义精神，引导青少年形成积极、健康的价值观。

三、鼓励青年群体参与公共艺术志愿者服务

公共艺术具有包容性和公共性，鼓励大众参与，政府、学校或社区有关部门通过鼓励青年群体参与艺术志愿者服务，有利于培育青年的社会主义核心价值观。

设想一个非政府组织（NGO）为了支持偏远地区的教育，组织了一个艺术教育志愿者项目。该项目邀请青年志愿者赴贫困地区学校，为当地孩子提供艺术教育课程，如摄影、陶艺、民间艺术等。

参与这个项目的青年志愿者需要将自己的艺术知识和技能传授给贫困地区的孩子。在这个过程中，青年群体可以亲身了解当地孩子的生活条件，接触不同的民族文化，提高自己的同理心和责任感。

通过参与艺术教育志愿者服务，青年群体能够将社会主义核心价值观付诸实践。青年群体关注贫困地区的教育问题，积极地为解决这些问题贡献力量，践行公平、法治、友善等社会主义核心价值观。同时，这些活动有助于提高青年群体的组织、领导、沟通能力，培养青年群体的创新精神。

此外，参与艺术教育志愿者服务还有助于青年了解国家的多样性，拓宽青年群体的视野。在项目过程中，青年群体可以与来自不同文化、民族背景的人们交流，学会尊重和包容多元文化的价值观。这对于构建民族团结、和谐社会具有重要意义。

在现实生活中，许多艺术专业的青年大学生或者毕业后进入社会的艺术青年们通过参与公共艺术志愿活动，用自己的力量帮助乡村偏远地区进行艺术美化和装饰工作，取得了良好的效果。与此同时，青年艺术志愿者们也从创作公共艺术作品的实践中获得了独特的人生体验，同时培养青年艺术志愿者形成积极、健康的价值观。

以桂林理工大学艺术学院"艺绘乡村——艺术墙绘助力乡村振兴"志愿服务团队为例。

桂林理工大学打造"行走的思政课"，把社会实践活动作为党史学习教育的"第二课堂"，教育引导青年学生从中国共产党辉煌的百年奋斗史中，汲取

智慧和力量，感悟中国共产党人的精神谱系和在光荣传统中传承红色基因。

桂林理工大学艺术学院"艺绘乡村——艺术墙绘助力乡村振兴"志愿服务团队是由桂林理工大学艺术学院的学生组成，为乡村提供主题壁画、墙绘等创作活动。例如，2021年桂林理工大学艺术学院"艺绘乡村——艺术墙绘助力乡村振兴"志愿服务团队，到灌阳县新街镇三树村开展了为期4天的"艺绘乡村"社会实践志愿服务活动。为该村绘制了大量社会主义核心价值观和以乡村振兴为主题的墙绘作品。通过志愿服务活动，青年志愿者们进一步理解了社会主义核心价值观，为引导青年志愿者形成积极、健康的价值观提供了良好示范。

鼓励青年群体参与艺术志愿者服务不仅有助于培养青年的社会主义核心价值观，还能提高青年群体的综合素质和人际交往能力，为青年群体未来的发展奠定坚实的基础，因此鼓励青年群体参与公共艺术志愿者服务是公共艺术介入青年价值观培育的良好途径。

第六章 公共艺术介入青年价值观培育的长效机制研究

第一节 构建公共艺术介入青年价值观培育的激励机制

公共艺术介入青年价值观培育是一项系统工程和长期工程，将公共艺术介入青年价值观培育落到实处，且真正成为青年价值观培育的重要方式，还需要政府等有关部门构建公共艺术介入青年价值观培育的激励机制。本节主要对此进行详细分析。

一、构建有效的政策激励机制

政策激励机制在构建公共艺术介入青年价值观培育的过程中具有重要作用。政策激励机制可以通过提供优惠政策、资金支持、行政便利等方式，激发各方参与者（包括艺术家、教育工作者、企业和社会组织）投身于公共艺术项目，进而实现青年价值观的培育。

现阶段，我国还未构建起有效的公共艺术介入青年价值观培育的政策激励机制。构建公共艺术介入青年价值观培育的激励机制应当从以下几个方面着手。

（一）设立公共艺术介入青年价值观培育的专项资金

政府有关部门可以设立公共艺术介入青年价值观培育的专项资金，对具有代表性和创新性的项目予以资金扶持。专项资金的设立可以解决项目实施过程中的资金问题，确保项目顺利进行，同时能激发艺术家和社会组织更加积极地参与公共艺术项目。

设立公共艺术介入青年价值观培育的专项资金需要明确专项资金的总额度、申请条件、资金分配原则等相关政策，具体可从以下几个方面着手。

1. 制定评审标准

为确保公共艺术介入青年价值观培育的专项资金的合理分配，政府有关部门在设置专项资金时，需要制定一套评审标准，对申请该专项资金的公共艺术项目进行评估。评估范围涵盖公共艺术项目的创意性、实施可行性、社会影响力、项目团队的专业能力，以及项目对青年价值观的影响等方面。

2. 申报与审核

政府会公布资金申报通知，邀请艺术家、文化机构和社会组织提交公共艺术项目申请。在收到申请后，政府会组织专家进行审核，根据评审标准对项目进行评分，并确定资金的拨付对象。

3. 资金拨付与监管

政府会根据审核结果，将专项资金拨付给获得资助的公共艺术项目。在拨付过程中，政府需要对资金使用情况进行监管，确保资金用于项目实施，防止资金挪用或浪费。

4. 项目实施与评估

在资金支持下，获得资助的公共艺术项目将进入实施阶段。政府需对项目的实施过程进行跟踪和评估，确保项目按照计划进行，并对项目效果进行分析，为后续政策调整提供参考。

（二）制定公共艺术介入青年价值观培育的优惠政策

公共艺术介入青年价值观培育的形式多样，包括壁画、雕塑、街头艺术等形式，为了进一步激励社会各个机构或组织运用公共艺术对青年价值观进行培育。我国政府有关部门可以制定一系列针对公共艺术项目的优惠政策，如税收减免、场地租赁优惠、优先审批等。这些政策有助于降低参与者在实施项目过程中的成本和门槛，从而激发他们参与青年价值观培育工作的积极性。

1. 税收减免政策

政府有关部门对有利于培育青年价值观的公共艺术项目，可以提供税收减免政策，降低项目实施过程中的负担。

例如，政府有关部门可以对从事公共艺术项目的艺术家、文化机构和社会组织给予所得税、营业税等方面的减免。这样的优惠政策有助于降低项目实施成本，进而激发参与者的积极性，从而更好地激励社会文化企业、艺术家等群体创作大量包含积极、健康价值观的公共艺术作品，从而扩大公共艺术作品对青年价值观培育的覆盖范围。

2. 场地租赁优惠政策

政府有关部门可以为某些包含积极、正向价值观的公共艺术项目提供场地租赁优惠，以降低项目实施过程中的场地成本，激励文化企业、艺术家群体开展各式各样的公共艺术活动。

例如，政府可以免费或低价将一些闲置的公共场地提供给艺术家和社会组织，免费用于实施公共艺术项目，如户外雕塑展、社区壁画等。这些优惠政策可以有效降低公共艺术项目的场地租赁成本，鼓励更多的艺术家和组织参与到青年价值观培育工作中来。

3. 优先审批政策

政府有关部门可以为包含积极、正向的公共艺术项目提供优先审批政策，简化审批流程，提高项目实施的效率，以达到缩短公共艺术项目从策划到实施的周期，提高公共艺术项目参与者的积极性的目的。

综上所述，制定公共艺术介入青年价值观培育的优惠政策，可以创造一个有利于公共艺术项目发展以及介入青年价值观培育的社会环境，进而鼓励文化企业、艺术家等群体积极投入青年价值观培育工作中。

（三）优化相关行政政策，为公共艺术介入青年价值观培育提供行政便利

政府有关部门可以通过简化公共艺术项目的审批流程，减少行政手续，提高公共艺术项目实施的效率。通过行政便利，可以使参与者在申请、审批和实施项目过程中更加顺畅，从而提高政府、学校或其他相关机构或人群参与青年价值观培育工作的积极性。

1. 简化审批流程

政府有关部门可以通过整合审批资源、优化审批流程，减少公共艺术项目的审批环节和时间。例如，可以设立专门的、有利于青年价值观培育的对外办公窗口受理公共艺术项目的申请，或者采用在线审批系统，提高审批效率。

申请公共艺术项目的参与方可以通过专门的在线平台提交项目申请、查看审批进度和获取审批结果，以简化审批流程，节省公共艺术项目参与者的时间和精力，提高公共艺术项目的实施效率。

2. 减少行政手续

政府有关部门可以削减公共艺术项目在申请、审批和实施过程中的烦琐手续，减轻参与者的负担。对有利于青年价值观培育的公共艺术项目可以减少项目申报所需的材料数量、简化审核要求，使公共艺术项目的参与者在申请过程中更加顺畅，激发其参与青年价值观培育工作的积极性。

3. 提供指导与支持

政府有关部门可以为公共艺术项目的参与者提供多元化的指导和支持，帮助其更好地应对审批和实施过程中的问题。

具体来说，政府有关部门可以设立专门的公共艺术项目指导中心，为艺术家和社会组织提供项目申报、资金申请、技术等方面的咨询服务，以便帮助公共艺术项目的参与者解决在项目实施过程中遇到的问题，提高项目的成功率。

例如，技术支持是推动公共艺术项目创新与发展的关键。政府和相关部门可以为公共艺术项目提供技术指导、培训以及与行业内专家的交流机会，帮助艺术家和社会组织提高自身的技术水平和创新能力。技术支持可以让参与者更好地把握艺术创作的前沿趋势，从而创作出更具创新性和社会价值的作品。

二、构建系统的艺术家培训和发展机制

构建系统的艺术家培训和发展机制对于激励青年人参与公共艺术创作和价值观培育工作具有重要意义。构建系统的艺术家培训和发展机制可以从以下几个方面着手。

（一）以青年艺术家为对象构建多样化的艺术培训体系

青年艺术家在公共艺术介入青年价值观培育中扮演着重要角色。青年艺术家不仅可以用其独特的视角和创意，创作出富有创新精神和时代特色的公共艺术作品，以传达积极的价值观和理念，引发青年观众的共鸣和思考。青年艺术家所创作的公共艺术作品中往往还蕴含着其价值观和人生态度。通过公共艺术作品的展示和传播，青年艺术家可以向其他青年传递积极、健康的

价值观，影响他们的观念和行为。

此外，青年艺术家与其他年龄层的艺术家相比，往往具有敢于挑战和创新的精神。在公共艺术领域，青年艺术家可以尝试新的艺术形式和表现手法，为传统艺术领域带来新的活力和突破，从而创新整个社会公共艺术作品的表达形式。

青年艺术家也属于"青年"范畴，更加了解青年的心理，以及青年群体的兴趣、爱好，可以从青年群体感兴趣或关注的视角出发创作易被青年群体接受的公共艺术作品，以吸引和激励更多青年人参与到公共艺术创作中，从而促进青年价值观的培育。

以青年艺术家为对象构建多样化的艺术培训体系可从以下几个方面着手。

1. 分级培训

根据青年艺术家的艺术基础和需求，设计不同层次的培训课程。例如，初级课程可针对艺术初学者提供基础知识和技能培训；中级课程可针对有一定基础的学员提供进阶知识和实践指导；高级课程则可以为有志于成为专业艺术家的学员提供深入的理论研究和实践项目。

分级培训有利于帮助青年艺术家更好地掌握艺术知识，吸纳更多青年群体学习公共艺术相关的知识，并且积极参与公共艺术作品的创作与互动，在参与创作和互动的过程中培育青年艺术家的价值观。

2. 多元领域

青年艺术家的培训应当涵盖各种艺术领域，如绘画、雕塑、摄影、舞蹈、音乐、戏剧等，给予青年艺术家更多选择，从而更好地发掘和发展青年艺术家的兴趣和特长。

3. 个性化指导

在对青年艺术家提供集体培训之余，还应为青年艺术家提供个性化的教学与指导，关注每位青年艺术家学员的发展需求，帮助其发现自己的独特之处，培养个性化的艺术风格。

（二）制订完善的青年艺术家培训计划

制订培训计划和课程是构建针对青年艺术家的艺术教育和创作技能培训体系的关键环节。设计不同层次和需求的课程有助于满足青年艺术家的多元化需求，培养其艺术兴趣和创作潜力。

1. 课程内容设计

课程内容应综合考虑艺术理论、实践技巧和创新思维等多方面的知识。艺术理论教授基本的艺术知识，如艺术史、审美原理等，为青年艺术家提供艺术的基本认识。实践技巧涉及各种艺术形式的具体操作，如绘画、雕塑、摄影等，使青年艺术家具备实际创作能力。创新思维则强调培养青年艺术家的创意和独特视角，激发他们的创作灵感。

2. 跨领域课程设置

除了传统的艺术领域课程教学，在对青年艺术家进行培训的过程中，还可以引入与艺术相关的跨领域课程，如设计、影视、动画等，以培养青年人的多元化技能和视野，拓宽青年艺术家的艺术发展道路。

3. 实践项目

在课程设置中融入实践项目，可以使青年艺术家有机会将所学知识应用于实际创作中。实践项目可以是小组合作或个人完成的艺术作品，也可以是参与社区或学校的公共艺术项目。

（三）为青年艺术家提供参与公共艺术实践的机会

为青年艺术家提供参与公共艺术实践的机会，有助于青年艺术家积累经验、提高技能和拓展人际关系，构建多元化的价值观。

1. 建立合作关系

与当地社区、学校、艺术团体和非营利组织建立合作关系，共同开展公共艺术项目，可以为青年艺术家提供更多参与实践的机会，让其在不同环境的公共艺术作品创作中积累经验。

2. 举办艺术比赛和展览

定期举办公共艺术比赛、展览等活动，邀请青年艺术家提交作品并参与评选，可以让他们的作品得到更多的展示机会，并鼓励青年艺术家继续创作包含正向、积极价值观的公共艺术作品。

3. 推动跨领域合作

鼓励青年艺术家与其他领域的专业人士合作，共同开展跨领域的公共艺术项目，以拓宽青年艺术家的知识体系和人脉资源，提高青年艺术家创作的多元性和创新性。

4. 设立艺术实习和驻地项目

通过与艺术机构和企业合作，可以为青年艺术家提供实习和驻地项目的机会，有利于青年艺术家了解艺术产业的实际运作，同时提高自己的创作水平和组织能力。

（四）设立专门的青年艺术家选拔机制

设立专门的青年艺术家选拔机制有助于发现和培养具有潜力和创造力的青年艺术家，激励更多青年艺术家参与到公共艺术的创作与互动中去。

1. 制定选拔标准

明确选拔青年艺术家的标准，包括艺术成就、创新能力、创作潜力等因素。这些标准应该具有一定的灵活性，以适应不同的艺术领域和个人特点。

2. 设立选拔委员会

组建一个由艺术专家、教育工作者和行业代表组成的选拔委员会，负责评审和选拔青年艺术家，委员会成员应具有丰富的艺术经验和广泛的视野，以确保选拔过程的公正性和专业性。

3. 招募与甄选

通过广泛宣传和推广，吸引更多青年艺术家报名参与选拔。选拔过程可以包括作品提交、面试、现场创作等环节，全面评估候选人的综合素质和创作潜力。

4. 定期选拔

设立固定的选拔周期，如每年或每两年进行一次，以保持选拔活动的持续性和活力。定期选拔有助于激发青年艺术家的积极性，为他们提供不断进步的机会。

5. 提供培训和发展机会

选拔出的青年艺术家应获得专业培训、实践机会和资源支持，以促进青年艺术家的成长和发展。例如，为他们提供艺术工作坊、实习项目、展览平台等机会。

6. 跟踪与评估

对选拔出的青年艺术家进行定期跟踪和评估，了解他们的发展状况和需求，为他们提供针对性的指导和支持。此外，对选拔机制本身进行不断优化，以提高其有效性和针对性。

三、构建完善的公共艺术评价与奖励机制

构建完善的公共艺术评价与奖励机制是激发公共艺术创新活力的关键，

同时有利于更多文化机构、民间艺术家等群体参与到主题类或非主题类公共艺术的创作中去，以创作出丰富的、包含积极正向价值观的公共艺术作品。

（一）建立多元化评价标准

在评价公共艺术作品时，应采用多元化的标准，充分考虑作品的创意、技巧、审美价值、社会影响等多个方面，以鼓励艺术家追求创新，创作出丰富多样、有利于培育青年价值观的公共艺术作品。

1. 创意性

创意性是公共艺术创作的核心，因此，公共艺术评价标准应强调作品的独特性和原创性，鼓励艺术家挑战传统观念，运用创新思维，为公共艺术作品注入新的活力。

2. 技巧水平

技巧是艺术家实现公共艺术作品创意的关键手段，高超的技巧能够为作品增色添彩，提升观众的审美体验。因此，公共艺术评价标准应充分考虑艺术家在绘画、雕塑、装置等方面的技巧和实践能力。

3. 审美价值

审美价值是衡量公共艺术作品质量的重要标准。构建完善的公共艺术评价标准应关注作品在色彩、形状、空间等方面的表现，以及与周围环境的协调程度，以激励文化企业或艺术家创作出具有较高审美价值的公共艺术作品。

4. 社会影响

公共艺术作品作为社会公共空间的一部分，其社会影响不容忽视。评价公共艺术作品的标准应考察作品是否具有积极的教育意义，能否引导和启发观众，特别是引导青年一代形成健康的价值观。

5. 文化内涵

公共艺术作品应具有丰富的文化内涵，传承和发扬地方特色和民族精神。公共艺术的评价标准应关注公共艺术作品在传统文化、历史背景、地域特色等方面的表现，以体现公共艺术作品的文化价值。

6. 可持续性与环保

公共艺术作为公共空间的一种存在时间较长的艺术作品应当在美学和实用性之间取得平衡，以确保其符合环保和可持续发展的要求。公共艺术的评价标准还应关注公共艺术作品的可持续性与环保特性，包括作品的耐久性、维护成本、材料选择等。

7. 互动性与参与性

公共艺术强调公共性和公众参与性、互动性，如果一个公共艺术作品不能吸引公众的参与及互动，就是一个失败的作品。鼓励艺术家创作具有互动性和参与性的公共艺术作品，可以增强观众与作品之间的互动。因此，公共艺术的评价标准应充分考虑作品在引导观众参与、促进社会交流等方面的表现。

（二）设立独立的评审团队

公共艺术的评价需要考虑诸多因素，因此有必要组建一个由艺术家、评论家、学者和行业代表等组成的独立的评审团队，以确保评价过程的专业性和公正性。评审团队应具有丰富的公共艺术背景和多样化的视野，以充分评估公共艺术作品的价值。

1. 多样化的组成

公共艺术评审团队应由来自不同领域的专家组成，例如艺术家、评论家、学者、行业代表等。这样的组成有助于确保公共艺术作品的评价过程具有多元视角，避免单一视角导致的偏颇判断，确保公共艺术作品评价的公正性与客观性。

2. 专业知识背景

公共艺术评审团队成员应具有丰富的公共艺术背景，熟悉公共艺术的历史、理论、技巧、实践等方面。这有助于评审团队更专业、全面地评估作品的价值。

3. 跨领域合作

公共艺术评审团队应重视跨领域合作，与建筑、城市规划、环境保护、社会学等领域的专家共同探讨公共艺术的评价，以便确保评价结果更具科学性和合理性。

4. 公正性与透明度

公共艺术评审团队应保持公正、公开、透明的态度，避免利益冲突或其他因素影响评价结果。公正性和透明度有助于提高评审结果的公信力，增强社会对评价结果的认可，从而达到提升青年艺术家参与公共艺术作品创作的目的。

5. 定期更新评价标准

公共艺术评审团队应根据公共艺术发展的需要，不断地更新和完善评价标准，确保评价标准与时俱进。这有助于激励艺术家不断创新，推动公共艺术创作的发展。

6. 反馈与完善

公共艺术评审团队应向参与竞赛活动的艺术家、机构和社会提供评价反馈，以帮助其了解其所创作的公共艺术作品的优缺点，促进公共艺术作品质量的提升。同时，公共艺术评审团队还应广泛采纳来自各方面的建议和意见，不断完善自身的评价机制。

（三）推广公共投票制度

在公共艺术评选过程中，引入公共投票制度，让普通观众参与到对公共艺术作品的评价中来，有助于增加公共艺术的民主性和包容性，同时让艺术家了解观众的需求和喜好，从而创作出更具吸引力的作品。

1. 增加民主性

通过设立公共投票制度，可以吸纳普通观众参与到公共艺术作品的评价和选拔过程中来，有助于实现公共艺术领域的民主化，提高艺术作品的社会认同度和公众参与度。

2. 提高包容性

公共艺术作品评价过程中，公共投票允许不同年龄、背景、兴趣的观众参与评价，有助于提高公共艺术的包容性，形成公共艺术作品的多元化评价。这种多元化的评价能够更好地反映社会各阶层对公共艺术作品的需求和期望，促使艺术家创作更具普遍吸引力的作品。

3. 激发创新

公共投票制度让艺术家更直接地了解观众的喜好和需求，有助于他们调整创作方向，尝试新的艺术形式和表现手法，从而激发更多的创新。

4. 强化互动性

公共投票的过程鼓励观众与艺术家、作品之间产生互动，有助于提升公共艺术的互动性。观众在参与评价的过程中，可以更深入地了解艺术作品的创作背景和理念，加深对作品的理解和感受。

5. 增强公众艺术素养

参与公共投票的过程能够让公众接触到更多不同类型的艺术作品，有助于提高公众的艺术鉴赏能力和素养。这对于推动艺术普及和提升社会文化素质具有重要意义。

6. 提高作品质量

公共投票制度鼓励艺术家追求更高的作品质量，以满足观众的审美需求。这有助于提高公共艺术作品的整体水平，推动公共艺术领域的繁荣发展。

7. 平衡专业评审

公共投票与专业评审团队的评价相结合，能够在一定程度上平衡专业评审可能存在的主观偏见，使评选结果更具公信力。

（四）举办定期的公共艺术竞赛和活动

通过定期举办公共艺术竞赛、展览和论坛等活动，为公共艺术创作提供展示和交流的平台，有利于激发艺术家的积极性，促使其不断提高自己的创作水平。

1. 提升创作动力

定期举办公共艺术竞赛和活动，为艺术家尤其是青年艺术家提供争取荣誉、展示才华的机会。这种竞争氛围能够激发艺术家的创作动力，促使其不断提高自己的创作水平，创作出更具创意和表现力、培育青年价值观的作品。

2. 促进交流与合作

艺术竞赛、展览和论坛等活动为艺术家，尤其是青年艺术家提供一个相互学习、交流的平台。在这些活动中，艺术家可以分享自己的创作经验，学习别人的优点，从而拓宽视野，提高公共艺术作品的创作能力。此外，这些活动还有助于艺术家与其他组织或群体建立合作关系，开展跨领域的艺术创作。

3. 丰富艺术形式

定期举办的公共艺术竞赛活动能够鼓励艺术家探索各种艺术形式和表现手法。而这样的尝试有助于丰富公共艺术的内容和形式，使社会公共艺术作品更具多样性和包容性。

4. 培养新人

通过举办公共艺术竞赛活动可以发掘和培养新兴青年艺术家，为公共艺术领域输送新鲜血液。这些新兴青年艺术家在参与竞赛和活动的过程中，可以快速成长，为公共艺术领域带来新的创意和能量，同时能够通过创作主题性的公共艺术作品培育其价值观。

5. 提高公众参与度

定期举办的公共艺术竞赛活动可以吸引社会广大公众，包括社会青年群体的关注和参与。公众在参观展览、参加论坛等活动中，可以了解到更多关于公共艺术的知识和信息，提高自己的艺术素养，进一步增强公共艺术的社会影响力，同时可被公共艺术作品中蕴含的价值观影响。

（五）设立多样化的奖项和荣誉

设立包括最佳作品奖、创新奖、公众选择奖等针对不同类型和领域的公共艺术作品的奖项和荣誉，可以表彰和激励优秀的艺术家继续投入正面、积极、具有创意的公共艺术作品的创作之中，以不断扩大公共艺术在青年价值观培育中的影响力。

四、构建公共艺术合作与交流机制

构建公共艺术合作与交流机制对于推动公共艺术的创新与发展，增强公共艺术在培育青年价值观方面的影响力具有重要作用。

（一）建立公共艺术的跨学科合作平台

为了提升公共艺术的创新性和多样性，有关部门或机构可以鼓励艺术家与其他学科领域的专家进行合作，如建筑师、城市规划师、环境科学家等。这种跨学科合作可以带来全新的创意和观点，丰富公共艺术的内涵，增强公共艺术在培育青年价值观方面的影响力。

1. 引导艺术家构建跨学科视角

公共艺术是一项跨学科的综合性艺术，鼓励艺术家与其他学科领域的专家进行合作，能够引导艺术家，尤其是青年艺术家构建跨学科视角，丰富公共艺术的内涵，同时能够为公共艺术注入不同领域的知识与观点，使公共艺术作品更具创新性和多样性，更加符合广大社会公众的审美需求。

2. 跨学科合作有助于解决公共艺术面临的实际问题

公共艺术创作过程中面临着诸多实际问题，包括所在环境以及所辐射的人群等。在特定空间中创作公共艺术作品，艺术家需要融入城市规划和建筑设计，与环境科学家合作可以使公共艺术更具生态意识和可持续性。这样的合作可以提高公共艺术对青年人的吸引力，从而在培育青年价值观方面产生更大的影响力。

3. 跨学科合作平台有助于传递正面价值观

在公共艺术作品创作或评价过程中的跨学科合作，可以将各学科专家的领域知识与社会责任感结合，通过公共艺术作品传达出对环保、和谐共处、包容性等正面价值观的关注，引导青年艺术家和社会青年群体在创作和欣赏公共艺术作品的同时，受到正面价值观的熏陶和启发，从而对青年价值观的培育产生积极影响。

4. 跨学科合作可以激发青年人的创新精神和探索欲望

在跨学科合作的过程中，青年艺术家通过观察艺术家与其他学科专家的合作过程，可以学会跳出固有思维模式，勇于尝试新事物，并在实践中培养解决问题的能力。这对于培养具有创新精神的青年一代具有深远意义。

构建公共艺术的跨学科合作平台可以通过举行跨学科研讨会和工作坊、设立跨学科艺术基金、建立项目数据库和资源共享平台、强化项目成果的传播和推广等手段实现。

（二）构建公共艺术的国际交流与合作

促进各国艺术家的交流，能够为公共艺术家提供参加国际艺术节、艺术研讨会等活动的机会，有助于引入不同文化背景下的艺术理念和创作方法，提升我国公共艺术的多元性和包容性。

近年来，随着经济全球化和区域经济一体化的发展，全球文化也朝着多样化的方向发展。我国是一个多元文化的国家，而在全球范围内，各个国家和地区都有其独特的文化特色。通过国际交流与合作，我国艺术家，尤其是青年艺术家可以学习各国的艺术传统和风格，融合多元文化元素，创作出更具包容性的公共艺术作品，从而为青年艺术家以及社会青年群体提供更多样化的艺术体验，拓宽其文化视野。

此外，任何艺术家均受其所学知识以及实践经验的影响，在全球范围内，各国的艺术家和文化机构都在积极探索新的艺术形式和表现手法。通过参加国际艺术节、研讨会等活动，我国艺术家可以与国际同行交流学习，了解国际艺术发展动态，借鉴先进的创作理念和技巧，为国内公共艺术创作注入新的活力。

从宏观视角来看，国际交流与合作还有助于提升我国公共艺术在国际上的影响力。通过积极参与国际艺术活动，展示我国公共艺术的成果，可以提高国际社会对我国公共艺术的认可度和关注度，为我国艺术家赢得更多的国际合作机会。

构建公共艺术的国际交流与合作，可以通过以下方法实现。

（1）促成国际艺术家驻地项目，邀请国际艺术家来华进行创作，或派遣国内艺术家赴国外进行创作和学习。

（2）与国际艺术组织、文化机构和学术机构建立长期的合作伙伴关系，共同推进公共艺术项目的研究与实践，争取国际资金和技术支持。

（3）创设国际艺术奖项和评比标准，以鼓励艺术家和文化机构积极参与国际竞争，提升我国公共艺术的国际地位和影响力。

（4）鼓励青年艺术家积极参与国际艺术节、展览和论坛等活动以便艺术家与国际同行交流学习，了解国际艺术发展动态，借鉴先进的创作理念和技巧。

（三）构建公共艺术的地方与中央合作

鼓励地方政府与中央政府在公共艺术项目上开展合作，可以更好地推动公共艺术项目的实施，以利用公共艺术对青年价值观进行培育。

具体来说，构建公共艺术的地方与中央合作可以从以下几个方面着手。

1. 制定统一的公共艺术发展规划

中央政府和地方政府可以共同制定全国性的公共艺术发展规划，明确公共艺术项目的目标、实施策略和监管机制，确保各地区的公共艺术项目与国家发展战略保持一致。

2. 分级管理与资源整合

地方政府在公共艺术项目实施过程中发挥主导作用，而中央政府负责统筹资源、制定政策、提供资金和技术支持。这种分级管理与资源整合机制有助于提高公共艺术项目的实施效率。

3. 跨地区合作

鼓励地方政府之间在公共艺术项目上进行合作，共享资源和经验，共同开展公共艺术活动和项目。这种跨地区合作将有助于形成公共艺术项目的良性竞争环境，提高公共艺术项目的整体水平。

4. 加强监督与评估

中央政府和地方政府需要共同建立健全公共艺术项目的监督与评估机制，

确保项目质量和实施效果。此外，对于表现突出的地方政府和项目，中央政府可给予奖励和表彰，激励更多地方政府积极参与公共艺术项目。

（四）构建公共艺术的产学研合作平台

推动艺术院校、研究机构和产业界的合作，将艺术理论与实践相结合，推动公共艺术的发展。这种合作可以为公共艺术领域提供新的研究成果和创新技术，有助于提高公共艺术的整体水平，以提升公共艺术对青年价值观进行培育的效果。

具体来说，构建公共艺术的产学研合作平台可从以下几个方面着手。

1. 联合培训与实践

艺术院校、研究机构和产业界可以共同组织培训课程、研讨会和实践活动，帮助艺术家，尤其是青年艺术家提高艺术素养和创作能力，培养其创新精神和实践经验。引导青年艺术家创作出具有正面、积极价值观的公共艺术作品。

2. 合作研究与创新

鼓励艺术院校、研究机构和产业界的合作研究，将艺术理论与实践相结合，共同研发新的艺术理念、技术和方法，以提高公共艺术项目的创新性和实践性，以实现青年价值观的有效培育。

3. 跨界项目开发

鼓励艺术院校、研究机构和产业界开展跨界合作，如与科技、环境和社会领域的项目合作，将公共艺术与现实生活紧密结合，让青年艺术家更好地体验和理解艺术在培育价值观方面的作用。

4. 艺术成果展示与传播

共同组织艺术展览、论坛和活动，展示和传播合作成果，提高公共艺术的社会认知度和影响力，以便让更多的青年群体了解并参与到公共艺术领域中来，从而受益于公共艺术对价值观的培育。

综上所述，构建公共艺术介入青年价值观培育的激励机制，在公共艺术介入青年价值观培育中起着极其重要的作用，同时激励机制与支撑机制和反馈机制共同构成了公共艺术介入青年价值观培育的长效机制。

第二节 完善公共艺术介入青年价值观培育的支撑机制

建立完善的支撑机制可以保证公共艺术介入青年价值观培育的可持续性和有效性。本节主要对完善公共艺术介入青年价值观培育的支撑机制进行深入研究。

一、完善校园公共艺术介入青年价值观培育的支撑机制

校园作为专门的社会教育机构,是培育青年价值观的主要场所。校园中存在大量雕塑、壁画等公共艺术作品。公共艺术设计是校园文化的物质载体和外在表现,通过生动形象的艺术语言和设计符号,传递抽象丰富的校园文化内涵,既有助于美化校园环境,提升学生的视觉观感和艺术美感,达到一定的美育效能,又可以强化学生的归属感和体验感,切实增强校园凝聚力,进一步推动校园文化建设的高质量发展,还在青年价值观培育方面起着重要作用。完善公共艺术介入青年价值观培育的支撑机制离不开校园的作用。完善校园公共艺术对青年价值观培育的支撑机制可从以下几个方面着手。

(一)加强公共艺术人才培育,构建人才支撑机制

公共艺术人才是未来青年艺术家的重要组成部分,也是未来从事公共艺术创作的重要人才来源,只有不断壮大公共艺术人才队伍,才能为公共艺术介入青年价值观的培育提供必不可缺的支撑机制。

加强校园公共艺术人才培育,构建公共艺术人才支撑机制,可以从以下几个方面着手。

1. 制定公共艺术教育战略

制定公共艺术教育战略是加强公共艺术人才培养、构建人才支撑机制的重要步骤。各级政府和教育部门应制定公共艺术教育的长远发展战略,明确公共艺术人才培养的目标、方向和重点,为艺术教育提供政策支持和资源保障。

(1)明确战略目标。在制定公共艺术教育战略时,应明确战略目标,包括培养具有创新精神和实践能力的公共艺术人才、提高公共艺术教育质量和影响力等。同时,要结合国家和地区的实际情况,制定切实可行的目标。

（2）细化战略内容。高校公共艺术教育战略内容应包括艺术教育体系的建设、课程设置、师资队伍建设、实践教学、国际交流与合作等方面。要系统地分析和研究这些方面的现状和问题，提出具体的改进措施和发展路径。

（3）制订实施计划。根据高校公共艺术教育战略的目标和内容，制订具体的实施计划，包括时间表、任务分工、资金投入等。实施计划应具有可操作性和针对性，以确保战略目标的顺利实现。

2. 完善高校公共艺术教育课程体系建设

学校，尤其是大中学校应当制定完善的艺术教育课程体系，包括基础理论课程、实践操作课程和创新思维课程，以确保青年学生能够全面地掌握公共艺术所需的知识和技能，为青年学生在校期间以及毕业后从事公共艺术创作或欣赏公共艺术作品奠定基础。

近年来，随着公共艺术的发展，我国政府、学校等有关部门不断提高公共艺术介入青年价值观培育功能的认识。2022 年，为深化高等学校美育教育教学改革，加强高等学校公共艺术课程建设，培养德智体美劳全面发展的社会主义建设者和接班人，我国教育部印发了《高等学校公共艺术课程指导纲要》。其中指出公共艺术课程是我国高等教育课程体系的重要组成部分，是学校艺术教育工作的中心环节，是实施美育的主要途径，具有很强的意识形态属性，对于引导学生树立正确的历史观、民族观、国家观、文化观，提高学生的审美和人文素养，培养创新精神和实践能力，塑造健全人格，具有不可替代的价值和作用。

由此可见，完善高校艺术教育课程体系建设符合我国有关政策的规定，也是青年大学生教育的重要组成部分。

完善高校公共艺术教育课程体系建设，可从完善高校公共艺术课程体系、加强实践教学环节、设立艺术奖学金和资助项目、举办各类公共艺术比赛和展览、建立公共艺术人才培养基地、加强师资队伍建设、优化校园公共艺术人才培养评价体系等方面着手。

（1）完善高校公共艺术课程体系。《高等学校公共艺术课程指导纲要》中指出各高校应当构建面向人人的课堂教学和艺术实践活动相结合的公共艺术课程体系，将公共艺术课程纳入各专业本科人才培养方案，学生修满公共艺术课程 2 个学分方能毕业。加大课程建设力度，以审美和人文素养培养为核心，以创新能力培育为重点，着力提升文化理解、审美感知、艺术表现、创意实践等核心素养，形成"一校一品""一校多品"的高等学校公共艺术教育新局面。

（2）加强实践教学环节。鼓励青年大学生参加各类公共艺术实践活动，如创作、表演、策展等，以培养学生的实践能力和创新精神。此外，高校还可以与社会各类艺术机构、企业建立合作关系，为青年大学生提供更多的公共艺术实践机会，让青年大学生在实践创作中提升公共艺术素养，构建积极、健康的价值观。

（3）设立艺术奖学金和资助项目。高校可以通过设立奖学金和资助项目，激励青年大学生在公共艺术领域取得优异成绩。

（4）举办各类公共艺术比赛和展览。高校可定期举办各类公共艺术比赛和展览，为青年大学生提供展示才华的平台，同时有利于激发青年大学生的创作热情和创新意识，培养青年大学生以公共艺术作品表达思想以及培育他人价值观的能力。

（5）建立公共艺术人才培养基地。高校可以与社会各类艺术机构、企业合作，共同建立公共艺术人才培养基地，为青年大学生提供实践、研究、交流的场所，促进青年大学生的专业成长。

（6）加强师资队伍建设。师资队伍是公共艺术人才培养的基础和前提，高校应当培养一支具有专业素养、教育经验丰富的艺术教育师资队伍，以确保公共艺术人才培养的质量。同时，高校应当鼓励教师进行公共艺术教育研究，激励教师不断更新教育理念和方法，提高教学质量和效果。

（7）优化校园公共艺术人才培养评价体系。建立一个综合性、多元化的评价体系，不仅关注青年大学生的学术成绩，还要关注他们的实践能力、创新精神和团队协作能力。同时，鼓励青年大学生参加各类艺术竞赛、展览等活动，将这些活动成果纳入评价体系，有利于激发青年大学生的积极性和创造力。

（二）制定校园公共艺术发展规划，构建校园公共艺术作品的支撑机制

高校应当制定详细的校园公共艺术发展规划，确保艺术项目的多样性、丰富性和可持续性。规划中应包括艺术创作、展览、教育等方面的内容，以确保校园公共艺术项目能够深入学生的生活，对其价值观产生积极影响。

1. 确立规划目标

在制定校园公共艺术发展规划时，应明确规划目标，旨在提高校园公共艺术的影响力，丰富校园文化生活，培养学生的审美意识、创新能力和社会责任感等。校园公共艺术作品一旦树立起来，将成为校园环境的重要组成部分，对在校青年大学生的价值观产生潜移默化的影响。因此，高校有关部门应注重校园公共艺术作品规划的可持续性，确保校园公共艺术项目的长远发展。

2. 多元化艺术项目

高校规划的公共艺术项目应当具有多元化的特点，如雕塑、壁画、互动式装置艺术等。这些项目应体现出多样性、创新性和实用性，能够吸引青年大学生的参与和关注，从而在潜移默化中达到影响青年大学生价值观的效果。

例如，华南理工大学广州国际校区的"红色甲工"英雄群像等红色纪念标志性建筑，有效凸显了华南地区作为红色革命基地的特色，让校园公共空间更具红色文化气息，使莘莘学子深刻地感悟伟大建党精神，领悟华南理工大学精神内核，从而更好地铭记历史、心存敬畏、开创未来。

3. 艺术创作与展示

通过举办各类艺术活动，如艺术节、展览、讲座等，为高校青年大学生提供一个良好的公共艺术创作和欣赏氛围。鼓励青年大学生、教职工及校友参与公共艺术项目的创作，激发他们的创作热情。同时，学校可以设立专门的艺术展示空间，如画廊、雕塑园等，定期举办艺术展览和活动，在校园中形成良好的艺术氛围，让校园公共艺术作品得到更广泛的关注和认可。

二、完善政府公共艺术介入青年价值观培育的支撑机制

政府有关部门作为城市或乡村建设的主要职能部门在公共艺术介入青年价值观培育中起着主导作用，因此，政府有关部门除了构建完善的公共艺术介入青年价值观培育的激励机制，还应当完善政府公共艺术介入青年价值观培育的支撑机制。

（一）建立公共艺术发展规划

为了更好地将公共艺术与青年价值观培育相结合，各个城市或乡村的政府有关职能部门应当制定全面、系统的公共艺术发展规划，明确艺术项目的

目标、方向和重点。同时，政府有关职能部门还应当关注公共艺术在青年价值观培育方面的作用，促进艺术项目与青年成长相结合。

1. 确立公共艺术发展目标

政府有关职能部门应明确公共艺术发展规划的总体目标，如提高青年的艺术素养、丰富青年的文化生活、培养青年的创新精神、美化城市环境等。同时，政府有关部门还应当为当地公共艺术发展设定具体、可量化的目标，以便于后期对该地公共艺术发展进行监督和评估。

2. 制定公共艺术项目方向

中国公共艺术的本质是源于人民的艺术，以人民为核心的价值观是其最重要的理念。在艺术与公共领域的交汇处，地方政府有关职能部门应当始终关注艺术的本质，满足人民的需求，走进民众的生活，坚定地为人民服务、为社会主义服务，传承中国文化的自信。从艺术家创作到最终回馈人民，这是中国公共艺术家追求卓越的终极目标和责任担当。

在新时代的中国城市建设中，城市正逐步从功能导向转向人文关怀。以广大民众喜爱的艺术形式塑造城市的文化底蕴、讲述城市故事，已成为当前新型城镇化转型的紧迫诉求，也是新时代中国公共艺术的使命所在。公共艺术以其公共性和参与性等特质，成为融合艺术元素于城乡建设、满足人们对美好生活向往的理想路径。作为社会公共空间中的艺术表现，公共艺术具有强大的生命力和延展性。它通过文化艺术的方式改变传统思维，充分体现人民意愿、保障人民利益、激发人民创造活力，并推动城市创新发展。同时，它也是完善现代公共文化服务体系的重要手段。

地方政府有关职能部门应当根据当地特色、青年需求以及社会发展趋势，确定公共艺术项目的主要方向，如传统艺术、现代艺术、跨领域艺术等。以具有地域特色的公共艺术作品装饰地域空间，激发青年热爱家乡的情感，树立青年群体的家乡文化自信，并且以当地青年喜闻乐见的形式打造公共艺术项目。

（二）营造良好的社会氛围

地方政府应通过媒体宣传、政策引导等手段，营造有利于公共艺术发展和青年价值观培育的社会氛围。鼓励社会各界关注青年成长，支持公共艺术项目，共同为青年价值观培育提供良好的环境。

例如，政府可定期举办各类艺术活动，如公共艺术大赛、艺术节、艺术展览、艺术讲座等，吸引青年参与，提高他们的艺术素养。同时，鼓励青年发挥创意，参与公共艺术项目的设计、实施等环节。

近年来，越来越多的地方政府开始运用公共艺术的方式建设城市环境，培育青年价值观。

2022年，江苏省南通市海门临江新区举办首届东布洲公共艺术设计大赛，这次大赛以"桥与风景"为创作主题，从"人与城市、人与生态、人与乡村"的维度，以东布洲科学城的玲珑街中心广场、长滩公园主题广场片区和市民农庄公共田园区3处为点位。这次公共艺术设计大赛吸引了来自中欧4国72所院校、艺术社团及优秀艺术家共计363人报名参与，征集作品204件（组），涵盖了小型建筑、小型构筑物、艺术装置、雕塑、导视系统、各类园林小品、数字媒体艺术等各类公共艺术作品。

这次比赛结束后，临江新区又于2023年3月12日—3月28日，举行了以"艺术为民，美育赋能"为主题的首届东布洲公共艺术成果展。该成果展分为"汇·大赛共创""研·校地协同""植·在地孵化""茂·交流共荣"4个板块，展现大赛中涌现出的杰出公共艺术作品。通过长达半个多月的成果展，让公众有机会走近本次比赛的公共艺术作品，并借此对包括青年群体在内的公众的价值观进行引导。

（三）构建公共艺术项目的决策支持体系

城市公共艺术的发展与形成与政府的作用密不可分。公共艺术通常存在于公共空间，而公共空间的秩序是由政府实施管理的。因此，无论是哪种形式的公共艺术，政府都在其作用范围内，可以通过认可、组织等方式推动公共艺术的发展和实施。政府积极地履行责任对于城市公共艺术的形成和发展至关重要。

在我国，政府是公共艺术的主要决策者，而公共艺术设计师则缺乏公共性的理解，城市管理者应当建立公共艺术的专业管理机构，负责城市公共艺术的指导、协调、审定等工作，在组织艺术家、企业和公众参与等方面起着重要作用。

以韩国政府2016年发起的"首尔是座美术馆"（Urban Art Project "Seoul is Museum"）项目为例。"首尔是座美术馆"公共艺术项目是一个将首尔市打造成为一个充满艺术氛围城市的计划。这一项目旨在将公共艺术融入城市建设，让市民和游客在日常生活中享受到丰富多彩的艺术体验。该公共艺术项目作为韩国2016—2017年度公共艺术发展的目标，包含了一系列公共艺术活动。

（1）增设公共艺术作品。通过在城市的各个角落设置雕塑、壁画、装置艺术等各种形式的公共艺术作品，使首尔成为一个充满艺术气息的城市。这些作品既包括韩国传统文化的体现，也包括现代艺术的创新尝试。

（2）优化城市公共空间。将公共艺术融入城市规划和设计中，提升城市公共空间的美学品质。例如，对公园、广场、步行街等地的景观设计进行改造，增加艺术元素，让市民在享受城市设施的同时，也能欣赏到美丽的艺术景观。

（3）举办艺术活动。定期举办公共艺术展览、艺术节、讲座等活动，吸引市民和游客参与。这些活动可以展示首尔本土艺术家的作品，也可以邀请国际艺术家进行交流与合作。

（4）鼓励市民参与。鼓励首尔市民参与公共艺术项目的创作和实施，充分发挥他们的创意和热情。例如，可以通过举办艺术比赛、征集作品等方式，让市民有机会展示自己的艺术才华。

（5）加强艺术教育。提高首尔市民的艺术素养，让他们更好地欣赏和理解公共艺术作品。这可以通过开展艺术教育、组织艺术实践活动等方式实现。

（6）加强艺术与商业的结合。在商业区域设置艺术作品和空间，让艺术与商业相互促进，提升城市的整体氛围。例如，在购物中心、办公楼等地设置艺术装置，让艺术成为城市生活的一部分。

从韩国"首尔是座美术馆"公共艺术项目的实施来看，公共艺术作为城市空间提升过程中的一项工程，政府作为公共空间提升的牵头人和艺术项目的赞助人，政府有关部门必须承担其职责，构建公共艺术项目的决策支持体系，以确保大型公共艺术项目的顺利实施。

三、完善企业公共艺术介入青年价值观培育的支撑机制

企业公共艺术是指置于企业公共空间环境中的公共艺术作品，其不仅是企业文化的外在呈现方式，也是一种艺术形式，具有丰富的企业精神内涵，能够展现企业的特色文化，起到核心价值作用。丰富员工的精神生活，提升

企业环境空间品质，是企业文化建设的重要组成部分。

　　企业公共艺术介入青年价值观培育的形式以雕塑、绘画等为主，对企业内部员工，尤其是企业青年员工的价值观培育起着潜移默化的重要作用。通过在企业环境中设置公共艺术作品，青年可以有更多机会接触艺术。公共艺术作品通常具有启发性，可以激发青年人的创造力和想象力。这将有助于企业青年在工作、学习和生活中形成创新的思维方式。此外，企业中设立公共艺术作品能够彰显企业对艺术和文化的支持，为企业形象的提升、吸引更多优秀的青年人才加入企业以及为企业发展提供源源不断的动力。

　　具体来说，完善企业公共艺术介入青年价值观培育的支撑机制可从以下几个方面着手。

（一）制定明确的公共艺术政策和规划

　　企业管理部门应当制定明确的公共艺术政策和规划，包括公共艺术主题、风格、材料、位置等方面的要求，确保公共艺术项目的实施符合企业的总体目标、文化和价值观。

　　1. 明确公共艺术作品的目标

　　企业管理部门在制定公共艺术政策和规划时，应明确项目的目标，如提升企业形象、宣传企业文化、增强员工凝聚力等，以便为后续的具体规划提供指导。

　　2. 设定公共艺术作品的主题

　　根据企业的文化和价值观，确定公共艺术项目的主题，如环保、创新、团队精神等，以体现企业的核心理念。

　　3. 选择公共艺术作品的风格

　　根据企业形象和品牌定位，选择适合的雕塑风格，如现代、抽象、传统、具象等，以保持企业形象的一致性。

　　4. 确定公共艺术作品的材料

　　根据项目预算、环保要求和美观性等因素，选择适当的公共艺术材料，如不锈钢、青铜、石材、玻璃等。

　　5. 规划公共艺术作品的位置

　　合理规划雕塑的位置，使其与周边环境和建筑风格相协调。雕塑一般应摆放在企业的门口、广场、花园等显眼位置，以便吸引人们的注意力。

6. 确保公共艺术作品的可持续性

企业管理部门在制定公共艺术政策和规划时，应考虑项目的可持续性，确保雕塑作品在未来几年内仍具有艺术价值和观赏价值。

7. 设立公共艺术作品评审委员会

为确保雕塑项目的质量和艺术价值，企业管理部门可设立评审委员会，负责评审雕塑方案、艺术家选拔等工作。

8. 鼓励青年员工参与公共艺术项目建设

企业管理部门可鼓励青年员工参与公共艺术项目的策划和实施，以增强青年员工对企业文化的认同感和归属感。

（二）建立专门的公共艺术项目组织

企业可以设立专门负责公共艺术项目的组织或部门，负责公共艺术项目的策划、实施和维护等工作，以确保公共艺术项目的顺利进行和长期管理。

在企业专门公共艺术项目组织的建立过程中，应当明确公共艺术项目组织的职责范围，如策划、实施、维护等工作，以便于组织的高效运作。同时，为保证公共艺术项目的专业性和质量，企业应设立专职人员，如策划人、项目经理、美术设计师等，负责公共艺术项目的各个环节。此外，企业应建立公共艺术项目组织内部的团队协作机制，以确保项目的顺利进行。团队成员应互相支持、协作，共同完成项目任务。

（三）提供拨款和资金支持

企业管理部门应当为公共雕塑项目提供足够的拨款和资金支持，确保公共艺术项目的顺利实施。此外，企业还可以考虑与政府、社会组织和艺术机构合作，共同筹集资金以支持企业内部或企业所属的商业区域公共艺术作品的设立。

四、完善社区公共艺术介入青年价值观培育的支撑机制

完善社区公共艺术介入青年价值观培育的支撑机制有助于促进青年成长、提高社区文化氛围和增强社区凝聚力。社会公共艺术在塑造青年价值观、提升青年审美能力、激发青年创意思维以及增强社区凝聚力方面起着重要作用。

社区作为我国社会的基本单元，不仅应该是居民居住的地点，还应该是社会公众美育的落脚点。社区公共艺术作为家门口的公共艺术，能够让青年

群体在住宅或工作地附近感受到公共艺术的魅力。

"社区艺术"正是利用被忽视的社区空间，不仅可以陶冶社区居民的艺术情操，还可以将公共艺术融入生活的美好愿景，加强博物馆与城市所在地居民的联系。

例如，2021年由上海大学博物馆与广汉三星堆博物馆共同主办的"三星堆：人与神的世界"特展走进上海陆家嘴区东昌新村的一个老旧停车棚。以前的停车棚，在白天低头能看到垃圾，晚上抬头看见天。"三星堆：人与神的世界"特展项目的负责机构对该停车棚进行改造后，在停车棚中开展了一场公共艺术活动。

该社区的居民在停车时可以自然地观看相关展览，除此之外，该社区的青年群体还可以申请成为此次展览的志愿讲解员，增强该公共艺术项目与青年的互动。通过这一社区公共艺术项目，不仅弘扬了中华优秀传统文化，还增强了社区居民的文化自信，极大地提升了包括青年群体在内的社区居民的民族自信心和民族自豪感，在潜移默化中对社区青年群体的价值观进行了培育。

完善社区公共艺术介入青年价值观培育的支撑机制可以从以下几个方面着手。

（一）制定政策和规划

社区管理部门应制定明确的公共艺术政策和规划，确保艺术项目的实施符合社区的总体目标、文化和价值观，制定政策和规划对于确保社区公共艺术项目的成功实施至关重要。

1. 设立专门的公共艺术项目委员会

社区有关部门可以设立专门的公共艺术委员会，负责制定和审批公共艺术项目的政策和规划。社区的公共艺术项目委员会应由社区领导、艺术家、居民代表等各方人士组成，以确保各方利益的平衡。

2. 坚持民主性原则

社区有关部门在制定社区公共艺术政策和规划时，可以参考其他成功社区公共艺术项目的经验，借鉴其优点，避免其不足。同时，还应当充分征求居民的意见，确保艺术项目能够满足居民的需求和期望，并且鼓励居民对项目进行监督和反馈，以便及时改进。

此外，社区在策划和实施公共艺术项目时，还应注重公共艺术项目的可持续性和环保性，尽量选择环保材料和设计，减少对环境的影响。

（二）建立健全公共艺术资金支持体系

社区管理部门应为公共艺术项目提供足够的拨款和资金支持，确保项目的顺利实施。此外，社区还可以考虑与政府、社会组织和艺术机构合作，共同筹集资金。

1. 预算安排

社区管理部门在预算制定阶段应考虑公共艺术项目的需求，为其合理安排资金，保证项目的实施不受资金限制。

2. 资金监管

社区管理部门应加强资金监管，确保拨款用于公共艺术项目的实际需求，如艺术家的费用、材料采购、运输安装等方面。

3. 合理分配资金

在确保项目质量的前提下，社区管理部门应合理分配资金，权衡项目的实际需求和预算限制，以实现投资效益最大化。

4. 寻求外部资金

社区管理部门可以寻求与其他机构（如文化部门、企业、民间团体等）的合作，共同筹集资金，以降低社区自身的负担。

5. 制订资金使用计划

社区管理部门应制订详细的资金使用计划，明确项目各阶段的资金需求和分配，以便于项目的有序推进。

综上所述，公共艺术介入青年价值观培育的支持体系是公共艺术介入青年价值观培育的长效机制的重要组成部分，是确保公共艺术介入青年价值观培育得以落实的关键。

第三节　强化公共艺术介入青年价值观培育的反馈机制

为了确保公共艺术介入青年价值观培育工作取得长久且持续的改进动力，建立长效反馈机制至关重要。长效反馈机制是一个系统化、持续性的过程，它涉及信息的收集、整理、分析和运用。本节主要对此进行详细分析。

一、构建良好的信息收集和反馈机制

在公共艺术项目的规划和实施过程中，政府、学校、企业、社区等有关部门应当听取项目参与者、艺术家、教育工作者和社会各界人士的意见和建议，如此，才能更好地了解在校青年学生和社会青年的真实想法、兴趣和爱好，并且从青年的实际需要和兴趣、爱好出发，构建公共艺术。具体来说，构建良好的信息收集和反馈机制应当从以下几个方面着手。

（一）调查和研究青年群体的兴趣与需求

在公共艺术项目的规划和实施过程中有关部门应当结合青年的年龄段、学习或工作背景、场所等因素，了解当代青年对公共艺术项目的兴趣、需求和期望等。

例如，在校青年大学生群体与企业青年群体均属于社会青年的范畴，然而两者的年龄阶段和所处的环境却存在一定的差异。因此，在校青年大学生群体与企业青年群体关注的要点存在一定的差异。

在校青年大学生群体具有较高的知识水平和敏锐的社会观察能力，他们关注的要点通常包括学业进展、专业知识的学习与掌握、未来的职业发展和职业规划；人际交往，包括与同学、教师、家人和朋友的关系；校园生活的各个方面，如课外活动、社团组织、体育运动、文化活动等；国内外的社会问题和公共政策；科技发展和创新动态等。

企业青年群体是指在企业工作的年轻员工，他们具有一定的职业技能和职场经验。企业青年关注的要点通常包括职位晋升、职业规划、技能提升等；薪酬福利；工作环境和企业文化，如办公环境、团队氛围、企业价值观等；如何平衡工作与生活；个体与同事、上级、下属等之间的人际关系；所在企业的发展前景和市场地位；企业履行社会责任和参与公益事业的情况等。

由此可见，在校青年大学生群体和企业青年群体所关注的要点不同，而且其所处的学校和企业作为教育机构和商业机构的场所环境也不相同。因此决定了学校和企业的公共艺术项目也应当具有不同的目的和方式。

政府、学校、企业和社区所面临的青年群体的范围不同，特点也不相同，青年所关注的要点也存在差异，因此，任何公共艺术项目在规划和实施过程中均需要深入调查和研究青年群体的兴趣与需求。

调查和研究青年群体的兴趣与需求应当明确调查的目标，根据调查目标

设计问卷、访谈提纲等调查工具，确保问题简洁明了，涵盖关键议题，避免引导性问题。根据实际情况选择合适的调查方式，如线上问卷、线下访谈、电话调查、社交媒体调查等。一般而言，线上问卷调查适用于广泛的受众，线下访谈则适用于深入了解特定群体的需求。选择具有代表性的青年群体作为调查对象，包括不同的性别、年龄、教育背景、职业和兴趣爱好等青年。

（二）对收集到的信息进行整理和分析

在对收集到的信息进行整理和分析的过程中，有关部门应对各种反馈进行分类、归纳和总结，以便更好地理解项目在实施过程中遇到的问题和挑战。在分析阶段，可以运用统计学、心理学、社会学等多学科知识，深入挖掘反馈信息背后的规律和趋势。通过对信息的深入分析，项目管理者可以全面了解公共艺术项目的优势、不足和改进空间，从而有针对性地制定改进措施。以便使公共艺术项目更加符合青年群体的期待，提高青年群体参与公共艺术项目的建造与互动的兴趣，对青年价值观进行潜移默化的培育。

（三）构建信息的实时反馈渠道

构建完善的公共艺术介入青年价值观培育的信息实时反馈渠道，可以让公共艺术项目的组织者及时了解青年群体的需求和反馈，从而更好地调整和优化公共艺术项目的内容。具体来说，构建信息的实时反馈渠道可以从以下方面着手。

1. 社交媒体互动

利用社交媒体平台（如微博、微信、Instagram、Facebook 等）搭建公共艺术活动的官方账号，发布活动信息，并鼓励青年群体在平台上留言、评论和分享。通过收集和分析这些实时反馈，可以及时了解青年群体的需求和想法。

2. 移动应用程序

开发一个公共艺术活动的移动应用程序，在该移动应用程序中提供公共艺术活动的信息、预约参观、在线互动等功能。引导青年群体在应用程序中留下反馈和建议，实现实时互动。

3. 线上调查问卷

在公共艺术活动期间或结束后，通过电子邮件或社交媒体平台发送在线调查问卷，收集青年群体对活动的满意度和建议。这样可以实时了解活动效果，并及时调整后续活动。

4. 公共艺术活动现场反馈

在公共艺术活动现场设立反馈箱或者设置现场调查问卷环节，鼓励参与者在现场提供反馈。活动组织者可以通过这些反馈及时了解活动效果，并针对问题进行改进。

5. 线上论坛或社区

建立一个公共艺术活动的线上论坛或社区，邀请青年群体加入并参与讨论。在这个平台上，他们可以分享对活动的看法和建议，活动组织者也可以及时回应并进行调整。

6. 联络人或志愿者团队

设立公共艺术活动的联络人或志愿者团队，他们可以在活动现场与参与者进行互动，收集反馈信息。同时，他们也可以在社交媒体平台上与网友互动，获取更多的实时反馈信息。

7. 艺术家与观众互动

鼓励艺术家与观众进行互动，如现场问答、在线直播等。这样既可以拉近艺术家与观众的距离，也有助于收集实时反馈信息。

二、对公共艺术介入青年价值观培育的效果进行评估

评估公共艺术介入青年价值观培育效果的目的是了解公共艺术项目是否达到预期目标，并为未来类似的项目提供参考。强化公共艺术介入青年价值观培育的反馈机制，应当构建多主体的公共艺术项目效果评估体系，包括组织者评估、参与者体验评估、专家评审，同时，还应当构建多元评价指标。

（一）组织者定期评估与总结

组织者定期对公共艺术项目进行评估与总结，汇总各方面的反馈意见，找出问题所在，提出改进措施。

1. 利用反馈意见

通过实时反馈渠道，收集各方面的意见和建议。这些意见通常涉及活动组织、艺术内容、参与体验等多个方面，能够帮助公共艺术项目组织者对公共艺术介入青年价值观培育的效果进行全面评估，为找出问题和改进措施提供依据。

2. 关注青年发展趋势

公共艺术项目的组织者应当密切关注青年群体的兴趣、需求和价值观的变化趋势，以便更好地调整公共艺术项目，使其更符合青年群体的期望。

3. 分析案例

公共艺术项目的组织者应当对其他成功的公共艺术介入青年价值观培育的项目案例进行分析，从中获取经验教训和启示。通过比较分析，找出本项目的优势和不足，提出相应的改进措施。

4. 开展内部讨论

公共艺术项目的组织者定期组织内部成员进行座谈会或研讨会，就项目效果进行深入探讨。在开展内部讨论会时，应当鼓励组织成员提出意见和建议，从不同角度发现问题，共同寻求解决方案。

5. 优化项目管理

公共艺术项目的组织者应当对项目管理流程进行梳理，优化决策机制、沟通协作、时间安排等方面，确保项目的高效率和高质量实施。

6. 持续改进

公共艺术项目的组织者应当根据评估结果和反馈意见，制定改进措施并实施。同时，关注改进措施的实际效果，对未解决的问题继续调整和优化。

（二）参与者体验评估

邀请青年参与者对公共艺术项目进行体验评估，以了解公共艺术项目在介入青年价值观培育中的优势和不足，为公共艺术项目的改进提供反馈信息。

1. 设立专门的公共艺术项目体验小组

组织多元化的青年代表小组作为公共艺术项目的体验小组成员，邀请来自不同背景、兴趣和专长的青年参与公共艺术项目评估，以保证公共艺术项目评估的广泛性和多样性。

2. 制定评估标准

为公共艺术项目青年参与者提供明确的评估标准和维度，如艺术内容、活动组织、参与体验、社会影响等，帮助青年进行更有针对性的评估。

3. 开展实地体验

安排青年参与者亲身参加公共艺术项目的活动，让青年从实际体验中发现项目的优势和不足。

4. 交流与分享

鼓励青年参与者在体验后与其他参与者交流分享，这可以帮助青年更全面地了解公共艺术项目，并从中发现可能被忽略的问题。

5. 提交评估报告

要求青年参与者撰写公共艺术项目评估报告，总结其观察和体验，指出该公共艺术项目在介入青年价值观培育中的优势和不足。

6. 举办反馈会议

在公共艺术项目结束后，组织反馈会议，邀请青年参与者分享其评估结果，并与公共艺术项目组织者和艺术家进行讨论，共同探讨改进方案。

7. 融入改进措施

将青年参与者的评估结果与其他反馈渠道的信息结合，制定针对性的改进措施，调整项目内容和组织方式，更好地满足青年群体的需求。

（三）专家评审

邀请艺术、教育等领域的专家对公共艺术项目进行评审，从专业的角度对公共艺术项目提出评价和建议，帮助公共艺术项目组织者更好地优化项目内容。

公共艺术项目组织者需要结合公共艺术项目的具体情况，对公共艺术项目内容、形式和实施方式进行调整和优化。这些改进措施可能包括调整项目主题、改进艺术表现形式、加强艺术家与青年的互动等。在实施改进措施的过程中，应注意保持项目的连贯性和一致性，避免因过度调整导致公共艺术项目失去原有的特点和价值。

（四）多元评价指标

采用多元评价指标对公共艺术项目进行评估，包括参与者满意度、艺术质量、社会影响等方面，全面评估公共艺术项目效果。具体来说，公共艺术介入青年价值观培育的多元评价指标应当包括以下内容。

1. 参与者满意度

参与者满意度是衡量公共艺术项目受欢迎程度和吸引力的重要指标。

2. 艺术质量

邀请艺术领域专家对公共艺术项目的创意、表现手法、主题等方面进行评价；分析公共艺术项目在艺术质量方面的优势和不足，为公共艺术项目改进提供指导；关注艺术界的发展趋势和新兴表现形式，使公共艺术项目保持创新和领先地位。

3. 社会影响

通过媒体报道、社交媒体讨论和网络数据分析等方式了解公共艺术项目的社会影响力；评估公共艺术项目在传播青年价值观、促进社区互动、提高公众艺术素养等方面的成果；结合社会影响评估结果，调整公共艺术项目方向和策略，以实现更广泛的社会效益。

4. 教育价值

邀请教育专家评估公共艺术项目在培育青年价值观、提高艺术教育水平等方面的作用；分析公共艺术项目在教育价值方面的表现，为改进公共艺术项目内容和形式提供参考；关注教育政策和理念的发展，使公共艺术项目更好地满足教育目标。

三、为建立健全长效反馈机制提供技术支持体系

随着信息技术的快速发展，大数据分析、云计算等技术在反馈信息管理中发挥着越来越重要的作用。公共艺术项目管理者可以运用这些技术对反馈信息进行深入挖掘和分析，提高反馈管理的效率和准确性。同时，还可以利用移动互联网、社交媒体等手段，提高信息收集和传递的便捷性，为长效反馈机制提供技术支持。

在建立长效反馈机制的过程中，保持反馈信息的公开透明至关重要。公共艺术项目管理者应将反馈信息、分析结果以及改进措施公示于公共领域，以便社会各界了解公共艺术项目的实际效果和改进动态。公开透明的信息有助于增强社会监督，提高公共艺术项目管理者的责任意识，同时有助于激发社会各界对公共艺术项目的关注和支持。

具体来说，建立健全公共艺术介入青年价值观培育的技术支持体系可以从以下几个方面着手。

（一）信息收集与管理平台

搭建公共艺术在线信息收集与管理平台，以便公共艺术项目组织者、参与者和专家可以方便地提交反馈、评估报告和建议。该公共艺术在线信息收集与管理平台应具有良好的用户界面和高效的数据处理能力。公共艺术在线信息收集与管理平台具有良好的用户界面和高效的数据处理能力，可以为公

共艺术项目的组织者收集、整理和分析各种项目相关信息，提高工作效率，缩短项目实施周期。

此外，在线平台可以促进项目团队成员之间的沟通与协作，帮助公共艺术项目组织者更好地了解项目进展和参与者需求，为项目改进提供第一手资料；还可以实时更新项目进展情况，提高项目的透明度，增强公众和参与者对项目的信任度和满意度。

（二）数据分析工具

采用数据分析工具对收集到的反馈数据进行深入分析，发现公共艺术项目在青年价值观培育方面的规律和趋势，有利于公共艺术项目的组织者了解青年群体的需求、兴趣和期望，为公共艺术项目优化调整提供有力的依据，提升公共艺术项目决策效果；识别公共艺术项目中的优点和不足，从而针对性地优化公共艺术项目内容，提高公共艺术项目质量；通过数据分析，公共艺术项目组织者可以更加精准地分配资源，确保资源投入与公共艺术项目效果的匹配，提高资源利用效率。

具体来说，数据分析工具通常包括 Microsoft Excel、R 语言、Python、IBM SPSS、Tableau、Power BI 等数据分析工具（见表 6-1）。

表 6-1　公共艺术项目反馈中常见的数据分析工具一览表

序号	技术工具	说明
1	Microsoft Excel	作为最常见的数据处理工具，Excel 可以满足基本的数据整理、分析和可视化需求
2	R 语言	R 是一种专门用于统计分析和数据挖掘的编程语言，具有强大的数据处理和可视化功能
3	Python	Python 是一种通用编程语言，其数据分析库（如 Pandas、NumPy、Matplotlib 等）为数据处理和可视化提供了强大的支持
4	IBM SPSS	IBM SPSS 是一款广泛应用于社会科学领域的统计分析软件，适合进行复杂的数据分析
5	Tableau	Tableau 是一款专业的数据可视化工具，可以帮助用户以直观的方式展示和分析数据
6	Power BI	Power BI 是一款由 Microsoft 推出的商业智能和数据可视化工具，适合用于创建交互式的数据报告和仪表板

（三）数据可视化技术

利用数据可视化技术将分析结果以图表和图像的形式展示，可以将复杂的数据转化为图表和图像，帮助公共艺术项目组织者快速理解数据中的关键信息和趋势，让公共艺术项目组织者迅速了解公共艺术项目的关键指标和问题点，从而做出更明智的决策；同时可以帮助公共艺术项目组织者与团队成员、参与者和利益相关方更高效地沟通公共艺术项目进展和成果，提高公共艺术项目的关注度和传播力。

具体来说，数据可视化技术通常包括 Microsoft Excel、Tableau、Power BI、D3.js、Google Data Studio、Plotly 等。

（四）实时监测与预警系统

建立实时监测和预警系统，对公共艺术项目执行过程进行全方位跟踪具有极其重要的意义。实时监测和预警系统有助于公共艺术项目组织者及时了解公共艺术项目的进展和问题，从而提高公共艺术项目管理效率。公共艺术项目组织者通过预警机制发现潜在问题，可以提前采取措施防范风险，确保公共艺术项目的顺利进行。此外，实时监测数据可以帮助公共艺术项目组织者更合理地分配资源，确保资源的有效利用。而实时监测系统还为公共艺术项目组织者全方位跟踪公共艺术项目执行过程提供了便利，为公共艺术项目各个阶段的质量提供有效保障。

实时监测与预警系统的构建需要项目管理软件，如 Trello、Asana、Monday.com 等项目管理软件，Google Analytics、Mixpanel 等数据监测工具，以及预警系统等技术工具的支持。

（五）云存储服务

使用云存储服务为公共艺术项目数据提供安全可靠的存储空间，确保数据的完整性和隐私保护。云存储服务通常会提供多重数据备份，降低数据丢失或损坏的风险。同时，云服务提供商通常会采取严格的安全措施，如防火墙、加密技术和访问控制等，保护数据免受未经授权访问和攻击。

云存储服务通常具有高可用性，确保公共艺术项目团队可以随时随地访问数据。此外，云服务提供商通常会承诺一定程度的服务可用性，例如99.9% 的正常运行时间。云存储服务支持多用户协同工作，公共艺术项目团队成员可以实时共享和编辑文件，提高工作效率，确保公共艺术项目的顺利进行与适时反馈。

（六）技术更新与维护

定期对技术支持体系进行更新和维护，确保其稳定运行，为公共艺术项目提供持续的技术支持。

对技术定期更新和维护可以及时修复系统中的安全漏洞，降低系统被攻击的风险。这对于确保公共艺术项目数据的安全性和保密性至关重要；优化系统配置和升级软硬件，可以提高技术支持体系的性能，进一步提高公共艺术项目管理效率；技术在不断发展和更新，定期对技术支持体系进行维护和更新有助于跟上技术发展的步伐，确保公共艺术项目能够充分利用最新技术，降低公共艺术项目的运行成本，提高公共艺术项目团队成员的使用体验，为公共艺术项目的意见反馈保驾护航。

1. 制订维护计划

根据公共艺术项目需求和技术支持体系的实际情况，制订合理的维护计划，包括维护周期、任务和预算等。

2. 监控系统运行状况

通过监控系统性能和安全状况，及时发现潜在问题，为维护工作提供依据。

3. 定期进行系统检查

定期对技术支持体系进行全面检查，发现并解决各类问题，确保系统稳定运行。

4. 升级软硬件

根据公共艺术项目需求和技术发展情况，适时升级技术支持体系的软硬件，提高系统性能。

5. 培训团队成员

为公共艺术项目团队成员提供技术支持体系的培训，使他们能够充分利用系统资源，提高工作效率。

综上所述，强化公共艺术介入青年价值观培育的反馈机制具有重要意义，可以为公共艺术项目的成功实施带来积极影响，通过反馈机制，公共艺术公共艺术项目可以更好地为青年价值观培育做出贡献。及时收集和分析反馈信息有助于了解公共艺术项目对青年价值观的影响，为未来类似公共艺术项目的开展提供有益经验和借鉴。

参考文献

［1］施太格缪勒.当代哲学主流（上册）[M].王炳文，等译.北京：商务印书馆，1986.

［2］培里.价值和评价：现代英美价值论集粹[M].北京：中国人民大学出版社，1989.

［3］李秀林.辩证唯物主义和历史唯物主义原理[M].3版.北京：中国人民大学出版社，1990.

［4］黄希庭.当代中国青年价值观与教育[M].成都：四川教育出版社，1994.

［5］李连科.价值哲学引论[M].北京：商务印书馆，1999.

［6］苏颂兴，胡振平.分化与整合：当代中国青年价值观[M].上海：上海社会科学院出版社，2000.

［7］陈章龙，周莉.价值观研究[M].南京：南京师范大学出版社，2004.

［8］黄希庭，郑涌，等.当代中国青年价值观研究[M].北京：人民教育出版社，2005.

［9］王玉樑.21世纪价值哲学：从自发到自觉[M].北京：人民出版社，2006.

［10］袁贵仁.价值观的理论与实践：价值观若干问题的思考[M].北京：北京师范大学出版社，2006.

［11］石海兵.青年价值观教育研究[M].合肥：安徽人民出版社，2007.

［12］李德顺.价值论[M].2版.北京：中国人民大学出版社，2007.

［13］张乐天.教育学：新编本[M].北京：高等教育出版社，2007.

［14］黄蓉生.青年学研究[M].2版.成都：四川人民出版社，2009.

［15］吴向东.重构现代性：当代社会主义价值观研究[M].2版.北京：北

京师范大学出版社，2009.

［16］郑金香.青年价值观的发展 [M].郑州：黄河水利出版社，2010.

［17］龚声明.公共视觉艺术赏析 [M].南京：东南大学出版社，2010.

［18］黄有柱.公共文化服务体系建设中的公共艺术发展问题研究 [M].武汉：武汉大学出版社，2016.

［19］石雪.青年价值观教育研究 [M].北京：光明日报出版社，2016.

［20］王春阳，杨彬，张婕.教育心理学 [M].成都：电子科技大学出版社，2016.

［21］张文卫，张小飞，等.断裂与再生：高校新老校区文化传承问题研究 [M].成都：四川大学出版社，2017.

［22］姚建龙.中长期青年发展规划解读与研究 [M].北京：中国政法大学出版社，2018.

［23］钱伟.文化产业观察（第三辑）[M].北京：知识产权出版社，2018.

［24］邱孝述.公共艺术 [M].重庆：重庆大学出版社，2018.

［25］谭书敏，张春和，等.青年价值观培育研究：以社会主义核心价值观为引领 [M].北京：人民出版社，2018.

［26］杨道衡.当前我国上市公司财务综合分析研究：基于国际化视角 [M].长春：东北师范大学出版社，2018.

［27］刘玉红，王莉，王凤环.社会主义核心价值观教程 [M].沈阳：辽宁大学出版社，2019.

［28］黄礼婷，邹瑾，李科栋.公共艺术 [M].成都：电子科技大学出版社，2019.

［29］悦洋.学习贯彻党的十九大精神：法学理论研究与法治实践探索 [M].成都：四川大学出版社，2019.

［30］马晓代.新时代青年价值观培育机制研究 [M].长春：吉林文史出版社，2019.

［31］李木子.公共艺术研究 [M].芜湖：安徽师范大学出版社，2020.

［32］包雅玮.青年大学生价值观教育发展研究 [M].镇江：江苏大学出版社，2021.

［33］翁文艳.社会主义核心价值观与青年领导力培育 [M].北京：人民出版

社，2021.

［34］赵延芳．新时代的价值引领：青年社会主义核心价值观的认同与践行 [M].长春：吉林大学出版社，2020.

［35］胡海波．哲学就是哲学——"价值哲学"的哲学观批判 [J].吉林大学社会科学学报，2003（5）：36–41.

［36］金盛华，辛志勇．中国人价值观研究的现状及发展趋势 [J].北京师范大学学报（社会科学版），2003（3）：56.

［37］徐国民．社会主义核心价值观与社会主义社会核心价值观辨微 [J].兰州学刊，2008（1）：30–32，48.

［38］吴倬．关于社会主义核心价值观问题的理论思考 [J].教学与研究，2008（6）：92，96.

［39］侯惠勤．"普世价值"与核心价值观的反渗透 [J].马克思主义研究，2010（11）：5–12.

［40］戴木才．论社会主义核心价值观与核心价值体系的辩证关系 [J].南昌航空大学学报，2011（6）：38.

［41］王艺．公共艺术教育对于"立德树人"价值的理论探索 [J].新课程·下旬，2015（2）：15–16.

［42］於玲玲．让公共艺术成为主流价值观的传播者 [J].人民论坛，2018（35）：140–141.

［43］卫硕．群众艺术馆公共艺术服务培训的社会价值探究 [J].艺术品鉴，2018（21）：59–60.

［44］詹旺，宋丹，周媛媛．燕赵红色文化形象与公共艺术研究[J].经济论坛，2021（11）：31–37.

［45］耿赛，秦洪庆，刘彬，等．高校公共艺术教育发挥大学生价值观引导的功能研究 [J].产业与科技论坛，2021，20（20）：99–100.

［46］乔迁，李彤彤，李蕊．公共文化价值观的拓展——从卡通形象介入公共艺术谈起 [J].工业工程设计，2021，3（5）：71–78.

［47］霍磊．武汉地铁公共艺术定位与设计研究 [J].美与时代·城市，2021（1）：54–55.

［48］庞宇．传统剪纸艺术手法在现代公共艺术设计中的应用 [J].艺术大观，

2022（22）：76-78.

［49］李娜.公共艺术与城市自然环境的共生发展 [J].陶瓷，2022（12）：62-64.

［50］孙熙国，陈绍辉.人类文明新形态的创造与世界意义 [J].中国社会科学，2022（12）：29

［51］陈璐."以美育人"视域下高校公共艺术教育的发展研究 [J].滁州职业技术学院学报，2022，21（4）：19-22.

［52］张惠萍，黄海波."非遗"视角下的苏南农村公共艺术设计研究[J].艺海，2022（12）：87-91.

［53］杨静楠.公共艺术作品与城市文化传播——以公共艺术装置《行知在大场》为例 [J].艺术市场，2022（12）：90-91.

［54］崔一通.论新媒体艺术在公共艺术中的应用[J].艺术市场，2022（11）：96-97.

［55］胡浩宇，黄海波.公共艺术设计中的艺术性表达研究 [J].明日风尚，2022（20）：93-96.

［56］曾献君，刘迪雅，张秋仪，等.国内乡村公共艺术研究进展——基于CiteSpace 的知识图谱分析 [J].艺术生活——福州大学学报（艺术版），2022（4）：46-56.

［57］李若愚，沈皆坤，李帮义.公共艺术在南京地铁空间视觉传达中的融合及设计策略研究 [J].文化产业，2022（21）：160-162.

［58］宇文利.价值观与人类文明进步 [J].思想教育研究，2022（11）：19-23.

［59］王炳林.以正确党史观阐释党的百年奋斗重大成就和历史经验 [J].贵州师范大学学报（社会科学版），2022（1）：1-10.

［60］刘同舫.以唯物史观理解中国式现代化理论[J].哲学研究，2023（3）：5-14.

［61］方远.论数字化技术助力公共艺术互动功能 [J].美术教育研究，2023（7）：89-91.

［62］郝嫘傰.高校公共艺术教育提升大学生审美素养的路径研究 [J].湖北开放职业学院学报，2023，36（6）：17-18，21.

［63］吴琨.装饰艺术介入城市公共艺术研究 [J].美与时代，2023（8）：70-72.

［64］熊时涛．论公共艺术概念与城市空间塑造 [J]．雕塑，2023（1）：
　　　62-65．

［65］高俊晓．城市主题公园公共艺术设计 [J]．环境工程，2023，41（2）：
　　　322．

［66］金明磊，郑羽蘅，叶志良．新时代高校公共艺术教育的文化自觉 [J]．
　　　牡丹江教育学院学报，2023（1）：31-34，53．

［67］吴新颖．当代青年价值观构建与培育 [D]．长沙：湖南师范大学，2009．

［68］李纪岩．当代大学生社会主义核心价值观培育研究 [D]．济南：山东师
　　　范大学，2010．

［69］张昕．当代城市公共艺术与区域环境的关系模式研究 [D]．上海：东华
　　　大学，2013．

［70］张晓兰．青年学生社会主义核心价值观培育研究 [D]．曲阜：曲阜师范
　　　大学，2016．

［71］李莹．建国以来青年价值观的变迁与培育研究 [D]．天津：天津理工大
　　　学，2016．

［72］陶儒．公共艺术在公园景观中的设计应用研究 [D]．芜湖：安徽工程大
　　　学，2017．

［73］张文卿．当代青年社会主义核心价值观培育研究 [D]．北京：北京交通
　　　大学，2017．

［74］王洋．高校青年教师拔尖人才价值观培育策略研究 [D]．哈尔滨：哈尔
　　　滨理工大学，2017．

［75］闫缓缓．上海城市地铁站公共空间营造研究 [D]．上海：华东政法大学，
　　　2017．

［76］刘坤．大学校园公共艺术研究 [D]．大连：大连理工大学，2018．

［77］赵晓燕．生态公共艺术设计在校园改造建设中的应用研究 [D]．北京：
　　　北京林业大学，2019．

［78］马增锋．城市街区公共艺术活动策划研究——以广州农林街为例 [D]．
　　　广州：华南理工大学，2020．

［79］王路明．芜湖市镜湖区街道公共艺术设计 [D]．芜湖：安徽工程大学，
　　　2020．

［80］高天乐.青年社会主义核心价值观的合力培育研究[D].济南：济南大学，2020.

［81］郭留杰.新中国成立以来青年价值观变迁与培育研究[D].长春：吉林大学，2020.

［82］王越.社会主义核心价值观培育的文艺载体研究[D].武汉：湖北大学，2021.

［83］陈月.大学生志愿服务中劳动价值观培育研究[D].成都：西南交通大学，2021.

［84］毕书姝.数字传播视域下青年价值观的培育[D].哈尔滨：哈尔滨工业大学，2021.

［85］李敏.新中国成立以来我国青年价值观的历史变迁与经验启示[D].济南：山东大学，2021.

［86］倪静静.新时代纪念性公共艺术空间的社会美育功能研究[D].淮北：淮北师范大学，2022.

［87］陈仕松.红色文化符号在公共艺术设计中的应用研究[D].延安：延安大学，2022.

［88］魏旋.网络舆情视域下大学生生命价值观培育研究[D].天津：天津理工大学，2022.

［89］唐海莲.长征精神融入大学生价值观培育的实现路径研究[D].桂林：桂林理工大学，2022.

［90］梁爽.新时代大学生价值观培育路径研究[D].青岛：青岛理工大学，2022.

［91］刘少宽.文化自信视角下大学生社会主义核心价值观培育研究[D].南昌：华东交通大学，2022.

［92］郝阳冉.新时代青年消费需要的内在动机及其价值观培育[D].西安：西北大学，2022.

［93］公方彬.构建中华民族的核心价值观[N].文汇报，2006-12-04.

［94］王泽应.社会主义核心价值观的基本特征[N].光明日报，2007-04-03.

［95］习近平.青年要自觉践行社会主义核心价值观[N].人民日报，2014-05-05（002）.